本书由国家自然科学基金面上项目"基于专用性投资的开放式创新绩效影响机理"（71974089），山东省高等学校"青创科技计划"项目"专用性投资对开放式创新绩效影响机制研究"（2019RWG005），教育部人文社会科学规划基金项目"创新网络中专用性投资对创新绩效影响机理研究"（17YJA630107），山东省社会科学规划一般项目"基于专用性投资的创新体系构建——产业集群的视角"（16CGLJ04）资助出版。

企业创新管理研究
基于专用性视角

A Study on Enterprise Innovation Management:
Based on Specific Perspective

吴爱华 ◎ 著

中国社会科学出版社

图书在版编目（CIP）数据

企业创新管理研究：基于专用性视角 / 吴爱华著.
—北京：中国社会科学出版社，2020.9
ISBN 978 - 7 - 5203 - 6576 - 5

Ⅰ. ①企… Ⅱ. ①吴… Ⅲ. ①企业管理—研究 Ⅳ. ① F270

中国版本图书馆 CIP 数据核字（2020）第 092823 号

出 版 人	赵剑英
责任编辑	刘晓红
责任校对	周晓东
责任印制	戴 宽

出　　版	中国社会科学出版社
社　　址	北京鼓楼西大街甲 158 号
邮　　编	100720
网　　址	http://www.csspw.cn
发 行 部	010 - 84083685
门 市 部	010 - 84029450
经　　销	新华书店及其他书店

印刷装订	北京君升印刷有限公司
版　　次	2020 年 9 月第 1 版
印　　次	2020 年 9 月第 1 次印刷

开　　本	710×1000 1/16
印　　张	17.5
字　　数	264 千字
定　　价	106.00 元

凡购买中国社会科学出版社图书，如有质量问题请与本社营销中心联系调换
电话：010 - 84083683
版权所有　侵权必究

目录 CONTENTS

第一章 绪论 \ 001

第一节 研究背景 / 001
第二节 问题的提出及研究意义 / 004
第三节 研究内容及观点和结构 / 009
第四节 研究方案及特色和创新 / 015

第二章 理论基础与文献综述 \ 019

第一节 专用性投资理论 / 019
第二节 专用性人力资本理论 / 032
第三节 技术创新理论 / 043
第四节 开放式创新及创新网络理论 / 047

第三章 专用性视角的创新模式理论与实证分析 \ 062

第一节 基于专用性投资的企业创新治理模式选择 / 062
第二节 内部创新与外部创新模式选择:人力资本专用性视角的分析 / 092
第三节 研究小结及管理启示 / 115

第四章 专用性视角的创新能力与创新绩效 \ 119

第一节　人力资本的专用性、技术创新能力与新产品绩效 / 119

第二节　创新型文化、创新能力与创新绩效
　　　　——资产专用性的调节作用 / 145

第五章 组织情境、技术不确定性与创新速度 \ 161

第一节　相关研究概述 / 161

第二节　创新速度理论基础与假设 / 168

第三节　组织情境、技术不确定性与创新速度研究设计 / 171

第四节　组织情境、技术不确定性与创新速度假设检验 / 175

第五节　研究小结及进一步研究 / 179

第六章 专用性投资与合作创新 \ 183

第一节　专用性投资、知识复杂性及环境不确定性与合作
　　　　创新决策 / 183

第二节　企业间行为与合作创新绩效
　　　　——合作伙伴社会责任的调节作用 / 198

第七章 专用性投资、产业集群与创新体系构建 \ 213

第一节　产业集群与创新体系 / 213

第二节　社会资本、专用性及产业集群 / 215

第三节　基于产业集群的创新过程分析 / 226

第四节　基于资产专用性形成的产业集群的创新体系构建 / 227

第五节　基于产业集群的创新体系构建建议 / 233

第八章 结论与展望 \ 241

第一节 主要研究结论 / 241
第二节 未来研究 / 244

参考文献 \ 246

后记（跋）\ 273

第一章 绪论

第一节　研究背景

当今世界正在经历一场更大范围、更深层次的科技革命和产业变革,以能源和通信技术为代表的新科技革命和产业变革,改变了科技与经济的互动方式,创新成为推动科技与经济深度融合的关键纽带(龚轶等,2019)。我国经济已由高速增长阶段转向高质量发展阶段,在此背景下如何实施创新来驱动企业高质量发展,如何发挥企业主体作用、提高创新能力和绩效、促进企业技术创新成为一个重要课题。技术创新是国家竞争优势和企业持续发展的关键。目前,国内外越来越多的企业进行开放式创新、合作创新,组成创新网络,以产业集群的形式参与竞争。

从宏观的角度看,创新是经济发展的重要动力。理论研究表明技术进步对经济增长贡献越来越大,尤其是从20世纪第三次产业革命后,技术进步已经成为世界各国经济增长的最主要动力。因技术创新实现的技术进步对发达国家经济增长的贡献率,20世纪初只占5%左右,40—50年代上升到40%左右,70—80年代达到60%左右,90年代已高达80%左右,信息高速公路联网后,将提高到90%(黄亚钧,2000)。在知识经济与信息经济时代,技术创新显得越发重要,谁能够把握创新脉搏与动向,谁就能够在激烈的国际竞争中占得先机。产业革命的发生和世界经济中心的变迁验证了上述观点,以蒸汽机发明和应用为标志的第一次产业革命发生在英国,英国借助该发明的先发优势,经济迅速增长,成为当时的世界经济中心,但这个阶段技术扩散速度缓慢;以电力广泛应用为主要标志的第二次产业革命则在几个国家同时发生,新技术和发明创造的扩散规模大且速度快，随着德国、美国的崛起，英国的主导地位受到挑战；以原子能、电子计算机和空间技术的广泛应用为主要标志的第三次产业革命具有技术群体化、科技社会化和发展进程高速化、技术产业化等特征。第三次工业革命的发端国是美国，美国利用其科技实力和资金实力始终在技术创新活动中居于主导地位，且美国适时调整其产业结构，高新技术产业成为美国的主导产业，并为第三次产业革命的深化提供必要的制度支撑。

从微观的角度看，创新是企业成长的重要途径，在当今的市场经济环境中，企业之间的竞争归根结底是技术的竞争，企业维持长期竞争优势的唯一方法是不断地进行技术创新，建立自己的核心能力。随着企业之间竞争日趋激烈，企业经营日益国际化，产品生命周期日渐缩短，技术创新对于企业的生存与发展日益重要。通过技术创新，企业可以开发或引入新产品，降低产品成本，更好地满足顾客需求，提高产品的市场竞争力；也可以率先进入新的业务领域，抢先占领新市场，形成企业新的利润增长点，从而提高企业的盈利能力。技术创新有助于企业提升生产与经营能力，获得新的核心能力，而核心能力是企业长期竞争优势的源泉，从而决定了企业的经营绩效。因此，企业技术创新有助于提高企业盈利能力，促进企业成长，从而提高企业经营绩效，这一观点也得到了大量实证研究的支持。

回顾成功企业的发展历程，从美国的 Microsoft、Intel、Cisco 到中国的华为、联想、海尔、北大方正，这些企业无不将技术创新作为企业长期发展战略的重要组成部分。然而一方面宏观上我国科技进步对经济增长的贡献率只有 30% 左右，远远低于发达国家 60%—70% 的水平；另一方面微观上我国企业缺乏核心竞争力。

据统计，我国已成为世界性的"制造中心"，但制造能力并不能代表企业具备核心能力。我国企业处于国际分工链的下游，所获利润相当有限，而大部分利润是被国外跨国公司所获得。以家电业为例，虽然我国家电产量在世界上处于领先位置，但大部分产品属于中低端产品，产品的核心技术掌握在国外企业手中，因而产品利润率低。因此，从长远看只有附加值高的核心及关键技术才能使中国企业走出低层次竞争。不仅是家电行业，其他行业也因为缺乏核心技术而导致低层次竞争，企业利润低下是我国企业的普遍现象。产品的创新性对企业的业绩影响巨大,高度创新的产品将带给企业较大的成功率,是企业首要的核心竞争力。同时,技术与市场同样也是企业核心竞争力所必须解决和面对的问题,如图1-1所示。有高度创新产品的企业业绩好,非创新产品——扩展、修改、改进——业绩也很好,业绩最差的是"中间道路"的产品——中等创新的产品。如何将技术、产品、市场有机结合,探寻实现企业核心竞争力的有效手段,将是企业所必须面临的问题。企业应如何进行创新决策、专用性投资对企业创新的影响是本研究关注的焦点,从而本书主要从企业内部与企业外部两大方面探讨专用性投资与企业创新。

企业内部视角主要关注企业专用性投资与专用性人力资本对企业创新模式、创新能力与创新速度及创新绩效的影响机理。面对科技的飞速发展和产品复杂性的增加,企业等创新主体仅凭内部资源已经难以应对不断涌现的各种挑战,必须探索如何通过与外界合作获取创新资源(杨博旭等,2019;Wang et al., 2014)。研究表明创新主体的网络嵌入能够为组织提供诸多重要的资源和社会资本,进而有效提高创新绩效(王玉荣等,2018)。因而本研究的外部视角主要关注专用性投资对合作创新的影响。

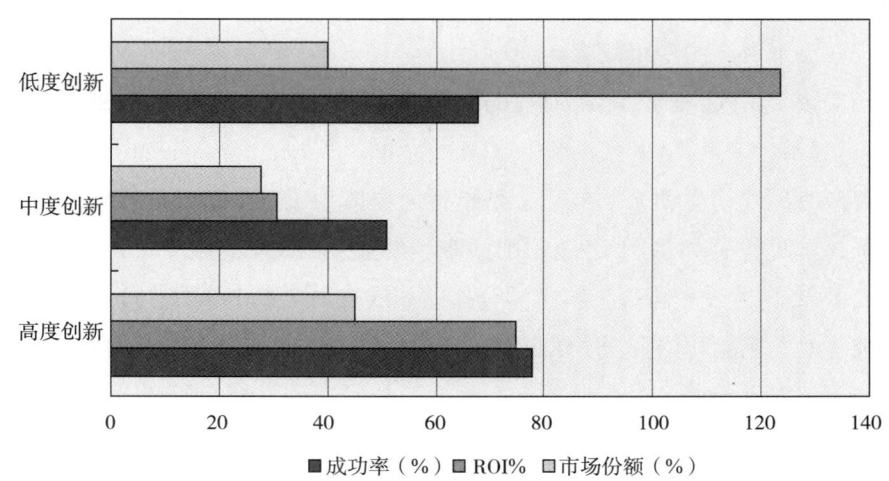

图1-1 产品的创新性对企业业绩的影响

第二节　问题的提出及研究意义

一　问题的提出

创新在经济发展和企业发展中具有重要地位，许多学者从不同角度研究创新。在众多的研究中，从"专用性"的角度研究创新的文献却并不多见，"专用性"主要包括两个方面："专用性投资"以及由此带来的结果——"资本的专用性"，包括专用性资产以及专用性人力资本。有的学者敏锐地觉察到"专用性"与"创新"之间有着内在的关联。创新战略的实施，使企业专用性资产日益普遍（苑泽明、严鸿雁，2009），企业创新意味着根据环境随机性变化制定新的战略，不断增加专用性资产投资。每一轮技术创新必然伴随着原有技术支持系统的废弃和新的技术支持系统的建立（刘京、杜跃平，2005）。企业技术支持系统具体表现为各种资产，包括有形资产（如机器、厂房、设备和工具等）和无形资产（如知识、商誉、人力资本等）。他们从资产的更新成本角度来考察技术创新决策，认为成本的大小取决于资产的专用程度。

交易专用性投资（Transaction-specific Investment），简称"专用性投资"，又称"关系专用性投资"（Relationship-specific Investment），是一个从资产专用性衍生而来的概念，是指行为主体为了特定交易伙伴而进行的投资，这种投资如果用于其他用途则会出现价值减损的现象（Williamson，1991）。专用性投资可以为特定的合作伙伴或交易关系产生独一无二的、不可恢复的、定制化的资产（Huang and Huang，2019）。威廉姆森（Williamson，1985）率先提出资产专用性概念并明确区分了三种类型的资产专用：地点专用性、物质资本专用性与人力资本专用性。地点专用性是指具有内在稳定性的连续的生产阶段在位置上应该相互接近，戴尔（Dyer，1996）研究证明，地点专用性投资可以有效地降低存货成本、运输成本与协调活动的成本；物资资本专用性是指为了满足交易各方特定需求的资本投资（如机器设备、生产工具等），物资资本专用性有助于实现产品差异化、提高产品的质量；人力资本专用性是指交易各方在长期交往中积累的知识与技能，其可以提高沟通的效率与效果，提升产品的质量，提高对市场的反应速度。从企业边界的角度来看，专用性投资既包括企业内部的专用性投资，如专用性人力资本就是企业内专用性投资的典型表现，又包括企业组织间的专用性投资，组织间的专用性投资则可能形成战略联盟、进一步形成产业集群。

然而关于专用性投资对创新的影响目前并没有统一的结论，部分研究发现供应商的关系专用性投资水平对客户工艺创新思想共享具有正向影响，对于产品创新思想共享具有负面作用（Wagner and Bode, 2014）。又有研究表明专用性投资能够显著提高创新绩效（Dyer and Singh, 1998）；还有研究表明，物质专用性投资对创新绩效无显著影响（许景、石岿然，2012）；可见国内外对这种影响的机理、过程、效果的研究还不够深入、系统，特别是企业组织内部的专用性投资对技术创新的影响研究则更少，而组织间的专用性投资对技术创新的影响也是一个有意义的研究课题，因为这关系到我国创新体系的建立。毫无疑问，产业集群的形成与组织间专用性投资的关系密切，目前国内外直接研究专用性投资与创新的学者很少，但很多学者从产业集群的角度对创新进行了研究，认为产业集群对创新既具有促进效应，也具有阻碍效应。虽然这主要涉及企业组织间的专用性投资，但对于我们研究企业组织内部的专用性投资也具有借鉴意义，总体上对我们研究专用性投资与创新很有启发。

从专用性的角度研究产业集群与创新的关系主要涉及社会资本视角，如上所示，产业集群对创新的影响表现在两个方面，一方面是促进作用，集群内部的社会网络促进了信息和知识的流动，有利于隐性知识和敏感信息的传播，带来了技术创新优势。例如，硅谷繁荣归功于区域内由产业合作网络、社会关系网络与人际关系网络所构成的区域创新系统的发展（Saxenian, 1994）。实证研究发现集群企业的社会资本可以提高企业产品创新的速度和效益（Tsai and Ghoshal, 1998）。谢洪明（2006）以我国珠三角地区企业为例，通过实证分析得出：组织内部社会资本对管理创新有显著的影响，外部社会资本对技术创新有显著的影响。李雯和解佳龙（2017）

认为创新集聚区域集成了大量的创新主体，为技术创业提供了优良的创新资源网络。樊霞等（2018）研究表明，产学研合作对生物技术领域共性技术研发创新有显著的正向影响。

产业集群对创新的影响的另一方面是阻碍作用，这方面的研究在国内外均比较少，其中与专用性有关的原因主要是"嵌入性"（或称根植性）。有的学者（例如，Markusen, 1996）认为区域集群越成功，其越倾向于发展成为一个封闭的系统，进而逐步丧失获取应变市场变化所需的能力，导致集群败落的潜在风险不断积聚，集群的竞争力不断下降，直至集群的消亡。也有学者（如，Harrison and Freeman, 1999）认为集群内部的信任可能会成为保护传统方法的力量，从而抑制创新。国内学者蔡秀玲和林竞君（2005）指出过强的本地化网络可能将本地集群变为封闭、僵化的生产系统。李胜兰（2007）指出集群过强的社会网络联系会导致集群整体发展的失衡，创新退化，使集群发展陷入锁定状态。赵玉雷（2008）认为嵌入性不足和过度嵌入都会阻碍集群的创新，并指出在过度嵌入的情况下，集群将演变为一个封闭的系统，从而导致"锁定"现象的出现。

综上所述，两种完全相反、相互矛盾的效应共存于产业集群对创新的影响之中，可见，组织间在专用性投资的基础上形成的产业集群对技术创新的影响复杂，不能简单地概括有利还是不利；同样的道理，企业组织内部的专用性投资对创新的影响也十分复杂，需要根据不同的创新模式、创新类型以及外部环境而系统深入地进行研究。本书将从组织内专用性投资与企业组织间专用性投资的角度研究其对创新的影响机理，其中组织内专用性投资是重点研究内容。本书认为专用性投资及资产的专用性，特别是专用性人力资本不仅仅从成本角度对技术创新产生影响，而且从能力角度对技术创新产生深远的影响，包括企业内部的创新以及企业之间的合作创新。毫无疑问，专用性投资，以及专用性人力资本能够对企业的创新能力产生影响，从而将影响企业创新模式的选择。本书认为专用性投资及资产的专用性不仅对技术创新的方向、规模和程度具有重大影响，而且还会影响创新的速度、模式、能力及绩效。研究认为无论是人力资本专用性投资还是物质资本专用性投资都能对企业创新活动及政府制定创新促进政策方面产生重大影响。研究企业技术创新过程中的专用性资产投资有着重要的现实意义。深入研究技术创新中专用性投资及资产专用性问题对技术创新管理和国家技术创新政策的制定具有理论和实践意义。如上所述，虽然有学者意识到专用性投资及资产的专用性与技术创新之间的联系，但系统、深入地对此进行研究的却并不多见。本书对此进行了探索。

本书在现有研究成果的基础上，进一步深入研究专用性投资及资产的专用性对企业创新活动的影响，既包括企业内部的人力资本专用性投资对内部创新与外部创新选择决策的影响分析，还包括企业组织间的专用性投资对企业创新组织模式选择的影响分析，以及企业网络间的专用性投资与创新体系构建，组织情境、技术不确定性与创新速度的关系以及人力资本专用性与技术创新能力、新产品绩效的关系，这些内容将深化、补充和完善专用性投资及创新理论。研究对专用性投资理论与创新理论的结合进行了探索，把专用性投资理论应用于分析和解决企业创新问题，扩大了专用性投资理论应用的范围，并使之系统化、丰富化，具有重要的理论价值，对于政府制定相关的政策以及企业管理也具有启发和借鉴价值。

二 研究意义

（一）理论意义和价值

1. 从管理学的角度研究专用性投资及人力资本专用性与企业技术创新问题，开辟创新管理研究的新视角

企业理论对专用性投资较为关注，而技术创新理论对创新研究较多，两者相结合则是一个较新的研究领域，现有研究基本都处于理论探索阶段，而且基于企业的微观研究还不多见，特别是在我国背景下的研究则更少。本书以我国企业为研究对象，较系统地研究了专用性投资、人力资本专用性与技术创新的关系，开辟了创新管理研究的新视角。

2. 丰富和拓展创新管理理论及专用性投资理论

本书通过对企业创新管理微观机理的研究，融入专用性投资及人力资本专用性的相关理论，对该领域尚未解决或尚未涉足的一些问题进行研究，既深入研究了企业组织内部的专用性投资，如专用性人力资本对企业

创新模式、创新能力及创新绩效的影响；又深入研究了组织间的专用性投资对创新治理模式的影响。成果综合采用了理论归纳和演绎、模型构建和统计检验等研究方法，考察了专用性投资、人力资本专用性与技术创新的作用机理，能够补充和丰富专用性投资理论、人力资本理论及创新理论。

（二）应用意义和价值

1. 服务我国企业创新管理及人力资源管理实践

面对日益高涨的劳动力成本及环境保护成本，企业应逐渐从依靠低成本或者垄断资源转向依靠创新进行核心竞争力较量。成果针对我国企业技术创新的问题以及相关的人力资源管理问题进行了研究，对企业依据专用性投资情况进行创新管理及人力资源管理具有核心指导意义，增强企业的核心竞争力。

2. 为政府部门制定推动技术创新联盟的区域政策提供决策参考

2019年3月全国"两会"指出，要注重加强科技创新发展规划，加强各省市各类科技、人才、产业规划对接，共同谋划区域科技创新发展战略（苏屹、刘艳雪，2019）。当前，以技术创新为核心的竞争态势已进入白热化阶段，迫切需要通过全面技术追赶和局部技术赶超的战略来提高我国自主创新能力。我国正处在创新推动发展的关键时期，如何从学理上明确开放式创新给国家、地区、产业、企业、大学及公共科研机构带来的价值并提供经验证据，对于丰富科学学的理论体系、政府制定科技和创新政策十分重要。专用性投资是组织间关系的重要变量，其对创新绩效及宏观经济的影响如图1-2所示，从专用性投资的视角将区域创新建设和产业集群发展结合起来提出相关政策建议，不仅具有理论基础而且更加切合实践，为政府制定创新促进政策提供决策参考。

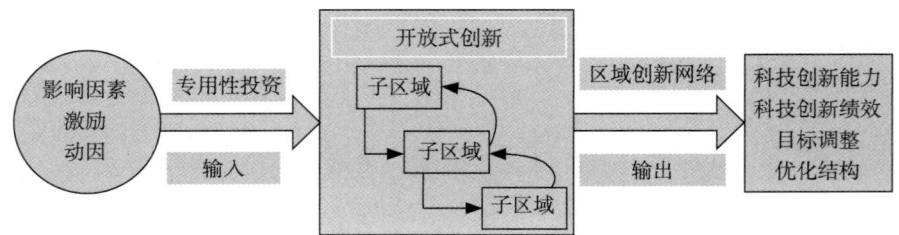

图1-2 企业开放式创新中专用性投资对科技创新的影响

第三节　研究内容及观点和结构

一　研究内容

1. 从人力资本专用性视角分析研究企业内部创新与外部创新

这一部分内容着眼于企业内部的人力资本专用性投资对创新活动的影响，主要研究了专用性人力资本（专用性强与弱）、信息结构（纵向与横向）与创新模式（内部创新与外部创新）的关系，并进一步研究合作动机的调节作用，企业参与技术合作的动机归纳为三个方面：与研究开发有关的合作动机，与技术学习有关的合作动机，以及与市场进入等战略目的有关的合作动机。本部分首先采用二元 Logit 模型进行简单的实证分析，然后根据相关结果，结合理论研究，以创新模式为因变量，人力资本专用性及信息结构为自变量，合作动机为调整变量，以企业规模、产品发展阶段和产业地位作为控制变量，提出研究假设并进行验证分析。

2. 从专用性投资的视角研究了企业创新组织模式选择

这一部分内容研究了企业组织间的专用性投资对创新活动的影响，从企业边界的角度将企业创新组织模式分为并购、合资、战略联盟及市场化交易合约。研究认为企业不同的创新组织模式区别在两个基本方面：对知识的进入权不同以及使用知识的所有权不同。知识的进入权在并购中最高，合资其次，战略联盟再次，市场交易最低；使用知识的所有权合资与并购类似，战略联盟及市场化交易中一方不拥有另一方的所有权。这一部分研究主要依据不完全契约思想，提出进入权和所有权及知识的可复制性等变量，探索这些变量对专用性投资激励的作用机制，分析这些变量对创新组织模式的影响方式及微观机理。本部分将采用数理化的规范研究方法，建立抽象统一的数学模型进行数理分析并将结论用于阐述不同创新治理模式的选择。

3. 从人力资本专用性的视角分析了其对创新能力、绩效的影响

探索专用性程度不同的人力资本对突破性创新能力和渐进性创新能力

的影响、两种不同的技术创新能力对新产品开发绩效的影响以及专用性程度不同的人力资本在创新能力与绩效之间的调节作用。以我国企业为样本，以企业规模、R&D 投入、环境的不确定性、需求不确定性和竞争强度作为控制变量，构建理论模型并进行检验。另外，这一部分内容还探索创新型企业文化对技术创新能力（产品与工艺创新能力）与企业绩效的影响以及技术创新能力在创新型文化与企业绩效之间的中介作用，并考察了资产专用性对创新型文化与技术创新能力的调节作用。以我国企业为样本，以企业规模和年限为控制变量，构建理论模型并进行检验。

4. 研究了组织情境、技术不确定性对创新速度的影响

这一部分内容是对专用性投资的扩展和延伸，组织情境包括领导支持、任务挑战、组织鼓励；研究考察了两种技术不确定性：技术新颖度和技术波动性，并将其作为调节变量，探索团队组织情境因素对创新速度的影响。研究以我国企业为样本，以竞争强度、团队规模、研发成本和新产品开发资源作为控制变量，构建理论模型并进行检验，最终得出相关结论。

5. 从交易成本理论的视角，探索专用性投资、知识复杂性及环境不确定性对企业合作创新决策的影响，以及进入权的调节作用

以我国企业为样本进行问卷调查，以企业规模及年限、资本结构、R&D 强度、广告强度作为控制变量，构建理论模型并进行检验。本部分还将合作伙伴社会责任引入合作创新领域，探索企业间行为，包括专用性投资、合作研发及组织间学习三因素对企业合作创新绩效的影响，以及社会责任的调节作用。以我国企业为样本进行问卷调查，以企业规模、企业年限及企业合作经验作为控制变量，构建理论模型并进行检验。

6. 从专用性投资的视角研究了企业创新体系构建及对策建议

这一部分内容研究了企业组织网络间专用性投资与创新体系构建，并与产业集群与区域创新体系构建相结合。从产业集群的角度看，专用性资产投资是一种信号显示与选择机制，产业集群的区域资产专用性可以降低交易成本，提升企业的竞争优势，对集群企业间的信誉机制具有重要作用。形成产业集群绩效差异的主要原因是：由于产业集群的各主体相互间的专用性投资不同，影响了产业集群的竞争优势，影响了产业集群的创新

能力，从而影响了产业集群的绩效。研究发展产业集群的条件、内在机理和政府相关的支撑政策，将区域科技和区域创新体系建设与产业集群创新融合起来，从专用性投资方面进行深层次研究，从而揭示基于专用性投资的产业集群形成机理，分析基于专用性投资的产业集群竞争优势，探索基于产业集群的创新过程，构建基于资产专用性形成的产业集群的创新体系并提出相关对策建议。

二 主要观点

（1）在专用性投资基础上形成的产业集群对技术创新具有正反两个方面的效应，因而专用性投资对技术创新的影响是一个复杂的系统问题，必须从不同角度研究具体问题，如研究不同程度的专用性人力资本对创新模式、创新能力或创新绩效的影响。

（2）无论是人力资本专用性投资还是物质资本专用性投资都能对企业创新活动及政府制定创新促进政策方面产生重大影响。

（3）专用性人力资本强的企业，企业倾向于采用横向信息结构，企业越可能采取内部创新模式；反之，专用性人力资本弱的企业，企业倾向于采用纵向信息结构，企业越可能采取外部创新模式。

（4）认为企业不同的创新组织模式区别在两个基本方面：对知识的进入权不同以及使用知识的所有权不同。知识的进入权在并购中最高，合资其次，战略联盟再次，市场交易最低；使用知识的所有权合资与并购类似，战略联盟及市场化交易中一方不拥有另一方的所有权。

（5）技术创新能力超强，新产品开发绩效不一定越好；这与具体的创新能力类型有关（突破性创新能力还是渐进性创新能力），而且人力资本的专用性在技术创新能力与新产品开发绩效之间具有调节作用。鼓励和容忍的文化对企业技术创新能力具有正向影响；自由文化对企业工艺创新能力的正向影响显著。技术创新能力在创新型文化对企业绩效的影响之间起到中介作用。当资产专用性中等时，鼓励和容忍对企业产品创新能力的正向作用要大于资产专用性低或高时；自由对企业产品创新能力的正向作用在资产专用性中等时却要小于资产专用性低或高时。

（6）专用性投资对于合作创新的形成具有积极作用，并且相互提供的进入权越大，专用性投资对合作创新模式影响越大；进入权能够减弱知识复杂性对合作创新的负向影响。环境不确定性不利于形成合作创新，并且进入权增加了环境不确定性对合作创新的负向影响。社会责任显著增加了专用性投资对于合作创新绩效的正向作用，但专用性投资对合作创新绩效的积极作用并不显著；合作研发及组织间学习会显著促进合作创新绩效，并且社会责任能够增加两者对合作创新绩效的正向作用。

（7）领导支持对提高创新速度影响最大；组织情境与专用性投资关系密切。特别是组织情境里的领导支持，这一点与员工的经理型专用性投资关系密切。

（8）创新体系体现了自主创新相关的各行为主体的互动合作关系。创新集群是建立在知识产权保护等制度和企业互信和联系的基础上的，需要制度创新。创新体系需要产业联系和知识流通的环境。只有形成一种真正的知识流通的环境，才能够促使本地的企业创新，同时，企业创新需要有利于创新的制度和社会结构。

（9）政府的产业规划不仅是产业区域发展的地理空间规划，更应该是企业间分工的产业价值链规划；政府的经济干预不应该局限在税收等产业政策的安排上，更应该注重以信誉为核心的制度建设。公共服务平台建设是产业集群政策制定的重要支点。产业集群优势的发挥在于"共享"和"互动"。产业集群公共服务平台就是"共享"和"互动"的重要载体，在这个载体上各种要素得到更加有效的配置。

三 技术路线及结构安排

本书的技术路线如图 1-3 所示。全书研究内容共包括八章，具体如下：

第一章绪论。在阐述企业创新及专用性投资研究背景的基础上提出问题，总结全文的研究内容并形成研究总体框架结构，提出本书研究的方法及主要创新点。

第二章理论基础与文献综述。通过回顾与评述与本研究相关的专用性投资理论、资产专用性理论以及创新理论的国内外研究成果，分析它们的贡献与不足，为本研究分析框架的构建和研究提供一个理论平台。

第三章专用性视角的创新模式理论与实证分析。从企业边界的视角，将企业创新模式分成内部创新与外部创新两种模式，研究人力资本专用性及信息结构对其的影响并进行实证分析。进一步将企业创新组织模式分为并购、合资、战略联盟及市场化交易合约，依据不完全契约思想，提出进入权和所有权及知识的可复制性等变量，探索这些变量对专用性投资激励的作用机制，建立抽象统一的数学模型并进行数理分析这些变量对创新组织模式的影响方式及微观机理，同时将结论用于阐述不同创新治理模式的选择。

第四章专用性视角的创新能力与创新绩效。一方面探索了专用性程度不同的人力资本对突破性创新能力和渐进性创新能力的影响、两种不同的技术创新能力对新产品开发绩效的影响以及专用性程度不同的人力资本在创新能力与绩效之间的调节作用。另一方面还探索创新型企业文化对技术创新能力（产品与工艺创新能力）与企业绩效的影响以及技术创新能力在创新型文化与企业绩效之间的中介作用，并考察了资产专用性对创新型文化与技术创新能力的调节作用。

第五章组织情境、技术不确定性与创新速度。这一部分研究内容是对专用性投资的扩展和延伸，组织情境包括领导支持、任务挑战、组织鼓励，这些均与专用性投资有关。

第六章专用性投资与合作创新。本章一方面基于交易成本理论，探索专用性投资、知识复杂性及环境不确定性对企业合作创新决策的影响，以及进入权的调节作用。本部分还将合作伙伴社会责任引入合作创新领域，探索企业间行为，包括专用性投资、合作研发及组织间学习三因素对企业合作创新绩效的影响，以及社会责任的调节作用。

第七章专用性投资、产业集群与创新体系构建。揭示基于专用性投资的产业集群形成机理，分析基于专用性投资的产业集群竞争优势，探索基于产业集群的创新过程，构建基于资产专用性形成的产业集群的创新体系并提出相关对策建议。

第八章是结论与展望。总结全文研究成果，指出研究尚待改进之处，并对研究前景进行展望。

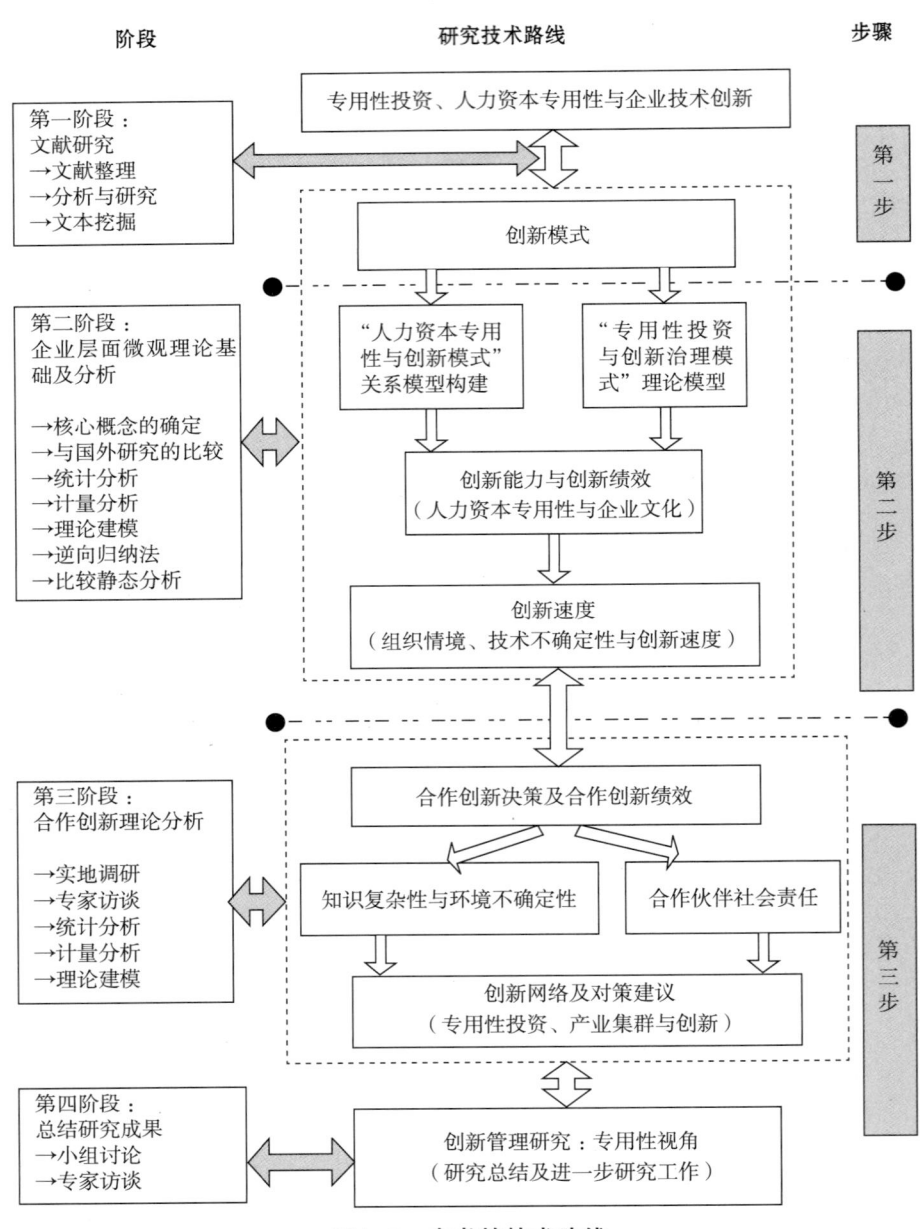

图1-3 本书的技术路线

第四节　研究方案及特色和创新

一　研究方案

在研究方案的设计上，采取多种研究方法并用的策略，运用文献研究、案例研究、博弈论、不完全契约方法、比较静态分析、逆向推理法等方法建立分析模型。研究根据有：① 规范性——研究所依托的理论、方法、工具与国际接轨；② 针对性——针对研究对象和课题研究深度和广度的要求选择研究方法；③ 创新性——根据研究的具体需要对某些研究方法进行适应性改进，三项原则选择和应用研究方法。项目综合采用数据计量、深度的企业案例研究（包括单案例研究方法和跨案例研究方法的综合运用）以及理论建模方法为主体，辅之以问卷调研、统计分析、专家访谈、实地考察、文本挖掘、理论建模等方法。力求做到三个结合：定量与定性相结合、理论推导与实证研究相结合、基础研究与应用基础研究相结合，在不同内容的研究中，不同研究方法的运用各有侧重。

1. 文献研究

由于研究涉及的基础理论比较丰富，包括交易成本理论、战略管理理论、产业组织理论、社会学理论等。相关学者背景与视角都存在较大差异，这种现状一方面能丰富项目的视角，另一方面也给需要研究的项目对相关理论进行更为系统的研究与整合，并对已有的经验研究进行归纳和比较分析。从而此阶段以文献信息分析法为主，对国内外相关经典文献和最前沿的研究成果分类进行文献信息提取、观点方法的梳理、不同模型的多维验证。经过略读、精读，并不断完善相关文献的更新与补充，形成研究的理论基础，进而提出本项目各个研究内容的理论假设和理论模型。

2. 统计数据计量分析

统计数据的计量分析是项目采用的主要实证研究方法，其目的是完成案例研究信息补充、关键变量的数据提取、建立理论模型所需的数据准备等工作。项目统计数据来源主要包括企业调查及上市公司年报等相关数据。

将使用SPSS等软件统计分析定量数据，进行描述性分析、聚类分析、因子分析、回归分析、方差分析等。

3. 问卷量表开发

问卷量表开发是项目采用的主要辅助性实证研究方法，其目的是完成结构关系识别、模型检验等工作。项目将根据案例研究、文献信息分析的结果，参考一些知名量表开发过程，结合专家学者的建议，具体展开设计、开发、检验多维度量表。并使用调整后的题项集、必要的定性研究题项汇编成问卷，进行数据收集及在此基础上的模型检验等工作。

4. 案例研究方法

采取案例研究的方式，对初步提出的一些设想进行案例研究，从案例研究中得到更多启发性的思考，同时能够对理论构建中的部分假设进行修正，或者提出一些新的相关假设。

5. 不完全契约方法

也称权威分析方法（Authority Approach），侧重不可缔约情况下的权威配置，例如，哈特与穆尔（Hart and Moore, 1999）分析了企业内部在事前与事后都不可缔约情况下协调性工作与事务性工作在纵向层级上的分离。本书在建立和分析专用性投资与企业治理模式时，使用了此方法。

6. 理论建模方法

在理论研究上，主要运用博弈论及比较静态分析方法建立模型，明确企业组织之间的行为顺序，在具体推导中使用逆向推理法，并结合经济分析中常采用的比较静态分析方法，得出结论。

二 特色与创新之处

本研究基于专用性投资的理论视角，综合运用技术创新理论、企业网络理论、企业理论和技术能力理论等领域的先进研究成果，紧密结合我国企业创新实践，运用样本调查和案例研究，定量分析了创新模式、创新速度、创新能力及创新绩效与专用性投资的关系。具有理论上的原创性和方法论意义上的创新性。具体而言，本研究主要在以下几个方面有所发展和创新：

1. 从管理学的角度研究专用性投资及人力资本专用性与企业技术创新问题，具有独特性和新颖性

虽然国外关于专用性投资的研究引起了经济学家的极大兴趣，但从管理的角度研究其与人力资本专用性与企业技术创新问题则较少，此课题是国内外研究发展的新动向。本书立足于最新的企业理论与方法研究，针对我国企业技术创新的现实情况，研究范畴和研究视角独特新颖。

2. 将专用性投资及人力资本专用性理论从企业组织内拓展到企业组织之间，具有前瞻性和探索性

经典的专用性投资理论等主要应用于研究企业组织内部人力资源管理等相关问题，本书在系统深入研究这些理论的基础上，尝试将其与组织理论、创新理论相结合，将其应用拓展到企业组织之间关系的领域，特别是研究企业技术创新的具体问题，具有理论上的前瞻性和探索性。

3. 利用统计计量分析对模型进行检验，研究我国背景下创新的问题，具有规范性和先进性

本研究运用样本调查和案例研究，利用方差分析、因子分析、相关分析、多元回归等现代统计分析工具，并结合统计计量技术的最新成果，分析和验证了我国企业技术创新模式与人力资本专用性、组织情境与创新速度、人力资本专用性与创新能力及创新绩效的关系，具有规范性和先进性。

4. 将知识、进入权、所有权及专用性综合考虑并建立数理模型进行分析，具有开拓性和系统性

本书不仅从实证角度研究了企业技术创新问题，而且还依据不完全契约思想，采用逆向归纳法及比较静态分析等方法，研究影响企业技术创新的主要因素，提出进入权（access）、所有权、知识的互补性、可复制性等变量，探讨变量间相互关系，构建专用性投资与技术创新模式选择决策模型，具有开拓性和系统性。

5. 从专用性投资的视角将区域创新建设和产业集群发展结合起来并提出相关政策建议，具有可行性和应用性

国内研究产业集群更多从经济学、管理学、地理学角度进行研究，也有少量基于区域内部学习或技术创新扩散过程的研究，而从专用性投资的

视角进行研究的较少。本研究成果主要在研究思路及内容上，本书研究了专用性投资→产业集群→技术创新的发展过程，在剖析专用性投资与技术创新内在机理的基础上提出相关政策和建议，具有可行性和应用性。从专用性投资的视角将区域创新建设和产业集群发展结合起来，具有新颖性和应用性。

综上，本书综合采用了理论归纳和演绎、模型构建和统计检验等研究方法，考察了专用性投资、人力资本专用性与技术创新的作用机理，期望能够补充和丰富专用性投资理论、人力资本理论及创新理论。本研究从微观层面上深入剖析了专用性投资与创新关系内在机理的基础，从政策和制度上探索了产业技术创新战略联盟建构和发展的有效方式和措施，从专用性投资的角度提出了有关促进创新网络的区域政策不仅具有理论基础而且更加切合实践的观点，希望本研究能对企业技术企业管理实践及政府制定创新促进政策提供决策参考。

第二章
理论基础与文献综述

第一节 专用性投资理论

一 专用性投资的内涵

专用性投资的概念起源于资产的专用性的概念,资产专用性是交易成本经济学的核心概念。人们的经济活动就是人们的交易活动,不同的经济活动体现不同的交易关系(Williamson, 1985, 1991)。在交易活动中,由于交易当事人的有限理性和机会主义的行为特征,因而就需要设计一个相应的秩序(治理机制)来规范这些交易关系以降低交易费用。一种交易活动,是适合市场组织或是适合企业组织,取决于不同交易的特征和相关的交易费用。交易中的不确定性、交易的频率和资产的专用性是区分不同交易的三个维度,其中资产专用性是区分交易性质的重要标志。不同资产具有不同的专用性,人们就有不同的交易行为,从而就有不同的交易费用。专用性资产有多种形式,如专用场地、专用实物资产、专用人力资产以及特定用途资产等。人们投入的是哪一类资产,从而就会有哪一种组织形式。

资产专用性(Asset Specificity)是指在不牺牲生产价值的条件下,资产可用于不同用途和由不同使用者利用的程度(Williamson, 1985, 1991)。即当某种资产在某种用途上的价值大大高于在任何其他用途上的价值时,那么该种资产在该种用途上就是具有专用性的。具体来说,专用性资产是为支撑某种交易而进行的耐久性投资,它一旦投资于某一领域,就会锁定在一种特定形态上,若再作他用,其价值就会贬值。具备专用性质的资产称为专用性资产,一种资产是不是专用性资产,主要看该资产究竟是属于用途可变的资产，还是用途不可变的资产，它与会计上的固定资产和流动资产及其固定成本和变动成本没有多大关系，只有那些用途不可改变的资产才具有专用性质（Williamson, 1985）。

专用性投资，是为了用来改进特定的经营效率或维护特定的交易关系，对专用性资产进行的持久性投资。如果这种关系长期延续，专用性投资就可以创造价值；但如果关系破裂，就不会创造价值。专用性投资是关系维持的必要条件，因为如果没有专用性投资，交易关系破裂的成本较低，双方都很容易转向其他交易。在这个意义上，专用性投资也被称作"关系性投资"。由此可见，专用性投资的本质是互补。目前，专用性投资及其引发的套牢问题已经成为现代契约和组织理论的核心问题，相关研究成果构成了不完全契约、最优所有权、公司财务结构和治理安排等研究的重要基础。在威廉姆森看来，资产专用性对交易成本经济学的重要性怎么强调都不过分，如果资产没有专用性，交易成本经济学就没有说服力。

虽然先前的研究提供了关于专用性投资与其结果之间关系的有价值的见解，但理论模型和实证结果仍然不一致（Huang and Huang, 2019）。一些实证结果表明，专用性投资与公司绩效之间存在正相关关系（例如，Burkert et al., 2012）。其他实证研究报告了负面的专用性投资—绩效关系（例如，Buvik and Haugland, 2005）；另一项调查显示专用性投资对买方—供应商关系的满意度或质量的直接影响不显著（例如，Lai, Li and Lai, 2013），还有一些研究揭示了倒"U"形关系（例如，Wang and Jiang et al., 2019）。我们认为，这些理论论点和实证结果存在矛盾的原因有以下几个。

首先，专用性投资自身具有正负两方面的效应，一方面作为持续合作的信号，具有创造价值的积极效应；另一方面，可能导致套牢问题和机会主义行为。其次，专用性投资可以从不同的角度分为不同的类型，不同类型的专用性投资可能会产生不同的影响。最后，不同的情境可能会对两者关系产生不同的影响。因而本书接下来分别探讨专用性投资的分类及其效应。不同情境的研究将在后面的章节中进行。

二 专用性投资的分类

为了深入理解资产专用性的特征及效应,威廉姆森(1985)将资产专用性分为六种类型,即地点专用性(Site Specificity)、物质资产专用性(Physical Asset Specificity)、人力资产专用性(Human Asset Specificity)、贡献/用途资产专用性(Dedicated Asset Specificity)、品牌名称资产专用性(Brand Name Asset Specificity)以及时间专用性(Temporal Specificity)。为了强调无形资产专用性的重要性,学者(Subramani and Venkatraman, 2003)将资产专用性分为有形资产专用性和无形资产专用性,其中,有形资产专用性包括物质资产专用性和地点专用性,无形资产专用性包括业务流程专用性和领域知识专用性,领域知识专用性是指在跨组织关系中一个组织所掌握的知识被专门用于满足另一个组织要求的程度。与此类似,关系专用性投资可分为产权类资产、知识类资产两类。还有的学者(Wang and Wang et al., 2014)认为关系专用性投资存在两个维度,即组织层面关系专用性投资和个人层面关系专用性投资。

企业创新需要的互补性资产可以划分为一般性(Generic)、专用性(Specialized)和共同专用性(Cospecialized),专用性和共同专用性的背后实质就是单边依赖(Unilateral Dependence)和双边依赖(Bilateral Dependence)。因而,资产专用性可分为单边资产专用性和双边资产专用性。本书认为,这是关系专用性投资的空间属性。结合中西方文化的不同,武志伟和陈莹(2008)将专用性投资分为契约型专用性投资和人情型专用性投资,前者包括有形专用性投资、无形专用性投资;后者指合作企业间管理者、员工之间的私人关系投资。同时研究发现,人情型专用性投资不仅提高了合作企业之间往来的数量和质量,还改善了相互交往的模式(Kale and Singh, 2009)。它们之间通过转移和学习隐性知识进行紧密而强烈的互动,提高自身创新能力。另外,关于资产专用性,从不同的角度还有如下分类。

(一)自利性投资、合作性投资与混合性投资

根据专用性投资的性质,专用性投资可以划分为自利性(Selfish

Investment）、合作性（Cooperative Investment）和混合性（Hybrid Investment）三类。专用性投资的性质由该投资的直接受益方确定。如果专用性投资的直接受益者只是投资者自己，这种投资就是自利性投资；如果专用性投资直接受益者只是交易伙伴，就是合作性投资；如果专用性投资的直接受益者既包括合作伙伴又包括投资者自己，就是混合性投资。自利性投资提高投资者的现状点（Status quo Postion），而合作性投资的作用正好相反：它通过改善对方的现状恶化了投资者的讨价还价地位。由于合作性投资和自利性投资对于投资者现状点的影响不同，不完全契约对自利性投资和合作性投资的保护效果也完全不同。对于合作性投资而言，缔约的价值取决于双方能否承诺不进行重新谈判。只要双方能够可置信地承诺不对契约进行重新谈判，不管投资的合作性有多高，都可以达到有效率的水平。在这些情形下，他们认同科斯（Coase, 1937）的观点，长期契约可以解决由资产专用性带来的套牢问题。但是，在给定合作性投资水平的条件下，如果缔约双方不能承诺不对契约进行重新谈判，就会存在一个契约相对于事后重新谈判没有任何优势（也就是说缔约是没有价值的）的讨价还价能力分配范围。而且，随着投资的合作性增强，契约无价值的范围会逐渐变大；如果双方的投资是纯粹合作性的，对于任何讨价还价能力分配来说，契约都是没有价值的。这时，为克服由过高的合作性投资带来的套牢问题，威廉姆森（1985）和克莱因（Klein, 1978）等所主张的纵向一体化以及格罗斯曼（Grossman, 1986）—哈特（1988）—莫尔（1990）所主张的资产所有权配置就提供了比契约更为有效的治理结构。

（二）产业专用性、任务专用性与模式专用性投资

一般只将人力资本分为通用性和企业专用性两类。尼尔（Neal, 1995）在美国跳槽人员研究的基础上，提出了第三种人力资本——产业专用性人力资本的概念。在此之前，由于这种专用于某一产业或经济领域的人力资本显然不是通用性的，因而往往笼统地归于企业专用性人力资本的范畴。但是，这种人力资本实际上并不同于企业专用性人力资本。比如，编写程序的能力并不专用于某一软件企业，而是专用于软件产业；教学和科研能力并不专用于某一研究机构，而是专用于某一专业和研究领域。尼尔

(1995)认为，工人的工资是由工人具备的一般技能、产业专用性技能和企业专用性技能决定的，而这三种技能的获得取决于工人的生活经验、产业工作年限和企业工作年限。尼尔（1995）的实证分析至少表明两点。一是在同一产业内跳槽工人的工资比进入其他产业的工人工资明显要高许多，这就证明确实存在产业专用性人力资本。二是在同一产业内跳槽的工人工资近似于在原来企业中工作所能得到的回报的标准横截面估计值，也就是说，在同一产业内跳槽前后的收入变化相差无几。这说明企业专用性因素对于工资收入的影响很小，即人力资本中专用于某一企业的份额是很小的。

学者（Waldman and Gibbons, 2004）提出了任务专用性人力资本的概念。任务专用性人力资本指的是由工作中所特有的学习机会（从干中学）所累积的专用于某种任务而不是某个企业的人力资本。当任务专用性人力资本所有者到其他企业工作时，只要从事相同的工作，其人力资本就不会像企业专用性人力资本一样变得无用。反之，如果被调换到新的工作岗位上，即便是在同一个企业内部，其任务专用性人力资本也会变得无用。从这个意义上讲，任务专用性的概念更贴近于斯密关于劳动分工导致熟练程度提高，进而导致报酬递增的思想。只要从事的是同样的工作，在哪一个企业工作对其生产力的影响并不大。

因而，这种人力资本的价值反映在工资之中，不会因此导致人力资本所有者的套牢，也就不会导致对任务专用性人力资本的投资不足。学者（Miwa and Ramseyer, 2000）通过对日本汽车产业组织的研究提出了模式专用性投资的概念，认为模式专用性投资比关系专用性投资更为重要。与关系专用性投资只能专用于一家企业或特定交易关系不同，模式专用性投资能够用于一类产品的生产模式。在日本汽车产业，模式专用性投资主要表现在两个方面：一方面，几乎所有的供应商生产的产品对于各个汽车厂商而言都是通用的。因为所有的汽车都有挡风玻璃、减震器、前灯、座位、气缸、烟灰缸等零部件，它们的大小和形状虽不相同，但如果一个供应商能够为某个汽车厂商生产这些产品，同样可以为其他厂商提供这些产品。这就意味着，生产中的大量资产都是模式专用性的而非关系专用性的，例如，为生产丰田佳美的尾灯而进行的投资，往往也能够用于丰田花冠和本田雅阁的尾灯生产。另一方面，任何模式专用性投资都是短期的。对绝大多数汽车厂商而言，一种车型的寿命仅为四年。即便分包商确实拥有专用性资产，通常也不能产生长期的准租金，产生准租金的时间最多不超过四年。因而，如果任何企业有模式专用性准租金，可以通过契约安排以及在模式结束时的市场竞争很好地保护这种租金。日本汽车产业的实际情况也能够证明这一点。

对产业专用性、任务专用性与模式专用性投资的研究表明，仅仅将投资分为通用性投资和企业专用性投资的存在问题：可能会高估关系专用性投资的重要性，从而对市场契约治理专用性投资的能力产生怀疑。如上所述，对于产业专用性、任务专用性与模式专用性投资而言，市场契约可以很好地保护这些投资的准租金，避免由套牢问题导致的投资不足和低效率。

三　专用性投资的正反效应

（一）正面效应

1. 信号传递功能

在交易成本理论看来，专用性投资具有交易质押物（hostage）的功能，投资者可以通过专用性投资向交易伙伴做出可信的承诺。投资后投资者就会形成自我实施（Self-enforcing）的单边协议，从而不断形成交易的自我约束。从信息经济学的角度来说，即使进行转换用途就会贬值的交易专用性投资，同样是一种持续参与交易的信号，参与方进行这种投资后将主动约束自己的机会主义行为，从而自发地增加合作破裂的潜在成本。被投资方往往会认为进行了专用性投资的交易伙伴更值得信赖，进而提高他们对交易延续的预期。进行专用性投资是一种有效的立誓（Pledge）方式，对接收方来说是一种承诺信号，能提高接收方对投资方关系承诺的感知水平。

从投资者的角度看，专用性投资虽然提高了被投资者采取机会主义行为的概率，但从某种程度上也起到了稳定交易对象的作用。威廉姆森（1985）认为交易专用性投资在增加投资方转换成本的同时，也会增加接收方在转换交易对象时须额外支付的成本。同时，威廉姆森（1985）也指出："……这样做（供应商进行专用性投资）的结果往往也是互惠的，因为如果买方求助于其他供应商，不仅得不到理想的实物资产，而且即使能买到非专用性资产，其生产成本也非常之高。"转换成本的增加使被投资者很难退出交易，从而有可能使交易的性质由"大数"条件转变为"小数"特征，形成双边垄断或竞争格局。在交易成本理论及信息经济学看来，对于被投资者来说，专用性投资是投资方发出的一种可信的承诺信号，能提高接收方参与合作的信心，进而有可能形成一种基于经济理性的相互信任；对于投资者来说，专用性投资可以提高被投资者的转换成本，对于维护现有交易关系具有一定的积极作用。可见，交易专用性投资对交易做出了承诺，并且会增加交易参与方的转换成本，从而增强对交易者的长期合作激励。

2. 价值创造功能

如上，交易成本理论只是从规避风险或降低成本的角度来论述专用性投资的正面效应，对专用性投资的价值创造效应关注不足。从20世纪90年代开始，学者们越来越认识到交易成本理论因只关注"成本节约"存在缺陷（Zajac and Olsen, 1993），在资源基础理论和网络理论的影响下，注意到专用性投资的价值创造效应。其中具有代表性的是戴尔（Dyer, 1996）的论文，论文用比较翔实的数据对美日两国主要汽车制造商及其供应商的专用性投资水平、治理机制以及绩效进行了比较，得到了很多有价值的关于专用性投资价值创造效应的经验证据。而且，戴尔和辛格（Dyer and Singh, 1998）在相关理论的基础上，结合经验数据，提出了"关系租金"等概念，他们认为，关系租金是由交易各方联合创造的超常利润，它无法由单个企业独立创造，而只能来自特定的联盟伙伴之间的共同专有性贡献。按照戴尔和辛格（1998）的理论命题，企业间的关系专用性投资、知识共享惯例、互补性资源或能力以及有效的治理机制等因素共同构成了联盟关系租金的来源。这些概念的提出提高了人们对相关问题的认识。人们发现，与美国汽车产业的价值链相比，日本汽车产业的价值链具有更高水平的交易专用性投资，而前者的交易成本却低于后者，这与交易成本理论并不相符；他们对此的解释是当保障机制（Safeguarding Mechanism）专用且任务高度相互依赖时，地点专用性能降低相关企业的库存成本，而人力资本专用性则能提高产品的质量，并缩短新车型的开发周期。

然而，关于交易专用性投资创造价值的内在机理研究则相对较少。研究发现，共同决策（Subramani and Venkatraman, 2003）、合作努力（Claro et al., 2006）、国际化（Tashman et al., 2019）、供应链整合（Huang and Huang, 2019）可能在交易专用性投资和最终绩效之间发挥着中介作用。周俊（2017）研究发现软件外包企业的领域知识专用性投资以客户知识溢出为中介促进投资方能力构建。孙超等（2018）认为合作创新在专用性投资与投资者收益之间具有中介效应。向丽和胡珑瑛（2019）研究发现，在研发外包情境下，实物型关系专用性投资和知识型关系专用性投资对关系质量均有显著正向作用。有趣的是，有的学者（Wang and Jiang et al., 2019）研究发现，物质资产专用性与关系绩效之间呈倒"U"形关系，人力资本专用性与关系绩效之间呈线性的正相关关系。尽管理论上对于专用性投资创造价值的内在机理有了一定的认识，但总的来说这些研究在系统性和深度等方面还比较欠缺，这方面的实证研究相对较少。

（二）反面效应

交易成本理论对专用性投资的反面效应进行了深入的理论探讨和广泛的实证研究。交易成本理论认为专用性投资最直接、最主要的负面效应，是可能引发交易参与者的机会主义行为。机会主义是指合作一方利用信息不对称等客观条件，为使自身的利益最大化，而损害合作对象利益的行为（Li and Yang, 2017）。从专用性资产的投资方来看，由于专用性投资只在某一特定交易中具有最高的价值，而一旦用于其他交易或用途，其价值就会发生减损，因此，专用性投资会对投资方造成一定的转换成本，导致他（们）在不遭受损失的情况下无法灵活地将专用性资产从一种交易关系转移到另一种交易关系。资源依赖观认为，投资方的专用性投资会提高他（们）对接收方的依赖程度，理性的接收方有可能把投资方对自己的这种依赖作为谈判的筹码，以攫取更大份额的可占有准租金，因而会采取机会主义行为。理性的投资方也会意识到自身的脆弱性，以怀疑的心态对待专用性投资的接收方。在缺乏充分信任和未来保证的情形下，投资方担心受接收方压榨的程度随着专用性投资的增加而提高。目前，不少实证研究都表明，关系专用性投资可能会引发资产接收方的机会主义行为（例如，Trada et al., 2017）。

四 专用性投资治理机制

为抑制关系专用性投资的机会主义效应及提高专用性投资的正面效应，学者提出了不同类型的治理机制（Governance Mechanism）。治理机制与"保障机制（Guarantee Mechanism/ Safeguards）"不同：保障机制主要用来规避或减弱专用性投资的负面效应，保护投资方免受机会主义的威胁，而治理机制不仅能用来抑制负面效应，而且还可能具有提高正面效应的作用。

明确型合同、关系型规范和双边投资是学者关注的三种最典型的治理机制（余海晴、俞兆渊，2019）。其中，明确型合同和关系型规范治理机制是经常被学术界探讨的两类机制。交易双方可以通过签订长期的、排他性的、明确的、复杂的合同来实现规范交易过程，从而达到能够抑制对方机会主义行为的目的。例如，通过研究天然气行业的500份长期合同发现，在涉及专用性投资的交易中，其合同期限平均比未涉及专用性投资的交易的合同期限要长5年（Von Hirschhausen and Neumann, 2008）。实证结果也表明正式治理机制（合同）与制造商、供应商关系中的专用性投资水平显著正相关（Yu and Liao, 2008）。由于供应商关系专用性投资者在合作交易中更容易被"敲竹杠"，所以他们倾向于与对方签订详细的合同，而购买方则会有意简化合同的细节（Murrell et al., 2017）。研究认为（Shi et al., 2018）正式合同的复杂性会降低关系专用性投资的机会主义效应。

在关系型治理机制的研究方面，大多数学者肯定关系型规范的积极作用。研究发现关系型规范对交易方机会主义有直接抑制作用（Luo, 2007），关系型规范负向调节了汽车4S店的专用性投资和汽车制造商机会主义行为之间的正向关系（汪涛、秦红，2006）。近年来研究开始关注关系治理的弊端（例如，Zhou et al., 2014）。关系型规范存在阴暗面，即当关系型规范十分强的时候，交易方可能在物质资产专用性投资方面做出错误的决策。周俊和袁建新（2015）研究结果表明，软件外包企业的领域知识专用性投资显著抑制了客户（专用性投资的接收方）的机会主义行为；关系型规范和合同完备性不仅显著正向调节了领域知识专用性投资和客户机会主义之间的负相关关系，还直接抑制了客户机会主义行为。

双边投资治理机制方面，王国才等（2011）认为与一般的通用资产相比，双边专用性投资具有更好的规避关系风险与提高价值创造能力。另外，双边专用性投资治理机制与正式契约和关系规范治理机制之间不是孤立的，而是相互联系的，实践中可以组合使用多种治理机制。例如，王国才等（2011）研究发现，双边专用性投资有利于合作双方正式契约的实施和关系信任的形成。一些学者比较了不同治理机制与不同类型专用性投资匹配。研究发现，关系治理在保障供应商人力资本专用性投资方面更为有效，但并不能保障供应商物质资产专用性投资（Wang and Zhang et al., 2019）。相比之下，正式合同有助于保护供应商的物质资产专用性不受国际买家机会主义的影响，但它们在保护本地供应商的物质资产专用性方面是无效的。

按照治理机制是否正式，治理机制可以分为正式机制和非正式机制。正式治理机制是指通过法律条款和经济上的鼓励措施来降低或消除企业合作过程中的不确定性；非正式治理机制强调内在的、道德的控制，主要是通过建立一致的目标与合作性的氛围来指导交易。正式治理中合同治理是一个重要的手段，合同治理的研究主要以交易成本理论为主，近些年有大量关于合同的实证研究。这些研究涉及了以下几方面：合同的设计选择；合同设计和合同正式程度对组织之间关系、合作水平的影响；合同设计的细节。合同是专用性投资中正式的保护机制，合同有很多属性，比如合同的类型、合同复杂度、合同的明确性问题，但是作为保护机制，合同的长度是最重要的特性。非正式治理主要从关系理论和资源基础理论等视角切入。近年来的研究发现，非正式治理包含信任和承诺两个主要内容；信任可以降低机会主义风险，促进价值创造。

企业间信任包括计算型信任、关系型信任和制度型信任。企业间信任的第一个阶段为"计算型信任"，也就是信任的理性部分（魏旭光等，2013）。企业间信任的第二阶段"关系型信任"包括基于了解的信任和基于认同的信任，以及认知型信任和情感型信任。依靠制度措施来保障双方权力的环境因素基础上的信任作为企业间信任的第三个阶段"制度型信任"。

实证结果表明，计算型信任对合作满意度的影响不显著；关系专用性投资在关系型信任影响合作满意度的过程中起到完全中介作用，在制度型信任影响合作满意度的过程中起到部分中介作用（魏旭光等，2013）。王雷（2014）实证检验了专用性投资、信任与创业企业控制权治理。在契约保障（contractual safeguards）水平一定时，权力不平衡以及权力不平衡和信任之间的交互作用能够驱动专用性投资在企业及其供应商之间的分配（Ebers and Semrau, 2015）。

目前，关于治理机制相关研究领域仍存在一些探讨得不够清楚的理论问题。第一，学者们较多地探讨法律规制型治理机制的直接作用，较少探究这类治理机制对专用性投资和交易方机会主义的调节作用。第二，研究者对正式合同和关系导向型治理机制之间相互关系的认识不尽一致，有的学者发现两者是替代关系（Substitute）（例如，Li et al., 2010），另一些学者则认为两者是互补的（Complement）（例如，Zhou and Xu, 2012）。第三，治理机制的适用情境需要进一步的理论探讨和实证研究。每一种治理机制在构建和运行成本、治理效应方面都存在差异；而且这些差异因情境的不同而变化，从而使在某些情境下有效的治理机制对于另一些情境可能不再适用。因此，探讨治理机制的适用情境，可以帮助交易各方选择更具针对性的治理机制。第四，各种治理机制之间的相互关系仍有待深入探讨。由于交易者一般不会在交易中孤立地使用某个治理机制，因此，研究多个治理机制的联合治理效应显得更有意义，应该综合使用两种机制（Bouncken et al., 2016）。如果能够更加深入地界定治理机制的适用情境，那么，研究者就有可能深入地理解各种治理机制的相互关系。因而对于专用性投资的治理机制还需要更深入地研究。

五 专用性投资激励机制——进入权

涉及专用性投资的一个核心问题是由此引发的"套牢"问题，即专用性投资的负面效应，从而会出现交易各方自发地进行专用性投资不足的情况，鉴于专用性投资具有信号传递及价值创造正面功能，学者们认为进入权是激励专用性投资的一种有效方式。

关键资源理论（Critical Resource Theory, CRT）也称进入权理论。由于

接触和使用企业的关键资源而产生的权力被称为"进入权"（Access，也译为"通路""通道"），这种关键资源可以是资产、思想和重要人物（Rajan and Zingales，1998），如图2-1所示，B企业比A企业可以获得更大的进入权，可利用的网络资源也就越多。进入权是激励专用性投资的一种有力机制，进入权比物质资产更能使代理人状态依赖于专用性投资，与产权激励相比较，产权不仅在供给上比进入权更加稀缺，而且还会对代理人的投资激励产生负面效应，从管理的角度看进入权的激励思想与管理学所倡导的授权激励原理相似。

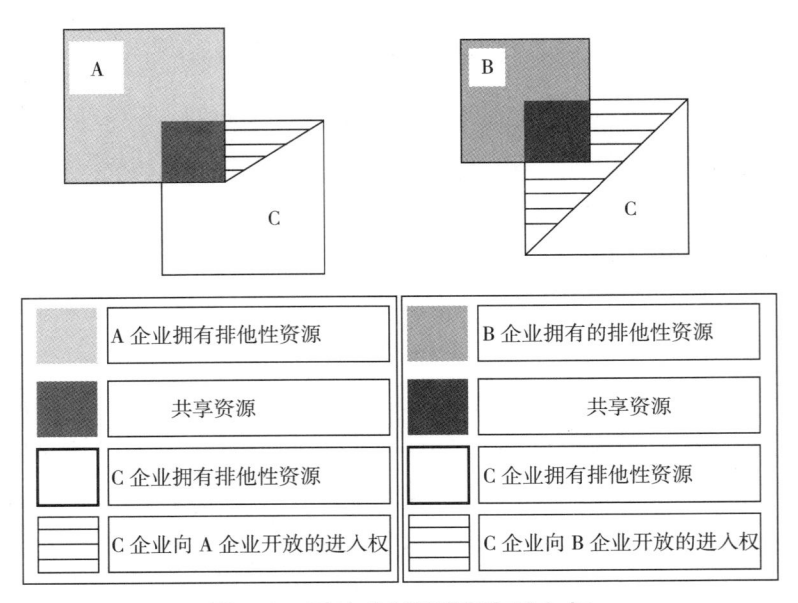

图2-1 开放式创新资源与进入权

进入权是一种与能力相联系的权力，是获得和合理分配权力的一种机制。通过权力的适当配置，将所有权与控制权分离，达到促进专用性投资、提供更好的激励、最大化创造组织租金之目的。这种机制是通过对关键资源的控制来实现的，由于企业的关键资源并不一定是物质资本，所以，所有权就不是唯一的权力源，也不是最有效的激励机制。进入权理论可以推广至开放式创新治理，"治理"的本质就是对权力的运用（Rajan and Zingales，1998），开放式创新可以看作是一种对专用资产的投资形式。唐衍军（2018）认为创新型企业治理关键在于对人力资本专用性投资的激励与品牌声誉资源的维护。

开放式创新中的每一个参与者都拥有自己的关键资源，因而都拥有某种权力。根据使用权理论，关键性资源也是一种权力来源，掌握了关键性资源就意味着掌握了企业和市场的控制权。但是，这些关键资源对联盟而言，总有那么一类资源是最为重要的，从而这一参与者就拥有了相对多的权力。参与者通过调整对关键资源的接触、使用的进入权配置，一方面，使其他参与者对关键资源做专用性投资，从而构造一个投资组合，产生联合收益；另一方面，通过进入权的配置，防止自身的关键资源受到参与者的侵蚀，防止交易中的机会主义和道德风险所可能带来的损失。

进入权对专用性投资的激励作用在其他一系列相关研究中也得到了证明。例如，刘征驰和赖明勇（2010）研究表明基于进入权治理的服务外包组织相比市场和企业能够更好地激励专用性人力资本投资。洪联英等（2013）认为在企业进入权的机会控制和数量调整机制作用下，最终产品商通过限制进入、替代竞争来激发供应商做出事前定制投资、事前分摊投资和事后最优专用性投资，确保跨国公司最大化期望利润。

进入权研究一方面围绕其对人力资本的激励作用展开，另外一些学者注意到了其对企业组织的影响。过聚荣和茅宁（2005）将其应用到技术开放式创新治理方面的研究，并认为从进入权理论的角度出发来探讨技术开放式创新的治理问题是值得关注的一个理论发展趋势，技术创新网络实际上是一个在合作基础上的参与各方为技术创新而结成的，并各自作专用性投资的网络的联结。

企业要保持核心竞争力的一个有效手段，就是限制外部关系对本企业关键资源（核心资源）的进入权（廖飞、茅宁，2006）。本书认为这只是其中一种观点，实际上，对进入权的控制和配置是开放式创新管理的一个核心问题，而开放式创新的实质就是资源共享，然而开放关键资源的企业会担心自身利益受损，因而在什么情况下开放关键资源、向谁开放、开放的程度（进入权的大小）都是值得研究的问题。刘征驰等（2015）从创新企业面临的专用性知识获取困境出发，在合作博弈框架下探讨了创新企业的最优进入权安排。

关键资源理论为我们分析组织间关系提供了一个新视角,而且与所有权相比,进入权对专用性投资的激励作用效果更好。可见,进入权与专用性投资关系密切,尽管进入权理论提出已经20年,但相关的研究并不多见,还存在许多未解决的问题,需要进一步进行研究。这些问题包括两者之间作用过程和关系,以及两者在开放式创新中对创新绩效的影响机理,如进入权与开放度(深度与广度)的关系、影响进入权的因素以及这些因素对创新绩效的影响等,本书将在关键资源理论的基础上深入分析。

第二节 专用性人力资本理论

一 人力资本及人力资本专用性

人力资本理论的历史渊源可以追溯到18世纪。18世纪中叶欧洲产业革命后,人类进入了大工业时代,生产力发生了三大变革:其一是自然力代替人力、机械生产代替手工业生产;其二是科学技术代替了经验,科技与生产互动作用日益加强;其三是专业技术培训代替作坊师徒传教,人的知识和技术因素在生产中的作用越来越大。缪荣(2005)认为与物质资本相比,人力资本具有一些明显不同的特征:①人力资本和其所有者是不可分的,这就导致了人力资产是一种主动资产,可以由其所有者自由配置。②人力资本具备学习特征,可以通过自我投资和接受外界投资来实现人力资本的增值路径。③人力资本具有一定的环境专用性。人力资本的形成是一个动态的复杂过程,时间跨度大,尤其是作为人力资本主要构成要素的知识、经验、技能等在环境因素的长期作用下,对所处环境会形成一定的专用性特征。④人力资本的异质性。相同的人力资本投资,其结果往往差异很大,即表明不同的人能力有大有小,这与物质资本投资结果的同质性有着根本的差异。⑤人力资本的效能具有不确定性,体现在人力资本投入和产出之间的关系以及人力资本可能涉及的团队生产方面。因为人力资本常常包含着社会的、人文的、道德的等难以计量的模糊因素。

王开国、宗兆昌（1999）认为人力资本的性质体现为绝对私有的经济资源配置能力，人力资本的绝对私有性质首先要求其使用的自利性，这是人力资本得以生存、发展的基础。人控制着自身人力资本的使用，也要求对使用收益的合理的（别人允许、自己相对满意的）回报。从这一方面来看，人力资本的使用和收益具有功利性、排他性。但是，绝对私有的人力资本也在社会中存在和使用，人力资本的使用必然有利他性。人力资本的绝对私有性还意味着它在被使用过程中，外界约束无法对它在量上和质上进行有效或准确的测量与控制。这就使任何性质的关于人力资本使用过程的合约不可能完善。人力资本的经济资源配置能力本质属性应包括三个方面要素：①有一个天生的存量和发展潜力；②需要周围经济环境的激励；③这种能力有自增强的天生增长倾向，但环境的压抑可能使其表现为增长停滞，甚至全部"关闭"起来。人力资本是高度专业化的信息载体及处理主体。

周业安（2002）从公司治理的角度认为人力资本具有以下四个方面的特征：人力资本和其所有者是不可分的，这就导致了人力资产是一种主动资产，可以由其所有者自由配置；人力资本具有不完全的替代性，可以通过资产专用性或形成一个组织来获取垄断势力；人力资本具备学习特征，可以通过"干中学"机制来实现报酬递增路径；人力资本又具有不确定性，体现在人力资本投入和产出之间的关系以及人力资本可能涉及的团队生产方面。

如果将资产专用性这一含义缩减到人力资本专用性的形式上，那么人力资本的专用性就可以看成是人力资本在某种特定用途上的价值高于任何其他用途上的价值的性质。或者反过来说，当人力资本一旦投资于某一特定用途，若再挪作他用，其价值就会贬值。因此，人力资本的专用性，从一方面来看是人力资本在组织生产使用上的"非流动性"，从另一方面来看是人力资本与组织生产分离使用上的"不可还原性"。

从交易性质来说，人力资本的专用性具有交易专用的性质。专用性人力资本是为支撑某种具体交易而进行的耐久性投资，这些投资的收益，一般只有在买卖双方之间的关系得以保持的情况下才能实现，如"干中学"。换句话说，在这种交易关系中，专用性人力资本具有较大的价值，而在该交易关系之外，其价值就会降低。因此，就专用性资产的交易而言，当事人的确定，或者说与谁交易是至关重要的。由于交易的中断，当事人要承担高额成本，所以根本的投资差异在于交易专用性支出会大到什么程度。交易专用性可能会产生"套牢"效应，交易专用性的投资一旦做出，在一定程度上就锁定了交易当事人之间的关系，事前的竞争就会被事后的垄断所替代，从而也就会发生要挟的机会主义行为。如果契约不能如约履行或提前终止，极有可能导致专用性人力资本投资的沉没。

从交易的方式和结果来看，人力资本的专用性表现为人力资本的企业专用性。企业专用性最高的人力资本是相互专用性人力资本。它包括以下两个方面的含义：一是指人力资本对企业或企业中其他专用性资源和企业产品价值的依赖性质。这一点意味着专用性人力资本的价值依赖于企业团队的存在，它在企业内部的价值要高出它的市场价值。如果它离开这个团队，就等于放弃了它的专用性投资，从而也就无法收回它的投资成本。二是指企业或企业中其他专用性资源对某种专用性人力资本的依赖性质。这一点意味着企业或企业中其他资源的价值依赖于某专用性人力资本的存在，一旦企业离开它，企业的价值或者企业中其他资源的价值就会减少。通常情况下，一个企业或团队往往要求各种各样的专用性人力资本投资，而且它们之间是相互专用和相互依赖的。

威廉姆森（1985；1990）认为人力资本的企业专用性即为工作的特异性，如团队生产中某些人才具有的某种专门技术、工作技巧或拥有某些特定信息。这种工作特异性从根本上来说是企业专业化分工与协作的产物。从其所有者来说，只有在专业化分工与协作的组织形式中，通过某种特定的工作关系才能真正发挥作用和获得收益。因此，企业的专业化分工与协作不仅造成了团队成员个人的专用性人力资本，而且也创造出了团队成员与关系团队不可分离的专用性人力资本。另外，威廉姆森把专用性也称为非市场性（non-market），表明它来自特定市场的稀薄性或者非密集性。事实上，专用性之所以成为一个重要问题，原因一方面在于专用性资产相对于通用性资产具有更高的生产率，另一方面则在于它因其非市场性而易于遭受机会主义行为的伤害。即在技术效率与交易费用之间存在冲突。

专业化的实质是生产者知识结构的专业化，也就是生产者积累其专业知识的过程。威廉姆森把人力资本的专用性称为一种具有交易专用性的知识，是建立于训练和经验之上的无法言传的直觉知识。以知识为基础的企业理论认识到了企业员工所掌握的某种专业知识并专业化于某一特定岗位，构成了一种专用性资产，其知识专业化方向和程度的不同，决定了企业最终所积聚的知识和能力的差异，从而导致企业获得的竞争优势和组织租金的不同。

那么企业专用性表现在哪些方面呢？可以举出一些形象的例子来说明员工的技能是企业专用性的投资，如员工熟悉操作设备的具体要领，对标准机械的日常运转显然也有重要的帮助。在某些情况中，工人能够根据机器设备的声音和气味的轻微变化觉察到问题并诊断出问题的来源；在某些生产和管理工作中还包含有团队合作能力，并且一旦离开这一团队还需要重新建立和学习这一资产，因此这种技能是专用性的。沿用威廉姆森的观点，企业专用性人力资本包括四个主要方面：与特定时间和地点相关联的知识、操作特定机器设备的技能、关于特定的生产流程和信息沟通的知识、特定的工作团队和人际关系技能（程德俊等，2004）。后来的研究分类都是建立在此基础上的。

在现实世界里，企业专用人力资本通常并不完全专用于一个特定的企业，它只是在该企业生产率最高，而在其他生产场合生产率较低。并且，专用性人力资本与通用性人力资本的区别体现在人力资本的性质上。从经济学角度上来看，企业专用性人力资本是比产业通用性人力资本具有更高专业化经济的人力资本，它由特定的当事人在特定的企业中提供，而且其生产率除在特定企业之外只能部分地在其他当事人或者其他企业的生产场合中得以实现。

二 专用性人力资本投资

研究认为，所谓企业专用性人力资本投资，是指员工的技能依赖于所在企业的产品特性、市场状况、工艺流程以及企业文化以及企业组织中的人员（包括管理者与团队）等，当员工离开原企业后，价值则因其专用性程度的不同而受到不同程度的影响，专用性程度越大，其价值对于外部企业来说越小；反之越大。对人力资本来说，专用性投资的"互补"有两方面的含义：一方面是人力资本的自我投资以适应企业资本的需要；另一方面是企业资本的投资以匹配自身人力资本的优势。这里互补不仅仅是被动意义上的，更多的应该是主动意义上的。

（一）专用性投资与一般性投资的关系

与专用性投资相对应的是一般性投资，即通用的知识和技巧。从经济学角度上看，两者之间是替代和互补的关系。替代包括边际意义和总量意义两个方面。在边际意义上，因为在某一时点，人力资本投资不是为了提高一般性人力资本，就是为了专用性人力资本。总量意义上，因为在某一时间，人力资本的投入是一定的。如果人力资本花较多的精力在一般性投资上，那么他用在专用性投资上的必然较少；反之亦然。总量意义上的替代还有另外的含义，例如，在没有竞争的情况下，较高的一般性人力资本其专用性投资往往较少，而较低的一般性人力资本专用性投资往往较多。

互补表现在专用性投资与一般性投资的相互促进。除天生的因素外，学习、培训和教育，尤其是"干中学"（Learn by Doing）等专用性投资对能力的形成和提高有很大的作用，使人力资本更有可能进行一般性投资。而能力的提高反过来也有助于努力水平的提高。一般来说，能力越高的人努力成本就越低，也就更有可能进行更多的专用性投资。

一般性投资越高、越被市场认可的人力资本会越看重自己的声誉，出于职业生涯的考虑，会更努力地进行专用性投资。而专用性投资很高的人力资本出于对专用性投资风险的考虑，同样会加大一般性投资。互补性还表现在专用性人力资本投资对一般性人力资本的价格的提高上。对本企业的专用性投资的结果常常是绩效提高的信号，引起市场的关注，从而提高一般性资本价格。

另外，从管理角度上看关于专用性与通用性的关系，两者并不是相互孤立的，专用性人力资本也可由通用性人力资本组成，只不过在不同的企业，同一工作岗位这些通用性人力资本的组合不同。例如，在硅谷的一个新建的以税务筹划为主要业务的软件企业，一个处于管理岗位上的员工需要拥有税务知识、经济学知识、软件知识及Java程序设计的技能，如果这个员工流出企业，再很难找到能够完全利用这些技能的企业。

(二) 专用性投资与企业资本的关系

人力资本与物质资本之间也是替代与互补的关系，在新古典的分析范式 $Q = f(K, L)$ 中，就假设了这种替代关系。专用性投资与企业资本同样存在着互补关系。从长期来看，较多专用性投资的人力资本使企业吸引到更多的资本，实现企业升级；反过来，如果企业资本较好，那么在市场竞争的作用下，人力资本就有条件进行更多的专用性投资。即使在团队内部，也存在着互补的现象。随着共事时间越长，这种互补性也越强，这也是专用性的表现之一，可以称之为同事专用性投资。

专用性投资和组织资本之间也是相互作用的关系。组织资本包括企业的核心知识、企业文化、制度和理念等方面，是企业知识交流的平台。企业发展所需的知识或者信息不论在量上还是在更新速度上都远远超出了个人的能力，单从知识管理的角度来看，客观上需要一个共享平台来促进知识的学习、传播与创造。组织资本作为物质资本所有者和人力资本所有者共同投资形成的资产，是企业内相关利益者的共同财富，它与物质资本、人力资本是交集的关系。从静态来看，具有较好组织资本的企业，人力资本的专用性投资也越大，反之亦然。从动态来看，组织资本与专用性投资相互促进。因此，对专用性投资来说，组织资本既是条件也是结果。

三 专用性人力资本对组织的影响

关于人力资本专用性对组织的影响很多，包括方方面面，而且这也是一个重大的课题，本部分简单论述专用性人力资本对雇佣关系及权利分配结构的影响，至于其对组织形式、组织设计及员工流动和公司治理的影响则分别在以后的章节中给予研究。

(一) 专用性人力资本引发"讨价还价"

由专用性人力资本的概念可见，企业专用性人力资本与企业其他相关资源的使用之间实际上是一种"合作专用化"（Specific Cooperation）的关系（即前面所提到的互补性），彼此均因离开对方而失去其存在的价值。因此当员工所得到的回报仅等于其短期机会成本而以辞职威胁时，将不会有任何损失，也即员工未能得到更多支付时，处于一种"讨价还价"（Argy-

Bargy）的优势地位；反之，当员工在被培训时接受了一种低于其机会成本的工资，并以此换取在公司投产后得到较高工资的许诺，则出资者即可以利用其"所有者"的地位优势，以关闭公司为威胁驳斥员工短期内的索取要求，员工也因此将承担其专用性人力资本投资价值丧失的风险。

由此，雇主与雇员双方之间潜在的"若即若离（Standoff）"归结为"敲诈或套牢"问题，双方均倾向以各自"讨价还价"的优势地位而试图在公司总租金中获取更多的份额。除非双方在有关租金的划分方面达成一致意见，并在公司投产运营之后获得各自的满足，否则，部分租金很可能随着时间的推移而损耗在争论与谈判的成本中。但在专用化人力资本与设备或公司其他相关资源的"合作"之前，公司对其总的预期租金无法做出准确判断。因此，员工与股东之间不可能签订完全合约而确立租金的划分，由此引发出专用性人力资本投资的激励问题及公司治理问题。

谈判力决定了收益的分配，谈判力强的人力资本能争取到更好的专用性投资的条件和更多的投资收益，从而可以进行更多的专用性投资。一般来说，谈判力与人力资本的生产性、风险性有关。一般来说，生产性越大，能创造出更多价值的人力资本，个体的谈判力越大；风险性造成了人力资本专用性投资的高成本，也形成了专用性投资的稀缺性，因此要激励这样的专用性投资，就必须给予人力资本更多的谈判力。因而，一方面谈判力增强了专用性投资的激励；另一方面，专用性投资积累也可以内生地增强人力资本的谈判力。

（二）专用性人力资本要求调整公司的权利分配结构

关于公司治理大部分的文献集中在由委托代理问题而引发的股东与经理之间的权利关系上，随着企业经营环境的变化，人力资本重要性的上升，传统的公司治理理论已不能解释全部现象，新的公司治理理论大量出现。实践证明，专用性人力资本的员工因其人力资本"专用化"投资而承担部分与公司相连的风险，尤其在人力资本高度专用化对于公司财富的创造显得十分重要的情形下，员工拥有极强的动机去监督公司资源的有效使用，并依其在生产经营中的内部经验，特别是专用化人力资本对公司财富创造的关键作用而在技术与组织创新等许多重要的公司决策中发挥着事实上的控制权。

而且，当承载专用化人力资本的员工承担公司部分风险并掌握一定的控制权时，他们比股东更有利于行使并监控公司的战略决策与经营行为。既然剩余风险承担者应是剩余索取者，剩余索取者应是企业控制权的受让者，那么人力资本尤其专用性人力资本的存在及其对公司财富创造作用的显现，将促使或要求基于股东财富最大化公司价值理念的传统公司权利分配结构向有利于专用性人力资本员工的方向调整，即专用性人力资本员工的权与利应基于客观事实而在公司的权利分配结构中予以相应的对称反映。

四 专用性人力资本投资分类

（一）依据投资时间

专用性人力资本投资可分为两类，一类是事前的专用性人力资本投资，另一类是事后的专用性人力资本投资。前者是指某些人接受专业化训练和教育后所拥有的某一特定领域的专用化知识和技能，虽然它是对个人专用的，但并不具有企业专用性。而后者是指企业成员通过在岗培训或边干边学所掌握的对企业的专用性知识和技能，即威廉姆森（1985）所指的"工作特异性"，如企业员工拥有的企业核心技术、销售网络及其某种管理才能等。

事前的投资是形成个人型专用性人力资本的基础和前提，这一点对像律师事务所、会计事务所以及各种咨询公司来说比较重要。事后的投资不仅强化了个人型人力资本对"个人的专用性"，而且也开始产生了对企业的专用性。同时，由于专用性人力资本的团队效应也逐渐形成了团队型人力资本的专用性。因此，随着事后的专用性人力资本投资，个人型人力资本的企业专用性程度在不断加强，而团队型人力资本的企业专用性程度也会不断加深。

（二）依据组织信息加工方式

不同类型的组织结构要求有不同的信息加工的分工模式，从而与不同的专用性人力资本相联系，固化在人身上的专用性信息的加工技能划分为个人型人力资本和背景导向型人力资本。青木昌彦（Aoki, 1986）在此基础上进一步分析了信息处理的分工模式在不同组织结构中存在的差异性。他认为，不同类型的组织结构要求组织行为人具备不同的心智模型：与功能层级制组织相联系的是个人型心智程序——个人型人力资本发挥着重要作用;而与水平层级相关的是背景型心智程序——背景导向型人力资本发挥着重要作用。

相比而言,由于背景型心智程序包含了认知判断的协同机制,因此它们的价值在不同的组织中不能自由转移,而且这种有效使用认知判断的协同机制所需的技能一旦获得,便只能和同类型的参与人合作才是有价值的。正是在这个意义上,背景导向型人力资本比个人型人力资本更具有企业组织的专用性。青木昌彦(1986)假定,拥有个人型技能的参与人任何时间都可以在两个产业间流动,而背景取向型技能适合于特定的产业组织环境,不那么容易跨产业流动。

（三）依据企业知识的分工与协作方式

国内学者牛德生(2005)借鉴青木昌彦(1986)的分析方法,认为既然企业组织是一个生产性知识的集合,是知识的专业化分工与协作的集合,那么企业的专业化知识就应该表现为两个方面:一是由专业化分工所产生的以个人型人力资本存在的专用性知识;二是由专业化协作所产生的合作型人力资本的专用性知识,两者都是企业专用的专用性知识。假定每个企业成员都具有程度不同的企业专用性,把专用性人力资本划分为个人型和团队型两类。

个人型专用性人力资本是一种固化在人身上的信息加工技能,其中又可划分为操作技能和知性技能,而且知性技能更为重要。这种技能不可能与个人相分离,严格来说它是专用性人力资本投资于企业专业化分工的结果。团队型专用性人力资本是一种蕴藏于团队(正式或非正式)成员之间的隐性信息和默示知识。虽然它不能完全分解到团队成员的个人身上,而且在一定程度上可能与个人相分离,但却是团队成员个人型人力资本的合成,例如体现在一个团队中特有的价值共识、合作精神、环境氛围、集体声誉以及与此相关的信息渠道和信息符号等,从而表现为人力资本团队的专用性。严格来说,它是专用性人力资本投资于企业的专业化协作所使然。

由团队型专用性人力资本的"黏合"形成了各种各样的人力资本的专用性团队,其中多层次的相互依赖关系构成了专用性团队的基本特征。在这一团队中，它既存在着团队成员之间的相互依赖，也存在着团队与单个团队成员的相互依赖，还存在着团队本身与企业组织的相互依赖关系。如果把企业看成是人们有目的组建的"人工组织"，那么就不能不注意到人力资本团队专用性的存在。在这个"人工组织"里，可能有大大小小、正式的或非正式的"专用性团队"，极端的专用性团队形式就是企业团队。

团队型专用性人力资本的含义，与组织经验和组织资本的总括含义是一致的。团队型专用性人力资本的一般形式是人际关系氛围。一个具有良好人际关系氛围的团队，虽然它有着深厚的文化底蕴，但主要是通过人们的"价值观""合作意识""信誉"等"人力"相关的某种投资而形成。

（四）依据个体

现有的理论研究，主要集中在以下四种类型：

1. 企业家的专用性人力资本

虽然企业家的能力在相当程度上是一种"悟性"，甚至是一种"天赋"，且难以通过知识的积累来培养。但是，它的形成也并不是完全与教育、培训以及"干中学"无关。由于它是在特定的企业环境中形成，并与其拥有的特定企业知识和处理企业的不确定性问题的能力相关，因此，它一般只能专用于某一特定企业或产业。

2. 专业技术人员的专用性人力资本

应该说，专业技术人员的创新能力与其所受的教育程度、在岗培训机会以及在"干中学"的努力程度呈正相关关系，它无论是在设备使用技术上的革新，还是在产品及其服务技术上的进步，或是生产组织和管理方法的改进，对企业都有很强的专用性。

3. 一般员工的专用性人力资本

某些员工可能素质（受教育程度）较高，但容易被替代；相反，有些处在第一线的员工因拥有某些操作经验和技术诀窍却具有不可替代的专用性。例如，他们可能根据机器设备的声音或气味上的轻微变化察觉到问题，并能够马上诊断出问题的来源。

4. 资本家的专用性人力资本

从企业的历史和发展来看，如果没有资本家的专用性人力资本，就不能理解一个资本所有者为什么必须去经营企业；同时也解释不了为什么一些资本所有者能够拥有企业，并使企业的生命力延续下来，而另一些企业的资本所有者却做不到。问题的关键不过是，在所有权与控制权合二为一的企业里，资本家的专用性人力资本可能"淹没"企业家的专用性人力资本；而在所有权与控制权两者相分离的企业里，企业家的专用性人力资本可能会"淹没"资本家的专用性人力资本。

上述四类个人型专用性人力资本，在不同企业中的分布是不对称的，即使同一企业也不必然都存在。在劳动密集型企业里，可能对一般员工的人力资本专用性程度要求较高；对于技术密集型企业来说，专业技术人员的人力资本专用性会更强；而就资本密集型企业来讲，企业家的人力资本专用性则可能更为重要。

（五）依据功能

员工工作后的人力资本投资分为企业型专用性投资（Firm Specific Human Capital Investment）与经理型专用性投资（Manager Specific Human Capital Investment），并认为企业型专用性投资为员工在工作中积累的对企业专用性设备、市场状况、工艺流程等学习的技能与经验、企业文化的适应性等投资；经理型专用性投资为员工与经理为首的所在团队在长期合作中建立起来的关系独特性投资（Relationship-specific Investment），如相互理解、相互信任、能力互补、配合默契等能够提高效率、减少交易成本的投资活动，可见研究所说的经理专用性人力资本投资包括了团队专用性的含义。

企业型专用性投资只要员工在特定企业工作就具有产出效应（即能为企业带来产出），而经理型专用性投资，只要员工与经理一起在同一个公司工作，就会具有产出效应而不依赖于特定企业。即只要员工留在原企业，企业型专用性投资对企业来说能够增加生产效率，即具有产出效应；而经理型专用性投资则具有两个方面功能：一方面当员工与经理在同一企业工作时，经理型专用性投资同样具有产出效应；另一方面当经理跳槽离开原企业时，经理型专用性投资就为员工创造了一种外部选择权（Outside Option），这一选择权能够改变员工进行专用性人力资本投资活动的动机并可能导致员工与经理一起流动到外部企业。

（六）依据范围

拉詹和津加莱斯（Rajan and Zingales, 2000）在论及新企业治理问题时重新强调了企业内部专用性投资的意义，他们把专业化区分为产业通用性专业化（Technical Specialization）和企业专用性专业化（Firm-specific Specialization）两种类型，前者指在一个产业中进行生产所需要的专业化，一个人或者企业将因此而联系于一个产业；而后者指在一个企业中进行生产所需专用的专业化，一个人或者企业（比如供应商）将因此而联系于一个特定的企业。

第三节　技术创新理论

一　技术创新理论发展

创新作为学术概念和理论体系是由美籍奥地利学者约瑟夫·熊彼特（Schumpeter, 1934）提出来的。熊彼特从产出角度定义了创新，认为创新是通过建立一种新的生产函数或供应函数，即企业对生产要素的新的组合，把一种从来没有过的关于生产要素和生产条件的新组合引入生产系统以获得超额利润的过程。熊彼特（1934）列举了五种创新类型：①引入一种新的产品或提供一种产品的新质量；②采用一种新的生产方法；③开辟一个新的市场；④采取一种新的企业组织形式；⑤获得一种原料或半成品的新的供给来源。熊彼特所讲的"创新"实际上是一种广泛意义上的企业的创新，既涉及技术创新，又涉及市场创新、组织创新等。除本小节以外，本书中的"创新"指"技术创新"。熊彼特（1934）对创新的定义为"有突变、生产函数跳跃式的变动"。现在普遍的观点是在接受他的基本定义的基础上进行修改，即创新就是生产函数的变化，既包括跳跃式的突变，又包括连续式的渐变（吴贵生，2006）。

在创新理论的基础上形成技术创新理论，近年来技术创新的重要性无论是在理论领域还是在实践领域都得到了越来越多的认可，关于技术创新的研究也成为学术研究中的热点，研究的方法和角度也越来越多，成为涉及经济学、管理学、社会学、哲学、法学、工程技术学、文化学等多学科领域的研究课题。傅家骥等（1998）学者将20世纪50年代以来对技术创新的研究划分成三个阶段，并提出各自的特点。

第一阶段从20世纪50年代初到60年代末。在新技术革命浪潮的推动下，技术创新研究迅速复兴，并且逐步突破了新古典经济学的局限与束缚，形成对技术创新、起源、效应和内部过程与结构等方面的专门研究。这一阶段的主要特征是：①由于尚处于新领域的开发阶段，所以研究比较分散，未形成完整的理论框架，引起争论的热点专题也不多。②在管理科学中逐步形成专门的技术创新研究领域。由于技术变化对传统组织管理的冲击和挑战，对创新相关问题多从创新主体（企业和社会团体）的组织结构变动、风险决策行为及管理策略的角度出发进行研究。③研究开始涉及创新过程中的信息交流与创新环境等。但是总的看来，在这一阶段创新仍然只是作为一个整体变量来研究。

第二阶段是20世纪70年代初至80年代初。这是技术创新研究的持续兴旺阶段，主要特征是：①技术创新研究从管理科学和经济发展周期研究范畴中相对独立出来，初步形成了技术创新研究的理论体系。②研究的具体对象开始逐步分解，出现对创新不同侧面和不同层次内容的全面探讨和争鸣。内容主要包括创新研究的理论基础、技术创新的定义、分类、起源、特征、过程机制与决策、经济与组织效应、R&D系统、技术创新的主要影响因素、创新的社会一体化和政府介入机制及相关政策等。③逐步将多种理论和方法应用到技术创新研究领域中，如运用组织管理行为理论研究创新主体状态，运用信息理论研究创新过程中信息流的发生、传递和作用，运用决策理论研究创新初期的风险决策激励等。

第三阶段为20世纪80年代初至今。这一阶段的研究主要特点是：①研究向综合化方向发展。主要有三种形式：一是描述性总结，即就某些专题将已有的研究成果分类归总并加以总结描述。二是折中协调性提高，即将创新研究中有争论的问题重新提起，结合新情况在各种流行观点上进行综合分析并推出新理论。三是系统化归纳，即通过系统归纳沟通以往分散研究成果之间的内在联系，形成新层次上的系统理论。②在综合已有研究成果的基础上从已有范围内选出或新提出重点专题深入研究。美国国家科学基金会 NSF 在 20 世纪 80 年代中期的报告中列出了以下热点问题：企业组织结构与创新行为、小企业技术创新、技术创新实现问题、技术创新上的大学—工业界关系、技术创新激励、R&D 系统、创新风险决策、企业规模与创新强度的相关性、创新学习扩散和市场竞争策略等。③注重研究内容对社会经济技术活动的指导作用。实用性强的研究客体受到普遍关注，如技术创新的预测和创新活动的评价、创新组织建立的策略和规范、政府创新推动政策的跟踪分析、对某一行业的技术创新或某一项技术创新发生与发展的全过程的分析等，并力求将技术创新研究成果直接应用到社会经济技术行动计划中去。

在总结技术创新研究的基础上，我国学者傅家骥教授（1998）认为技术创新是企业家抓住市场的潜在盈利机会，以获取商业利益为目标，重新组织生产条件和要素，建立起效能更强、效率更高和费用更低的生产经营系统，从而推出新的产品、新的生产工艺方法、开辟新的市场、获取新的原材料或半成品供给来源或建立企业的新组织，它是包括科技、组织、商业和金融等一系列活动的综合过程。目前，国内对于技术创新的理解和认识主要有三种观点：一是将技术创新视为技术或发明的商业应用，以熊彼特的创新理论为代表。根据这一理论，创新就是建立一种新的生产函数，其内容涵盖产品创新、工艺创新、市场创新、体制和管理创新等。这些创新活动可能与技术直接相关，也可能与技术无直接关系。二是把技术创新看作是由新概念的构想到形成生产力并成功进入市场的过程。三是把技术创新理解为技术与经济和社会的有机结合。

二 技术创新类型

由于技术创新主体不同，技术创新主体所处行业、技术水平、规模、环境以及创新程度不同，技术创新必然表现出不同的类型。同时，为了研究的需要学者们也经常从自己的研究角度出发，对技术创新进行分类。

1. 按创新对象的不同，技术创新可以分为产品创新和工艺创新

产品创新是指生产出新产品的技术创新活动，所以也称为新产品开发，提供给顾客功能完整且具体的全新产品或服务。有时产品创新也定义为技术上有变化的产品的商业化，根据技术变化量的大小，产品创新可分成重大（全新）的产品创新和渐进（改进）的产品创新。过程创新也称为工艺创新或生产技术的创新，是指研究和采用新的或有重大改进的生产方法，从而改进现有产品的生产或提高产品生产效益的创新活动。

2. 按创新的性质、程度，技术创新可分为渐进型创新和根本性/突破型创新

渐进型创新是对现有产品、流程、方法所作的渐进式改善，使现有产品或功能有进一步的改善，更方便或更便宜，可见渐进性创新是一种不断进行着的积累性质的改进。它可以是产品的变型，或者是生产工艺的改进。这种创新尽管每次进展不大，但对于降低成本、提高质量、改进包装、增加品种、提高生产效率作用很大。这种创新数量最多，且所需要的资源并不大，但对企业发展和商业性成功，关系却非同小可。根本性/突破型创新是具有技术或方法上根本性的差异，使功能绩效明显优于传统，甚至完全取代。根本性创新是在技术推动或市场需求吸引下，或者是这两者的综合作用下进行研究开发的结果。这类创新是不连续的，其成果将导致产品的性能或者生产工艺发生质的变化，在技术上有了根本性的突破，而且这种突破，改变了整个行业的特征。一般来说这类创新的数量较少，所需要的资源较多，对经济发展影响较大。

3. 按创新的顺序来分，可分为率先创新和模仿创新

前者是一个企业先于其他企业而将某一科研成果用于创造经济价值；后者是企业学习别的企业的率先创新经营行为，为市场提供适销产品，创造收益的过程与活动。

4. 按技术创新的边界来分，可分为内部创新与外部创新以及创新网络

传统创新理论认为，企业的技术创新主要是内部创新。但 20 世纪 80 年代后，人们发现技术创新是一个复杂的过程，由于专业分工的原因，不

同的行为主体经营在不同专业领域，没有一个行为主体具有完全掌控创新结果的能力。因而行为主体之间的联系和相互依赖就显得非常重要，为了实施创新，这些组织不得不与其他组织发生联系，以获得所需的信息、知识和资源等，这样就引发外部创新及创新网络的研究。另外，创新技术开发高度复杂且投入规模庞大，而创新产品市场生命周期却日益缩短，因此很多企业采用开放式技术获取战略，由此开放式创新及创新网络研究开始兴起。

第四节 开放式创新及创新网络理论

一 开放式创新

开放式创新（Open Innovation）是国际创新领域核心期刊的研究热点和趋势（张璐等，2016），开放式创新改变了创新网络与新产品开发（Vidmar et al., 2020）。近年来大量国内外学者对相关研究进行了综述，部分代表性的作品如表2-1所示，这些文献对开放式创新研究进行了较全面和深刻的梳理，以下在此基础上作进一步的整合以及仅对与本研究关系密切的内容进行阐述。

综观现有的定义，大多是对开放式创新行为进行现象性描述，尚未明确它区别于封闭式创新的判断标准（即开放达到何种程度属于开放式创新），原因在于开放度实质上是一个连续体，并不存在绝对开放或绝对封闭的创新过程。因而开放式创新及其相关概念（如合作创新、分布式创新、创新国际化、供应链管理、网络组织）的内涵和关系需要进一步明确。

目前对开放式创新模式的划分包括单维度和多维度两类方法。在单维度方法中，学者们主要依据资源知识在组织内外的流向方向划分出内向（Out-side-in）、外向（Inside-out）、双向（Coupled）三类模式。内向开放式创新指企业从外部获取技术或信息，包括与上下游企业合作、嵌入外部知识网络、投资新创企业以跟踪潜在的技术机会、技术外包、购买外部知识产权等；外向开放式创新指企业将内部技术通过外部途径实现商业价值，包括技术衍生企业、技术的外部授权、技术服务。其中，双向模式（合资、联盟等）在技术变化很快的行业（如电子电气、信息技术）中比较普遍，技术较为成熟的行业（如皮革、木材和印刷业）更重视内向模式，而新兴的高技术小企业由于缺乏技术商业化所需的互补资产更倾向外向模式。目前学者们比较关注内向模式，对"从内到外"过程的研究还不多。在多维度划分中，学者们综合考虑了知识来源、资源整合、组织间关系等因素将开放式创新归为三类：①价值链纵向资源整合。一是用户创新，即企业为了提高新产品的市场接受程度，在新产品开发过程中重视与用户尤其是领先用户一起创建技术创新价值网络（Hienerth and Lettl, 2017），通过在线的创意管理或共同体鼓励用户参与新产品的早期设计和原型开发。二是供应商的早期参与，这将从减少项目的复杂度、提供额外的人力资源以缩短新产品开发路径、减少返工和降低成本、及时完成开发项目等方面给制造商带来巨大利益。②创新链横向资源整合，即产学研协同创新。企业与大学、研发机构联结有多种方式，包括公私营联合研究网络、科研合同、发放许可证、联合发表论文等（何郁冰，2012）。③产业链多元资源整合，包括企业间合作创新、技术并购。技术并购的优势是企业能快速获得进入新产品市场所需的技术资源和品牌渠道，从而能够在一定程度上降低研发投入。最新的研究（Xie and Wang, 2020）提出六种开放式创新生态系统模式：企业—高校—研究机构合作（Firm-university-institute Cooperation）、企业间合作（Interfirm Cooperation）、企业—中介机构合作（Firm-intermediary Cooperation）、企业—用户合作（Firm-user Cooperation）、资产剥离（Asset Divestiture）与技术转移（Technology Transfer）。

表 2-1　　　　　　　国内外部分开放式创新研究综述

作品及作者	内容	刊物
Evolution of the Open Innovation Paradigm: Towards a Contingent Conceptual Model（Lopes and De Carvalho, 2018）	综述了开放式创新如何影响企业及创新绩效，提出了一个情境概念模型，强调了知识流的重要性	*Technological Forecasting and Social Change*

续表

作品及作者	内容	刊物
Leveraging External Sources of Innovation: A Review of Research on Open Innovation（West and Bogers, 2014）	回顾了开放式创新的研究，考虑如何以及为什么公司要商业化外部创新来源。本书检查了"输入式（Outside in）"和"耦合（Coupled）"的开放式创新模式。基于对企业如何利用外部创新源的研究分析，提出了一四阶段线性模型：①获取；②整合；③商业化的外部创新；④公司及其合作者之间的相互作用	*Journal of Product Innovation Management*
Exploring the Scope of Open Innovation: A Bibliometric Review of a Decade of Research（Kovacs et al., 2015）	综合使用文献耦合（Bibliographic Coupling）和共引分析（Co-citation Analysis）两种技术来可视化开放创新研究的文献以及归纳不同的研究主题。结果表明，开放式创新的研究主要集中在四个相关的理论，主要关注于 7 个方面的研究主题	*Scientometrics*
A Bibliometric Review of Open Innovation: Setting a Research Agenda（Randhawa et al., 2016）	企业将从与用户、网络和社区的协作中获益，以促进其开放式创新。通过将营销视角整合到他们的研发工作中，公司可以更好地理解和实施开放式服务创新和与客户的共同创造。为了平衡价值的创造和获取，企业需要将其开放式创新计划与整体企业战略紧密联系起来	*Journal of Product Innovation Management*
Glocal Targeted Open Innovation: Challenges, Opportunities and Implications for Theory, Policy and Practice（Carayannis, Meissner, 2017）	开放式创新实际上是一种长期实践的范式，但其主要目标是不断发展企业的组织和管理模式，以应对新的创新挑战	*Journal of Technology Transfer*
开放式创新：内涵、框架与中国情境（高良谋、马文甲，2014）	建立了包括开放式创新原因、过程和结果 3 个因素及其关系的整合框架	管理世界
基于类型学视角的开放式创新研究进展评析（吕迪伟等，2017）	将开放式创新文献概括为综合模式、剖面模式和复杂模式三种类型，进而对三种模式在研究对象、方法和范围等方面的进展进行描述，分析不同模式研究对于开放式创新理论构建的作用	科学学研究

资料来源：笔者搜集整理。

开放式创新研究领域的主要理论基础和重要思想如表 2-2 所示。国外开放式创新研究可分为综合视角、开源软件视角及外部视角三个学术群。其中，综合视角从开放式创新的概念、适用条件、知识管理、价值网络、知识产权、企业创新绩效、用户创新等方面展开研究；开源软件视角针对开源软件社区进行研究；外部视角聚焦于获取外部技术与知识的研究（李淑燕、孙锐，2016）。

表 2-2　　　　　　　　开放式创新主要理论及思想

基础理论	重要思想	与开放式创新相关的内容
交易成本理论	交易成本最小化；企业和市场之间选择哪种有效的资源配置方式是基于市场交易成本与内部化管理成本之间的比较	开放式创新打破企业边界
资源基础理论	竞争优势取决于对一系列独有、不可复制资源的拥有；充分利用这些资源和建设企业基础资源是重要的	开放式创新能够获得互补性资源，或用于获得缺少的资源；资源共享是重要的
知识创造与组织学习理论	知识创造导致创新，进而获得竞争优势；企业的学习能力是重要的	通过组织学习，知识在伙伴间转移能促进企业创新
博弈理论	参与一方的决策取决于另一方的行动与预测；竞争与合作共存；双赢的机会	竞合替代竞争；合作是提供长期收益的一种选择；共同获益
社会网络理论	关系要素与结构要素对嵌入个体的行为有重要影响；三大理论：强弱关系理论、社会资本理论、结构洞理论	企业间联盟形成联盟网络；联盟关系网络资源对企业创新有重要影响
创新理论	资源重新有机组合，并获得经济效益；狭义创新仅指技术创新，广义创新包含了技术创新、管理创新、服务创新与组织创新等	企业创新成功的关键是能否有效获取外部创新要素，而开放式创新是企业获取这些要素的重要途径

资料来源：笔者在郑向杰（2014）研究基础上修改整理。

开放式创新的研究方法主要是案例分析和经验研究。案例研究在早期文献中最为常用，研究对象既有高新技术企业，如英特尔、IBM等；也有传统行业企业，如宝洁、海尔。经验研究主要来自发达国家的样本，如德国、荷兰、英国和瑞典企业。事件分析法（Event Study）也在此领域得到了应用，例如，胡等（Hu et al., 2017）采用事件分析法研究了美国和欧洲104家生物科技企业从1996年到2003年间的248个共同开发联盟的项目中断和失败案例。在研究范围上，早期文献限于美国等发达国家大型企业、科技型企业，近年来的实证研究开始关注发展中国家、中小企业、服务业以及中低技术企业的开放式创新规律（秦佩恒，2016）。近几年来，案例研究方法重新受到了理论关注，如刘海兵（2019）对在开放式创新方面有代表性的海尔集团做了2009—2018年纵向案例研究。

实证研究的重点和难点是开放度的测量。"开放度"用于测度企业开展外部合作的程度，是开放式创新理论中的核心概念（高霞等，2019）。现有文献一般采用李克特量表，并主要从"深度"（企业使用已有知识的频率）和"广度"（企业搜索新知识的范围）两个维度对企业外部技术搜索战略进行分析。早期对开放度的描述多停留在定性层面（主要是通过案例表达），后期研究开发出许多测量指标，但测度指标的选择仍存在较大差异。一些学者基于外部创新者合作程度，通过测量合作对象的数量和沟通频率来测量开放度。例如劳尔森和萨尔特（Laursen and Salter, 2006）的题项中则包括16个外部合作者。一些作者采用外部搜索的宽度和深度来测量开放度（Zobel et al., 2017），由于开放式创新整合了技术联盟、合作研发、产学研合作等多种实践，上述测量指标尚无法全面反映企业与外部环境的互动关系。

实证研究主要得出以下三个方面结论。首先，开放式创新对企业的创新绩效有显著的正向影响，这一结论不受国别、产业、组织规模等因素的影响。创新开放的广度与深度对吸收能力、开放式创新绩效均有正向影响（郭尉，2016）；通过开放传统的开发过程和拥抱外部的创意和知识资源，许多内部研发实力薄弱的企业成功地提高了创新能力。其次，开放式创新绩效受到企业内部能力的影响。研究表明，成功的开放式创新需要企业有效地整合内外部知识。如果企业缺乏必要的吸收能力（建立在内部研发的基础上）、鼓励开放的文化和制度、面向开放的战略组合及知识治理模式，就难以确保从开放式创新模式中获得足够多的回报。最后，从长期来看，开放式创新对企业竞争优势的影响呈现显著动态性。一些学者认为，过度的开放，加大了企业的搜寻成本和组织间合作的交易成本，引起从文化建设到组织结构的变革，增加了创新管理的复杂性和技术泄露的风险，容易形成对外部技术源的过度依赖。例如，有研究（Zhang et al., 2018）表明开放式创新与企业财务绩效呈倒"U"形关系。近年来的研究则不断深化和细致。如霍夫曼等（Hofman et al., 2017）研究了联盟网络中的组织耦合强度对创新绩效的影响，以及不同类型的创新（模块创新及架构创新）的调节作用。鲁贝拉等（Rubera et al., 2016）研究了R&D能力、市场信息管理能力与执行能力（Launch Capabilities）对以开发为中心的开放式创新及以市场化为中心的开放式创新的影响。李显君等（2018）研究发现：开放式创新不直接作用于企业的创新绩效，而是以吸收能力为中介影响企业的创新绩效。汉纳等（Hanna et al., 2018）研究了突破式创新中开放的时机问题。尽管现有的研究取得了较为丰硕的成果，但仍在很多方面存在不足和未解决的问题，仍旧没有打开投入产出之间的"黑盒子"。现有研究多数都是单层视角，开放式创新中企业创新行为仍是一个黑箱，实际上割裂了企业间的互生关系，缺乏结合企业自身特征和环境特征对企业能力与绩效的综合分析（任胜钢等，2010），缺乏企业行为以及开放式创新中其他组织行为对创新绩效的影响分析，忽视了专用性投资在开放式创新中的作用。

如何有效测量开放度是一个亟待解决的难点。当前的研究无论是采用李克特量表还是依据权威部门的调查数据，都存在着如何划分、识别和评价不同的外部资源对企业创新具有不同重要性的问题，研究者常常将各个外部创新源的重要性默认为相等，其结论难以真正反映企业的实际情况。案例研究方面，现有文献大多属于探索性个案研究，样本量小且基本都是成功案例。项目将同时关注失败的案例，探寻失败的原因，结合正反案例对比分析开放式创新的方式、时机和地点等，以提炼出更有效的开放式创新管理策略。另外，开放度对创新绩效的影响也有待于进一步研究。

开放式创新的获利机制还需要进一步探索。学者们对相关因素进行了探索（例如，李阳等，2016；李瑞茜等，2016），开放式创新并不是"包治百病的灵丹妙药"，其有效性具有一定的适用条件，受到内外部特定因素的影响。当开放式创新未给企业带来预期利益时，往往并非"是否开放"问题，而是"如何开放"的问题。当前的研究还需综合企业吸收能力、企业文化、组织结构、管理流程等方面分析开放式创新的价值最大化问题；同时，也缺乏比较不同制度背景和市场结构下开放式创新对企业竞争优势的作用机制研究，从而明确开放式创新的获利机制具有重要意义。项目将在我国情境下从专用性投资的视角深入探究企业吸收能力、释放能力、创新能力等对创新绩效的影响。

创新主体间的关系质量、关系强度与稳定性值得进一步研究。开放式创新所形成的关系强度描述的是创新主体彼此之间的关系强弱程度，创新成员彼此间经常进行互动往来，就称为强关系；反之则称为弱关系。蔡宁和潘松挺

（2008）研究表明企业网络强弱关系与技术创新模式之间的耦合关系，弱关系因为能提供异质性信息有利于探索式创新；而强关系之间建立的信任关系有利于传递复杂知识便于企业进行利用式创新。奥贝尔等（Obal et al., 2016）研究了内部和外部关系质量对根本性创新和渐进性创新绩效的影响。

关系稳定性则主要是指创新成员之间关系的持续程度。张悦（2016）采用 Meta 分析方法，对 68 篇独立样本实证研究进行了再统计分析，研究结果表明，网络关系嵌入性以及网络结构嵌入性对创新绩效存在显著的正向影响。这些研究给我们带来了有益的启发，进一步来说，什么因素影响了开放式创新成员的关系质量，关系强度与稳定性？项目认为，创新主体专用性投资的不同是影响关系与信任的根本原因，另外关系与信任可以作为专用性投资的治理机制，对其中的影响机制项目将深入探讨。

在关注开放式创新优势的同时，还应注意其成本与风险。当前的研究都认同开放式创新对企业加速创新、降低风险和成本、提高竞争力的价值，但是如何看待开放式创新给企业带来额外的成本（信息获取成本、协调成本、机会成本）和风险（管理风险、战略风险）？过度的开放，加大了企业的搜寻成本和组织间合作的交易成本，引起从文化建设到组织结构的变革，增加了管理的复杂性和关键技术泄露的风险。

企业也有可能产生内部研发的惰性，形成对外部技术源的过度依赖，不利于构建核心能力，而与战略伙伴的联系过于紧密容易使企业陷入"合作锁定"。技术的向外许可给企业带来资金收益，但这也可能会弱化企业对目标客户需求的关注度，丧失进入该技术所在市场的机会。如何识别和量化开放式创新的成本与风险、如何平衡开放式创新的优势和成本，更好地进行资源配置，是需要深入分析的重要问题，专用性投资为研究该问题提供了理论支持和研究视角。

专用性投资是维系伙伴间分工合作与长期交易关系的重要机制，研究专用性投资对开放式创新绩效的影响机理对于明晰开放式创新的获利机制具有重要意义。另外，不同情境、不同模式均会产生不同的开放式创新机制及结果。现有研究缺乏对机制与原因和结果的关系研究，项目从专用性投资的角度，系统地研究了我国开放式创新中专用性对创新绩效的影响机理对于理解和指导我国情境下开放式创新实践具有重要意义。

二 创新网络

一般认为,创新网络(Innovation Network)的研究自1991年弗里曼(Freeman)正式开始,因其作为从开放式创新中获得最大收益主要方式和途径,成为创新研究的热点和实践的主题(刘兰剑、司春林,2009)。在研究创新网络的文献中,学者们用了"动态网络"(Active Network)"战略网络"(Strategic Network)"网络组织"(Network Organization)"企业网络"(Enterprise Network)"知识网络"(Knowledge Network)等词汇指代企业网络。创新网络是企业与供应商、客户、大学和科研院所、政府以及中介公司等机构进行合作与交流,共同参与产品的研发、生产和销售,从而形成相互协作、利益共享的关系集合,如图2-2所示。跨组织网络的合作是创新的重要驱动力(Cap et al., 2019),依托联结网络,企业利用网络的纽带作用进行正式和非正式的沟通与交流,增强各联结方的合作关系,促进网络内信息等资源的有效传递与共享,实现技术、能力等的有效整合、协同创新(彭正银等,2019)。

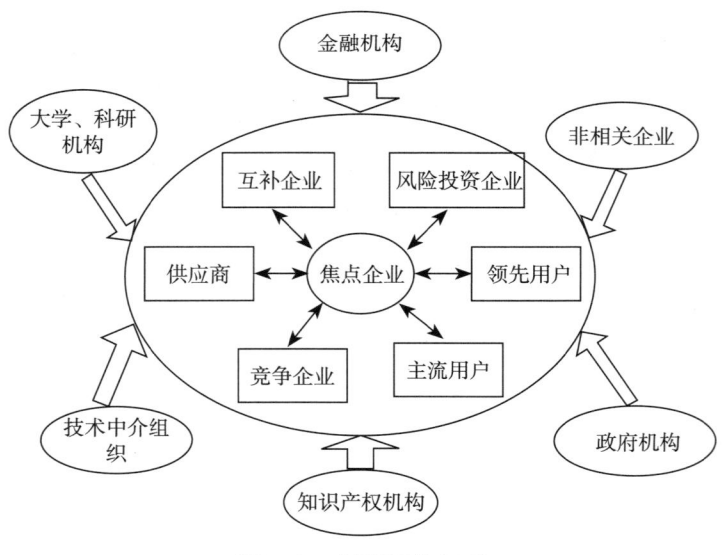

图2-2 创新网络组成

创新网络可以归纳为区域创新网络和企业创新网络两个层次。盖文启和王缉慈（1999）认为，区域创新网络是指地方行为主体（企业、大学、科研院所、地方政府等组织及其个人）之间在长期正式或非正式的合作与交流关系的基础上所形成的相对稳定的系统，主要研究在特定区域内各行为主体之间的关系。产业集群为相同的产业高度集中于某个特定地区的一种产业成长现象，可以看作区域创新网络的相同产业网络研究。企业创新网络是在技术创新过程中围绕企业形成的各种正式与非正式合作关系的总体结构，以核心企业作为研究出发点，是基于企业层次的研究视角。区域创新网络与企业创新网络研究视角的差异如图2-3所示。最近研究（Aswegen and Retief, 2020）发现创新与知识网络的弹性机制，既取决于一个区域内创新网络的规模，也取决于创新网络的质量。创新网络在开放式创新的背景下形成与发展。

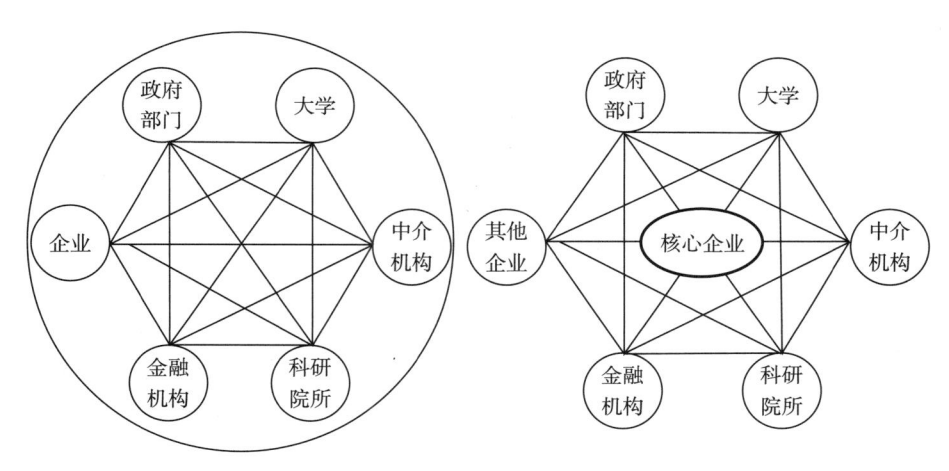

图2-3 区域创新网络与企业创新网络的对比

创新网络是开放式创新在区域范围内应用的一种形式。开放式创新是相对于"封闭式创新"而言，是在知识更新速度更快、分布更广以及研发界限日益模糊的情况下出现的。创新网络具备开放式创新的开放性、资源流动的两大特性。开放式创新为了提高资源利用效率，模糊企业边界，较以往封闭式创新企业的高度封闭、合作式创新企业的有限开放，发展到了高度开放的程度。创新网络也如此，为利用外部资源，与外界建立技术合作、技术联盟、利用外界技术平台等,将企业创新范围从内部扩展到外部,很多创新均有外部人员参加,甚至外部人员可能成为创新主体。此外,开放式创新还具备一种特性,即包括资源流入和资源流出两种形式,不但强调有效利用外部资源,还鼓励将内部闲置资源进行外部市场化。创新网络、开放式创新、合作创新与封闭式创新之间的关系如图2-4所示。

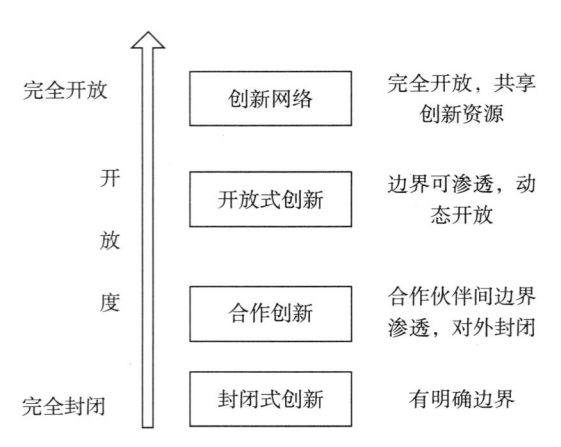

图2-4 几种不同创新模式的开放程度和边界特征比较

（一）交易成本理论视角的分析

交易成本经济学从以下方面分析了创新网络：系统独立性、不可分割性、资产特征、知识的隐性、市场与技术的不确定性和资产的专用性。后两者特别体现了交易费用经济学处理创新网络的方式。创新网络内通过R&D组织产生的创新归结于成本的递减,成本的降低促使创新网络的形成,企业在创新网络内创新的机会增加。

交易成本理论将投资资源分为组织和市场两种形式是不恰当的,网络是介于市场与单个企业之间的一种组织形式,在中间范围内交易是常见的事情,在介乎于纯市场组织和纯层级组织之间,存在大量的不同种类的中间性组织,这些中间性组织的存在是由组织本身从效率的角度或称"生存能力"角度内生性决定的。威廉姆森（1987）也指出,R&D成果等技术商品的特性决定它是高额交易成本的商品,因此"纯市场"的方式并不是技术交易的最佳方式,但在现代技术与市场条件下,以组织替代市场的内化式创新同样面临着较高的成本,甚至高出了技术创新的市场交易成本,技术创新网络成了一种可以替代两者的一种很好的组织方式。

交易成本经济学忽略了体制与交易特性,即各企业之间由于信任所衍生出来的一种互利的期望、长期的合作关系。交易成本理论用孤立的观点来看待交易,忽视这些交易与个人及组织内或组织间关系的联系,忽视了创意在创新活动中的重要作用及在创新网络中技术具有协同性。这些组织间关系构成了组织的社会资本,它们是弥补交易合作中机会主义行为的信任机制产生的主要原因,也是导致组织未来合作的前提。虽然交易成本经济学认为企业间合作的混合结构只是短暂存在于市场与科层之间,但大量的文献却证明,企业联盟是一种相互学习的途径,当企业产品的多样性超过临界时,科层的交易成本将大于网络结构的成本,而具有学习效果的网络结构成本将更低。

(二)资源互补视角的分析

很多学者从资源互补的角度去理解技术创新网络的产生,早期观点认为当企业可以积累有价值的、稀缺的、难以模仿以及难以替代的资源时,就可以获得持续优势竞争力。当组织内部资源具有这些特点时,这些内部资源就不会被竞争对手在战略要素市场上获得。而实际上越来越多的研究者发现,建立组织内部资源已不是获得持续竞争力的唯一选择(刘兰剑、司春林,2009)。通过在跨组织合作中分享有价值的、稀缺的、难以模仿的以及难以替代的资源,也可以导致同样的效果。基于不同的基本假设,资源观演化成三个主要流派:一般资源观、企业能力理论和企业知识理论,这三个不同流派分析的基本对象也有所不同,分别是资源、能力和知识。

基于资源互补视角的很多研究人员证实,企业是各种资源的集合,企业的资源对技术创新行为具有重要作用。企业技术创新依赖于其所拥有的资源,企业是不同种类有形或无形资源的集合体,但任何企业的资源都是有限的,不能满足技术创新的需求,而且经常发现一个企业拥有另一个企业所缺乏的资源,对于两个企业来说都具有不可流动性、不可触摸性和不可替代性的资源,尤其是那些隐性的及基于互补的知识更是如此,这样企业只有通过技术创新网络的途径来获取这些不可替代的优质资源,使资源的价值达到最大化。由不同企业组成的以共享资源为目的的跨组织网络，可以被企业用来获得技术诀窍与其他资源，企业组织合作伙伴的能力越强，就越有可能通过种网络伙伴对即将出现的新技术机会实现快速反应。

（三）知识创造视角的分析

企业知识可以来源于企业内部和外部两个方面。企业内部是企业所拥有的和组织历史积累的知识，是个人、团队、组织相互作用而创造并加以共享的；企业外部是指那些位于企业外部单位的，对企业产生积极影响并能被企业所获取的各种知识。外部知识可通过市场交易、合并与收购其他企业或者与外部单位合作的方式获得。对三家欧洲的大电信运营商的创新网络研究结果表明（Weck，2006），客户导向以及企业间相互交换互补性的特有知识是产生新知识的两大关键因素，认为从经济学的成本收益出发关注外部知识的企业会有明显的收益。网络合作和关键资源与促进知识转移相联系，网络不仅促进网络中的知识转移，还能促进新知识的产生，网络中的组织相对于其他公司更容易获得中心与影响力的位置。党兴华和李莉（2005）从知识位势的角度出发，认为在网络环境中，进行企业技术创新合作的所有企业组成一个知识场，其中每个企业都可以看作一个知识主体，拥有特定的知识势能。高位势与低位势知识主体之间由于位势差而存在自然的知识流动。

网络的主要功能是创造知识，组织通过知识交流与整合实现创新。网络组织中强调彼此互惠可以有利于 know-how 的形成与共享。企业可以联合起来以消除部分的风险以及分担成本较大的生产活动。由于 know-how 具有内隐性，从属于个体的专业知识不为命令所支配，如果组织对个体之间存有一种信任，则个体因而会对组织有期望。相对于市场与科层，网络的形成是互惠的基础，组织可集中个体的资源优势、调和与互补，有利于 know-how 的形成与共享。

除了大量的理论研究，许多实证研究也对创新网络与绩效进行了探讨。例如，戴尔（2000）研究发现，48%比例的合作伙伴的治理模式让日本丰田在1982—1998年数年的经营绩效高于欧美汽车。1982—1998年汽车制造业的平均获利水平比较中，日本丰田的获利水平远远高于其他企业，丰田运用合作治理方式的比例远远高于其他企业，说明创新网络给丰田带来了明显的业绩提升。曹鹏等（2009）基于长三角制造业企业调查问卷，利用结构方程模型考察了网络能力与企业创新网络、创新绩效之间的关系。我国的许多企业如华为公司、三一重工和上汽公司等也在技术创新网络应用方面取得了很大成绩，例如华为在硅谷的研发部门逐渐融入当地的技术创新网络，使其得以学到路由器等当今最为先进的技术，并逐渐成为我国乃至世界 IT 界的领军企业；上汽公司在与韩国双龙、德国大众、美国通用、英国罗孚等著名企业形成的技术创新网络中，积累了大量的技术能力。并且在合作基础上，建立自己的研发中心，进行知识创造，实现了自主创新，市场份额不断扩大。

网络结构的结构和关系如图 2-5 所示。学者们对网络结构与关系及其对创新的影响进行了探讨。例如，惠青和邹艳（2010）实证研究发现知识整合在网络结构对技术创新的影响过程中起着完全中介作用，在网络关系对技术创新的影响过程中起着部分中介作用。希里（Shiri, 2015）基于欧洲 348 家农产品企业数据实证研究了创新网络的结构特征对产品创新和工艺创新的影响，研究发现网络异质性有利于产品创新，合作伙伴的异质性连接越多越有利于产品创新和工艺创新，网络能力对工艺创新具有正向影响。基姆和路易（Kim and Lui, 2015）基于学习理论提出了一个理论模型来解释两种外部网络的影响（市场网络和机构网络）和集团企业网络（Business Group Network）对产品和组织创新的影响。

创新网络中心性则是指企业在创新网络中所处的位置。刘元芳等（2006）通过实证研究发现企业在创新网络中心位置信息可获性与其创新能力呈正相关关系；同时企业的技术联盟和组织因素有利于获取外部创新源，并最终影响企业的创新绩效。创新网络的中心性越高，即企业在创新网络中越靠近中心位置，则创新网络中与企业直接相连的合作伙伴就越多，从而企业就有更多的机会接触到更多的知识和信息，在与合作伙伴的交往中也就更有主动权。创新网络关系质量是指创新网络的成员组织在彼此间沟通交流的联系过程中所产生的相互间信任、认可的程度。优质的创新网络关系，有利于创新网络成员之间形成共同的愿景，从而促进组织间资源的交换和共享，使企业更容易获取自身所需的资源，通过充分利用所获得的资源，企业的创新能力得以大幅提高（Tsai and Ghoshal, 1998）。

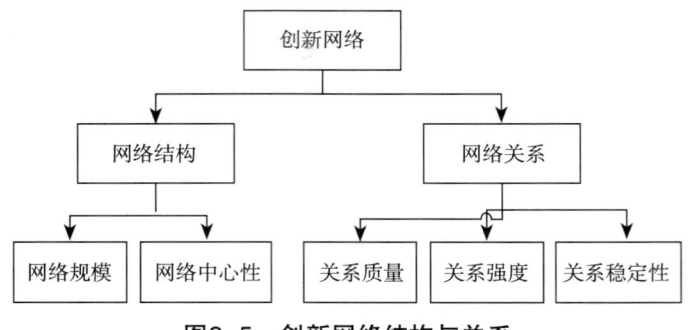

```
                    创新网络
                   /        \
              网络结构      网络关系
              /    \      /    |    \
          网络规模 网络中心性 关系质量 关系强度 关系稳定性
```

图2-5　创新网络结构与关系

如上所述，创新网络研究已成为国内外一个正在崛起的学术研究热点问题。在研究方法上，国外论文主要是以实证研究为主，通过产业或者区域的案例，验证创新网络中某些变量的关系。我国定性理论分析较多，案例研究以及定量模型分析和实证研究都较少。在研究的对象上，国内需要对技术创新网络、产业集群发展、高新技术开发区建设等不同领域的关系进行进一步分析，厘清其中的关系；尽管已有一些研究从整体网络的角度初步描述了网络的特征与治理问题，但从企业角度创新展开网络治理的研究目前还比较匮乏，企业如何在开放的创新网络中获得有益的知识或技术？本书认为在网络资源的获取过程中，企业组织内部及相互间的专用性投资对创新活动具有重要影响，这是技术创新网络研究者应当关注的一个问题，本书将对与此有关的问题进行研究。

三　专用性投资、资产的专用性与创新研究概述

综上所述，关于专用性投资及资产的专用性方面的研究更多地集中在经济学领域，而关于技术创新的研究则主要集中在管理学领域。以前的研究广泛地考察了专用性投资与其结果之间的关系，但大多数研究集中在买卖关系（Buyer-supplier Relationships）的表现上（例如，Wang et al., 2019）和外包关系绩效（例如，Yuan et al., 2020），只有少数研究关注其对组织间

创新绩效的影响，但将两者相结合进行研究并未引起足够的重视，研究成果并不多见。实际上，专用性投资与创新两者作为企业的活动肯定是相互影响的，由专用性投资形成的资产专用性，特别是资产专用性肯定会对技术创新产生影响。本书认为无论是组织内部的专用性人力资本还是组织之间的专用性投资都会对创新模式、创新速度、创新能力及创新绩效等创新活动产生影响。

关于组织内部的人力资本专用性对创新模式、创新能力与创新绩效以及创新速度的影响，此部分内容将分别在第三章、第五章以及第六章论述。组织之间的专用性投资将会对创新模式产生影响，此部分内容将在第四章进行论述；由于专用性投资形成的资产专用性，则个人（参与者）进入组织/合作/网络投入不可撤回的沉淀成本，其所作的专用性投资构成参与的抵押品，由此构成参与的可置信承诺。如此参与者就形成自我实施的单边协议，生成不断实施这种交易的自我约束激励。同时，参与者的专用性投资也构成了进行持续性参与的显示信号。它不仅起到了参与的甄别作用，从而选择出了诚实的新的参与者加入，而且也起到了诱致参与者参与的可置信承诺。依靠信号显示与信息甄别机制构成了一个自发的、自我实施的私人秩序，实现了交易的生成和扩张。此部分内容将在第四章进行论述。实际上，企业组织之间专用性投资形成的创新网络以及在此基础上形成的产业集群也将是一个非常有意义的研究方向，而且包含丰富的研究内容。这一部分内容将在第七章进行探索，目的是为了提出相关的政策建议。

第三章 专用性视角的创新模式理论与实证分析

第一节 基于专用性投资的企业创新治理模式选择

一 企业创新治理模式

本书所称的创新模式，指的是创新的组织模式（Organisational Modes），也称为创新治理模式，是对创新过程的一种有效组织，是指在一定的创新体制下，基于创新类型以及对主体角色进行的有效定位，为有效获取创新知识，对主体所掌握的资源与能力进行优化配置的一种制度安排。其内涵如表3-1所示：

表3-1　　　　　　　　国外创新组织模式的分类分析

依据标准	创新模式类型	创新过程阶段
研发活动的参与程度	内部研发、合作研发与技术购买	研发阶段
模式的运作机理	基于搭档的技术获取模式、基于市场的技术获取模式、基于价值链技术获取模式及内部技术获取模式	全阶段
技术获取的来源	内部研发、外部获取—战略技术联盟（研发合约、许可、联合体企业、少数股权投资、收购等）	全阶段
研发活动的契约性质	正式协议（研发企业—股权型与研发联合体—非股权型）与非正式协议	研发阶段
合作者数目、协议的正规化程度、控制结构、持续时间及关系强度	少数股权投资、合资企业、正式协议、非正式协议、联合体、网络组织、许可、承包与转包以及外包等	全阶段
创新动机与管制程度的不同	股权型战略技术联盟（包括联合体企业、研究企业与少数股权投资）、非股权型战略技术联盟（共同研发协议，技术交流协议、顾客—供应商关系以及单纯的单方面的技术流动）	全阶段

续表

依据标准	创新模式类型	创新过程阶段
企业活动与资源的整合程度及组织形式的正式化程度	收购、教育获取、兼并、许可、少数股权投资、研发合资企业、共同研发、研发契约、研究资助、联盟、联合体，网络组织与外包	全阶段
技术资源的不同组合方式	交叉型联盟，竞争战略型联盟、短期型联盟、环境变化适应性联盟与开拓新领域联盟	全阶段
合作伙伴的不同性质	用户联盟、供应商联盟、竞争者联盟、互补性联盟与促进性联盟	研发阶段
研发战略	内部开发、共同开发与合作资助	研发阶段
创新的路径	正常模式、过渡模式以及突变模式	全阶段

第一，具体的创新组织模式可以发生在创新的全过程中。如企业并购、合资企业模式等；也可以发生在创新过程的某一个或几个环节，如企业内部研发、合作研发等模式则主要集中在研发阶段。创新过程的不同阶段会对创新组织模式选择产生较强影响。

第二，创新组织模式类型不同于创新类型。简要概括，前者是后者的实现手段。

第三，企业选择创新模式的动机（Motive）在于获取创新知识。按照获取知识在创新过程中的不同功用，其大体包括技术知识获取与市场准入知识获取两个方面。

第四，创新组织模式差异的核心在于对企业资源及能力的不同组合方式，反映了企业创新过程组织架构的差异性。其本质决定了不同组织模式对创新能力的增强以及绩效水平的提升具有不同的功用，内在地要求模式采纳企业应具备不同的组织惯例采用不同的学习过程及使用不同的系统整合工具。例如，企业采用技术联盟来获取创新知识时（Kale and Singh, 2007），为保障联盟成功，参与企业必须在组织内部建立起相应的联盟能力（Alliance Capability）（Heimeriks and Duysters, 2007）；若企业采用企业并购模式来获取创新知识时，为保障并购成功，则需要主体企业本身必须具有并购能力（Merge and Acquisition Capability）。因此，不同模式的选择表征了企业资源及能力的差异化组织配置，预示了企业创新能力的不同演化路径。

如表 3-1 所示，国外学者按照不同的标准对企业的创新模式进行了差异化的分类，即使同样的术语不同的学者对其内涵的界定也不尽相同。将典型的创新模式类型分成两大类，分别为正式模式（Formal Mode）及非正式模式（Informal Mode）；其中前者进一步分成三个子类，分别为自主创新、企业并购以及技术联盟。技术联盟是一大类创新组织模式的总称，按照创新过程中是否涉及企业股权，可分为股权型技术联盟与非股权型技术联盟，后者通常又称为契约式技术联盟。契约型技术联盟按照参与企业资源投入—创新知识获取途径的差异又可以分为非股权—交易型技术联盟与非股权—整合型技术联盟两大类，其中前者的特点是联盟参与企业以自身知识资源位代价来换取联盟企业的创新知识，而后者则是联盟参与企业之间将各自资源整合在一起以创造出全新共享的创新知识。

根据表 3-2（马家喜等，2008）归纳所得：其中自主创新按创新过程阶段来划分，主要包括内部研发、内部制造及内部分销三个环节；技术交换协议包括技术共享协议和交叉许可两种类型；少数股权投资包括交叉持股以及少数持股两种类型；企业并购包括企业兼并与企业收购两种类型。

从不同的角度，创新模式可以分成很多种类：从企业边界的角度典型的创新模式包括并购、合资（Research Joint Venture, RJV）、研发联盟（R&D Alliances）以及市场化交易，如交叉许可协议（Cross-Licensing Agreement, CLA）、外包（R&D Outsourcing）、研发项目招标（R&D-project Procurements）等。一些学者通过实证研究发现其中一些模式比另一些模式更为流行，如国内外众多学者的实证研究发现，以交叉许可协议为代表的非产权形式的合作模式比以合资研究企业为代表的产权形式的合作模式更为流行，而且创新组织模式具有行业分布差异（如交叉许可协议在半导体行业很普遍，而研发外包在制药行业盛行）。那么，为什么会出现这种情况？为了保证创新的成功，企业该如何选择恰当的创新模式？

企业创新组织模式选择会受到多种因素的综合影响，其有效选择是维系创新成败的关键环节之一，决定了企业技术能力及创新能力的演化路径，对企业竞争力的增强具有核心指导意义。创新组织模式选择的复杂性及重要性使研究科学、合理的模式选择尤为重要（马家喜等，2008）。在我国企业普遍缺乏独立创新能力的背景下，如何通过恰当的创新组织模式来提升企业的创新能力成为一个重要课题。同时，我国企业创新组织模式选择的外部条件也日益成熟，为企业开展合作创新提供了有益的条件和保障。然而，与国外企业相比，我国企业在创新组织模式选择的外部制度与内在激励动机等方面，存在很大差距。因而，在当前的时代背景下，研究我国企业的创新组织模式，无论是对我国企业整体技术水平的提升，还是对于国家创新体系的建设均具有重要的现实意义。

表 3-2　　　　　　　　典型的创新组织模式类型及内涵界定

典型的创新组织模式类型				内涵界定
正式模式：				
自主创新				在企业内成立若干专门部门进行专项活动以完成创新过程
企业并购				企业通过兼并其他企业或持有其他企业股权的方式来完成创新过程
技术联盟	股权型		合资企业	多个企业集结资源，专家与技能建立全新的第三方企业，且具有特定的创新目标并依据达成的标准如各自的股权投资份额分享利润和投资成本
			少数股权投资	企业对其他企业或者企业之间相互持有股权以获取其技术成果
	非股权型	整合型	研发联合体	由不同的企业、大学、科研院所以及政府所组成的合作研究组织，将基础研究、应用研究和技术进行集成以获取技术成果，目的在于使参与单位在特定产业维持其领导地位或接近国际竞争对手
			共同研究开发	企业与企业、大学、科研院所共享资源，共同承担研发项目以获取技术成果
		交易型	网络组织	由多个企业建立一种合作关系，技术知识和信息在组织内自由分享和传播
			研发合约	由大企业出资，并与小企业、高校或科研院所签订合同且由后者完成特定项目来获取技术成果
			技术交换协议	拥有不同技术类型的两个或多个企业共享双方技术成果或彼此向对方发放专利或许可证明，以便获取技术成果
			许可证协议	企业向拥有特定技术的其他企业、高校或科研院所申请获得专利或许可证明，以便获取技术成果
			外包	企业将特定的组织活动进行外包，以获取外包的成果
			市场交易	企业通过单纯的市场购买的方式来获取技术成果
非正式模式：				
技术咨询				企业向其他企业、高校或科研院所等有关人员咨询相关技术信息以获取技术信息

续表

典型的创新组织模式类型	内涵界定
非正式模式:	
技术成果会议的披露	企业通过技术成果发布会议等的参与以获取相关的技术信息
技术人员人力资源流动	企业通过人力资源招聘相关技术员工以获取技术信息
技术成果的刊物发表	企业通过有关技术成果刊物的浏览来获取技术信息

企业究竟选择哪一种创新模式，这一问题宏观上属企业间关系（Inter-firm Relationship）的研究范畴，我国的研究大部分具体从战略联盟的角度进行，并取得了部分研究成果，学者们认为决定企业模式选择重要因素之一是企业之前的合作经验。然而这些不同的模式，如并购、合资（Research Joint Venture, RJV）、研发联盟（R&D Alliances）以及市场化交易的特征及本质的内在区别是什么？这些本质的内在区别对其选择又会产生怎样的影响？本章认为，这些不同模式的内在本质区别在于不同模式对创新双方相互间提供的进入权及一方对另一方的所有权不同。即两者在并购中是最大的，而在市场化交易中是最小的。那么，为什么企业需要大或小的所有权和进入权？笔者认为，由于行业对企业技术的要求（包括不同企业之间知识的互补性）及企业自身的能力（关键是复制知识的能力）不同，为了使双方获得最大的创新效率，从而要求不同的进入权和所有权。进入权及所有权的大小与双方的专用性投资的水平有关，而且进入权本身是激励专用性投资的一种有效机制，那么专用性投资对创新模式的影响机理是什么，以及其与进入权、所有权之间的相互作用是如何发生的？

从交易成本理论角度看，企业选择创新模式与交易成本有关。由于资产专用性的存在，参与者（个人）合作时投入不可撤回的沉淀成本，其所作的专用性投资构成参与合作的抵押品，由此构成参与合作的可置信承诺。如此参与者就形成自我实施的单边协议，生成不断实施这种交易的自我约束激励。同时，参与者的专用性投资也构成了进行持续性参与合作的显示信号。它不仅起到了参与合作的甄别作用，从而选择出诚实的新参与者加入，而且也起到诱致其他参与者参与合作的可置信承诺。另外，资产的专用性可引发机会主义行为的产生，使作出专用性投资的一方产生套牢（Hold-up），从而将影响创新的边界和效率。那么，专用性投资如何对企业创新组织模式产生影响，企业应如何根据双方特点选择合适的创新模式？

知识在创新活动中起重要作用，联盟比并购（一体化）及市场化交易的优势在于进入权方面而非知识获取（Grant and Baden-Fuller, 2004），联盟通过相互提供进入权（Access）而提高了知识应用的效率。在不完全契约的情况下，对无形资产如知识和思想的进入权及使用权非常重要。企业不同的创新模式区别在两个基本方面：对知识的进入权不同以及使用知识的所有权不同。实证研究发现，当合作双方的知识容易复制时，双方一般较少采用并购的形式；当合作一方知识容易复制而另一方不容易复制时，并购往往会发生；那么为什么会出现这种情况？在战略联盟中，技术许可方式的实质是什么？本章认为当合作一方知识容易复制而另一方知识不容易复制时，知识容易复制的一方一般并购知识不容易复制的一方以防止其专用性投资不足；在战略联盟中技术许可方式的实质是赋予进入权。

采用逆向思维，深入研究专用性投资、进入权、所有权及知识对企业创新组织模式选择决策的影响，是创新理论新的发展动向。本章采用国际上通用的规范化科学研究方法，依据不完全契约思想，提出进入权和所有权及知识的可复制性等变量，构建一套基于专用性投资的企业创新组织模式选择决策的理论模型，系统、全面、深入地研究其对治理模式的影响，并进行验证。通过对企业创新组织模式选择决策微观机理的研究，融入专用性投资及知识管理的相关理论，对该领域尚未解决或尚未涉足的一些问题，如专用性投资与知识管理的内在联系、进入权对创新治理模式选择的影响等进行深入研究，从而可丰富与完善并进一步发展创新理论及专用性投资理论。本章为企业应如何根据自身及合作方的实际情况进行技术创新组织模式选择提供借鉴，从而增强企业的核心竞争力，促进可持续发展。

二 创新治理模式研究述评

如前所述,宏观上本章研究属于组织间关系范围,是在组织间关系已由竞争走向合作的背景下进行的;微观上属于外部创新、创新网络及外部技术获取的研究主题。外部创新及合作创新与开放式创新(Open Innovation)含义类似,开放式创新是指通过均衡协调企业内部和外部的资源产生创新思想,同时综合利用企业内外部市场渠道为创新活动服务。开放式创新模式特征主要表现在:企业边界是模糊的。开放式创新模式的核心是企业如何在创新过程中利用外部创新者的思想和知识来实现创新(Laursen and Salter, 2006; Vareska et al., 2009)。这些研究为本章提供了一定的基础。主要研究工具包括理论推演、博弈模型以及计量实证等;理论基础包括资源基础观、交易成本视角以及关键资源理论。

(一)资源基础观理论

近年来,随着企业资源基础理论特别是组织学习及动态能力理论对竞争优势"组织黑匣"的探讨,在相关创新模式下,企业内部应具备的能力分析成为目前创新模式研究的前沿问题之一,技术能力是影响企业技术获取方式最重要的因素。企业在自主创新模式下应具备自主创新能力(Self-innovation Capability),通过企业并购进行技术创新时应具备并购能力,通过技术联盟进行合作创新时应具备联盟能力(Kale and Singh, 2007; Heimeriks and Duysters, 2007)与吸收能力等(Engelman et al., 2017)。资源基础观认为,企业所控制或可利用的资源及能力会引导企业经营战略方向,并成为企业利润的主要来源。该理论认为,创新模式的有效选择主要取决于创新参与企业的类型、所投入资源及能力的差异性。基于资源基础观理论,创新模式分为:收购、兼并、许可、少数股权投资、合资企业、共同研究及外包等。基于资源基础观提出了相应模式下创新所涉及的企业整体资源与活动被整合程度的概念:资源与活动整合度,从这一角度对创新模式的特征进行阐述,如图3-1所示。

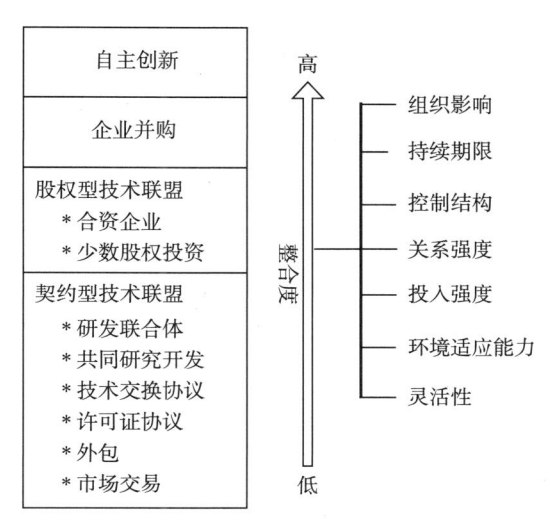

```
┌─────────────────┐              ┌── 组织影响
│    自主创新     │      高      │
├─────────────────┤      ↑      ├── 持续期限
│    企业并购     │      │      │
├─────────────────┤      │      ├── 控制结构
│  股权型技术联盟  │      │      │
│  * 合资企业     │      整      ├── 关系强度
│  * 少数股权投资  │      合      │
├─────────────────┤      度      ├── 投入强度
│  契约型技术联盟  │      │      │
│  * 研发联合体   │      │      ├── 环境适应能力
│  * 共同研究开发  │      │      │
│  * 技术交换协议  │      │      └── 灵活性
│  * 许可证协议   │      │
│  * 外包        │      ↓
│  * 市场交易     │      低
└─────────────────┘
```

图3-1 创新治理模式知识整合度比较

（二）交易成本理论

交易成本理论（Transaction-cost Economics, TCE）将合作创新模式分为两大类：股权联盟和非股权联盟。股权联盟主要包括合资企业和少数股权参股。非股权的联盟包括各种不同的组织形式，其共同特征是不涉及股份，也就是说合作企业间的关系是单纯的合同关系。根据交易成本理论，产权联盟更接近所有权（一体化），而非产权联盟则与市场交易类似。从交易成本的角度来看，创新模式选择的实质是治理结构：内部创新模式是企业化结构，外部创新模式是市场化结构。沿着科斯（1937）对企业与市场之间关系的经典研究，威廉姆森（1985）进一步指出在市场和科层制之间存在混合型组织。

以机会主义行为倾向为基本假设，威廉姆森（1985；1991）指出交易特征决定治理模式并最终实现交易成本最小化，即"交易特征—治理模式—经济效率"的分析框架。从交易成本理论的角度研究企业组织行为的学者认为：一项交易要选择可供选择的交易成本最小的"治理结构"来完成，要把属性各不相同的交易与成本和效能各不相同的治理结构"匹配"起来，经济组织的核心问题在于节省成本。企业和市场都是治理结构，这一结构主要起源于节省交易成本。TCE描述或刻画交易目的的主要维度是：

①交易重复发生的频率。②它们受影响的不确定性程度与种类。③资产专用性条件。威廉姆森认为，资产专用性是决定交易费用的重要因素，从而是决定企业和市场的不同治理机制的核心变量。企业治理结构应保护资产专用性投资免受机会主义行为侵害并能使交易费用最小化。由于资产的专用性会导致机会主义寻租行为，交易双方采用现货市场交易的契约方式交易成本过高，多种契约类型的治理成为必然，提出了一个资产专用性的有差别的治理机制匹配模型（见图3-2）。治理结构分为三种：市场制、混合制以及等级制。从图3-2可以看出：①当 $k^* < k_1$，即资产专用性程度较低时，运用市场制；②当 $k_2 > k^* > k_1$，即资产专用性程度中等时，运用混合制；③当 $k^* > k_2$，即资产专用性程度较高时，运用等级制。

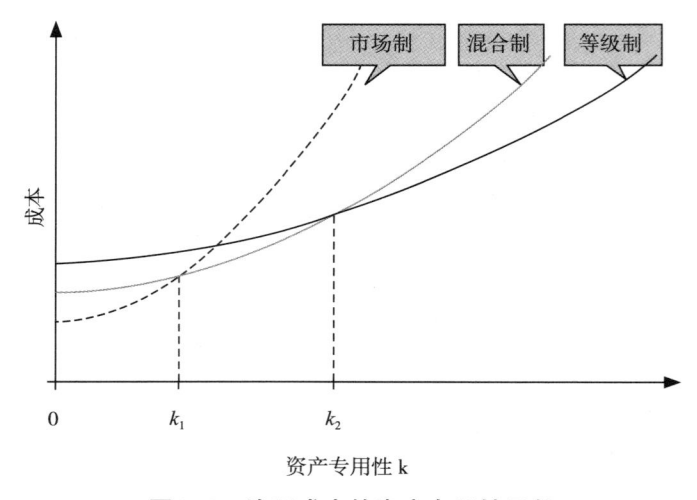

图3-2　治理成本的资产专用性函数

桑普森（Sampson, 2004）从资产专用性和不确定性两个维度，实证研究了具体的交易特征对合作模式选择的影响。结果表明：从合作方的可替代性来看，企业间资产的专用性越高，企业的潜在合作伙伴也就越少，企业也就越倾向于建立更科层化的模式。从被交易资源的特征来看，涉及知识共享或者技术开发的合作项目就比只涉及生产和营销的合作项目的机会主义风险更大，合作方也就更倾向于采用更科层化的模式；从交易所涉及资源的范围和复杂性来看，交易的产品或技术的种类越多、地理范围越大、涉及的合作方越多，合作方所面临的不确定性也就越高，双方也就越倾向于采用更科层化的模式。这些研究的理论成果可以归纳为如图 3-3 所示的理论模型。

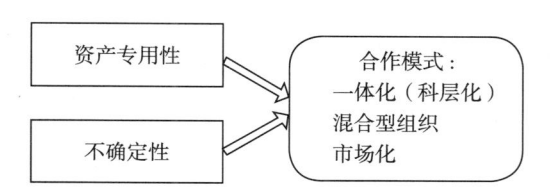

图3-3　资产专用性及不确定性作为独立变量影响模式

但是，在对有关不确定性的 63 篇实证文献的汇总研究（David and Han, 2004）表明，不确定性对治理模式选择的影响并非是一种简单的直接关系，在 63 篇文献中其中 24% 的实证研究表明不确定性对更科层化的治理模式有正向的影响，16% 的实证结果表明不确定性对更科层化的治理模式有负向的影响，而 60% 的实证研究表明二者之间不存在显著关系。桑托罗和麦吉尔（Santoro and Mcgill, 2005）将这一思路引入企业间合作治理模式选择的研究，以生物科技产业 2000 年所建立的 642 个企业间合作项目为样本，实证研究表明伙伴不确定性与资产专用性的交互项、任务不确定性与资产专用性的交互项导致更科层化的合作治理模式；而技术不确定性与资产专用性的交互项对合作治理模式的影响不显著。这一结论基本上证实了不确定性调节下的合作治理模式选择模型，如图 3-4 所示。另外，一些学者还专门研究了不确定性与治理模式的关系，如瓦雷斯卡等（Vareska et al., 2009）还专门研究了不确定性对治理模式选择的影响。

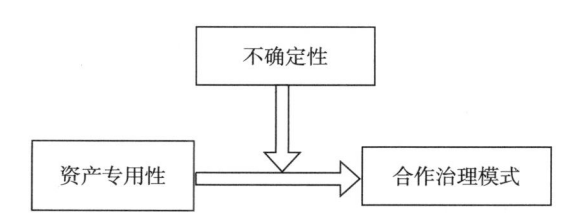

图3-4　不确定性作为资产专用性的调节变量影响治理模式

一般来说,创新知识获取的宽度越广,其越可能采用内部创新、并购或股权型技术联盟等整合度高的治理模式;相反,比较单一的创新知识获取则可能采用整合度较低的治理模式。随着创新知识获取深度的加强,技术本身开发的复杂性、不确定性以及创新主体行为的不确定性和资产专用性会提升,同时交易的频率会降低,因此会拉升交易成本,所以需要整合度高的治理模式来匹配。而知识获取的速度通常与模式的整合度呈负相关关系;企业所要获取的知识速度越快,企业越会缩短技术开发后产品制造与推广的时间。

交易成本理论为分析创新模式选择提供了理论基础,此分析框架的理论研究方法主要是博弈论的方法,大量的研究是从实证方面进行的。本章将采用其基本的原理,将理论前沿——关键资源理论融入分析框架中,进一步深入分析影响企业创新模式选择的因素,探讨变量间的关系,进而形成基于专用性投资的企业创新治理模式选择决策分析框架。

(三)关键资源理论

关键资源理论(Critical Resource Theory, CRT)也称进入权理论。由于接触和使用企业的关键资源而产生的权力被称为"进入权"(Access,也译为"通路""通道"),这种关键资源可以是资产、思想和重要人物(Rajan and Zingales, 2001)。进入权具有以下几层含义:其一,机会性。进入权是赋予代理人对其人力资本专业化发展的"机会",即企业赋予代理人使用某种资源或有某种活动权限的机会。其二,诱导性。由于进入权是一种与"能力"相联系的权力,当代理人个人拥有的禀赋性能力与企业的其他关键资源结合时,这种能力将被引导和限定到特定的发展方向上,从而发展成企业专用的能力,即所谓的专业化或专用性。其三,再生性。当代理人获得进入权,对关键资源作专用性投资后,与其先前存在的剩余控制权结合,可以再生、创造出代理人自己控制的关键资源,即专有资本。其四,动态性。进入权的动态性内涵在于:一方面,赋予接触关键资源的进入权不是一成不变的;另一方面,代理人如果掌握和控制了企业某一关键资源,那么,其将拥有分配其他代理人进入权的权力。进入权是激励专用性投资的一种有力机制,进入权比物质资产更能使代理人状态依赖于专用性投资，与产权激励相比较，产权不仅在供给上比进入权更加稀缺，而且还会对代理人的投资激励产生负面效应，从管理的角度看进入权的激励思想与管理学所倡导的授权激励原理不谋而合。

进入权是一种与能力相联系的权力，是获得和合理分配权力的一种机制。通过权力的适当配置，将所有权与控制权分离，达到促进专用性投资、提供更好的激励、最大化创造组织租金之目的。这种机制是通过对关键资源的控制来实现的，由于企业的关键资源并不一定是物质资本，所以，所有权就不是唯一的权力源，也不是最有效的激励机制。进入权理论可以推广至合作创新治理，拉詹和津加莱斯（1998）认为，"治理"的本质就是对权力的运用，合作创新可以看作一种对专用资产的投资形式。

合作创新中每一个参与者都拥有自己的关键资源，因而都拥有某种权力。根据使用权理论，关键性资源也是一种权力来源，掌握了关键性资源就意味着掌握了企业和市场的控制权。但是，这些关键资源对联盟而言，总有那么一类资源是最为重要的，从而这一参与者就拥有了相对多的权力。参与者通过调整对关键资源的接触、使用的进入权配置，一方面，使其他参与者对关键资源做专用性投资，从而构造一个投资组合，产生联合收益；另一方面，通过进入权的配置，防止自身的关键资源受到参与者的侵蚀，防止交易中的机会主义和道德风险可能带来的损失。

进入权理论为分析企业间合作关系提供了一个新的研究视角，同时也是一个更加微观、更符合现实实际情况的视角，从而对实践具有更强的解释力，并且顺应了当前管理研究微观化发展的趋势，然而其最大的不足在于可操作性不强。本章将全面深入探讨进入权与专用性投资的关系及其对创新治理模式选择决策的影响，并综合考虑知识的特征与进入权和专用性投资的相互作用，以及对创新模式选择决策的影响，并通过案例研究分析其可操作性，从而增强理论的应用性。

对企业来说，知识是最重要的资源。知识转移多采用内部化形式，因为知识多隐藏于组织内部，其在组织内部的转移成本低。拥有独特的知识产品是企业获取竞争优势的源泉，而且企业为生产知识消耗了大量资源，因此企业必定会防止其知识"外溢"；另外，由于信息不对称、机会主义和不确定性的存在，也使知识产品难以用市场价格机制进行交易，这一切都增加了知识产品的交易成本。创新知识获取的宽度、深度、速度可以有效表明知识获取的复杂性程度。交易成本理论认为，由于信息不对称，知识越是复杂，通过简单的市场交易形式越容易出现机会主义行为，从而导致交易成本提升。另外，随着创新复杂度的提高，企业通常会通过技术联盟的方式来获取创新知识。通常企业所要获取的创新知识在企业核心业务中所占的比重越大，对企业竞争力的增强越显著，企业通常会采用组织影响程度、关系强度和控制程度高的治理模式来加强控制。由此可见，企业通常会采用整合度高的治理模式来获取关联度强的创新知识。

如前所述，实证研究方面的成果主要表现在两个方面。第一类研究得出的基本结论是企业合作创新的非产权模式要远比产权模式更为流行，如哈格多恩（Hagedoorn, 1990）研究发现，只有30%研发合作协议采取合资研发企业的形式，而技术互换协议占了70%。第二类研究得出的基本结论是创新模式选择具有行业特征，如在国际化的背景下，基姆（2009）对美国生物技术行业在对国外进行技术许可时伙伴选择进行了分析；以资源基础观为理论基础，托尔斯泰和阿格达尔（Tolstoy and Agndal, 2010）研究了小生物企业国际投资时进行网络资源配置应具备相应的能力。

以知识基础观为理论，卡拉扬诺普洛斯和奥斯特（Carayannopoulos and Auster, 2010）考察了北美209家生物技术企业通过并购或联盟的方式获取外部知识，当知识的专用性很高，以及当双方具有联盟的经验时，选择联盟作为知识获取方式；当知识很复杂、价值更高时采用并购的方式。通过对美国和欧洲43个大的生物制药企业2647个战略联盟考察的基础上研究发现企业知识宽度和研发组织结构的中心性正向影响企业吸收能力（Zhang et al., 2007），因此，企业知识宽度越大，越以研发组织结构为中心企业越可能结成战略联盟。卡穆里沃等（Kamuriwo et al., 2017）通过对69家英国新生物技术公司历时11年的研究数据表明，外部模式则在很大程度上依赖于联盟在嵌入创新网络的企业之间开发和集合知识。梅勒维格特等（Mellewigt et al., 2017）研究了先前特定于某个合作伙伴的联盟经验对企业随后的联盟或收购决策的影响。

在国外研究与国内企业合作创新实践的推动下，国内学者开始注意到创新模式选择的有关问题。国内与本章相关的研究成果主要分布在以下四类文献中。

第一类，战略联盟及技术联盟。国内在战略联盟及合作创新的研究成果比较丰富，大部分研究主要关注联盟动因、稳定性、伙伴的选择、联盟的治理与绩效等方面。这些研究多是实证研究，如江和李（Jiang and Li, 2009）以联盟为例将知识管理作为调节变量研究了治理模式与企业创新绩效。这些研究与本章的核心——选择不同的治理模式机理显然有所不同。

第二类，企业边界及企业合作。企业边界是企业理论中一个典型的重要研究课题，这部分研究侧重于从经济学的视角进行理论分析，为本章研究提供一定的理论基础，但这些研究大部分理论性过强，在对实践的解释力方面有所不足。

第三类，企业创新模式选择研究，相对来说，国内比较关注"环境"对于创新模式的影响，如高山行等（2009）以我国270家企业作为实证研究对象，选择企业内部R&D能力和外部环境不确定性两个因素，探讨其与合作创新模式选择的关系。总体上，国内对于创新模式的研究主要是从实证的角度进行因子分析与统计分析，不同于本章的研究视角。

第四类，合作创新治理模式及其相关研究。例如，方厚政（2006）建立了三个主要的理论模型：①基于创新投入的合作创新的模式选择模型；②基于创新成果利用的合作创新模式选择和组织设计的模型；③政府干预与交叉许可协议设计的模型。这些研究在研究方法上对本章具有参考意义，然而在比较企业合作创新不同模式的选择时，分析框架主要是在比较静态的框架下进行的，对企业合作创新过程中模式转化的动态变化研究不够深入。

关于进入权方面的研究，主要是围绕传统的其对人力资本的激励作用展开的（如陈和、隋广军，2007），还有一些学者注意到了其对企业治理的影响（廖飞、茅宁，2006），过聚荣和茅宁（2005）将其应用到技术创新网络治理方面的研究，并认为从进入权理论的角度出发来探讨技术创新网络的治理问题是值得关注的一个理论发展趋势，技术创新网络实际上是一个在合作基础上的参与各方为技术创新而结成的，并各自作专用性投资的网络联结。企业要保持核心竞争力的一个有效手段，就是限制外部关系对本企业关键资源（核心资源）的进入权。本章认同这一观点，系统深入地分析进入权、专用性投资及知识对创新模式选择决策的影响。

以上这些研究成果从经济学和管理学两个角度对创新模式选择进行解释及分析，其中经济学的角度主要关注外在环境对创新模式的影响，而管理学的角度则主要关注企业内部特征对创新模式的影响，这两个方面都取得了较为丰硕的研究成果，特别为研究创新模式的选择决策提供了一定的基础和借鉴。然而如前所述，采用逆向思维的方式来思考这一问题就不难发现这些成果对不同创新模式之间其本质的内在区别以及这些区别对创新模式选择的影响机理及相互间关系研究有待于进一步深入。从而从专用性投资及进入权及知识的视角研究创新模式的选择决策、对其内在机理进行全面系统深入的研究极为重要。本章将进行理论研究与案例分析，期望能对创新理论、组织间关系理论、进入权理论及专用性投资理论有所发展，对政府制定相关政策提供借鉴、对企业进行创新模式选择决策提供指导。

三 进入权理论与专用性投资

在所有企业本质的理论中，拉詹和津加莱斯的论文《企业理论中的权力》(Power in a Theory of the Firm)(1998)与《企业作为专用层级：企业的起源与成长理论》(The Firm as a Dedicated Hierarchy: A Theory of the Origins and Growth of Firms)(2001)提出的关键资源理论（Critical Resource Theory, CRT），又称RT模型，对长期占据主导地位的GHM模型可能是最具挑战性的。他们将人力资本理论与产权理论相结合，提出了企业边界的全新观点。按照他们的观点，企业取代市场是因为权力（Power）使代理人能进行专用性投资。他们认为企业不能被定义为契约的集合，而应被视为专用性投资的集合。

许多学者认为关键资源理论CRT是在财产权利理论PRT（Property-Rights Theory）基础上的前进和发展，也有学者把它看成是PRT的扩展。这一扩展主要表现在权威（Authority）分配和组织设计方面，PRT的许多结论不符合实际情况主要是由于它采用的是一种静态的方法。CRT 正是对 PRT 的过于局限观点的放松。在 RZ 模型中，企业需要一种专用于企业以及两个个人之间的物质资产。如果两个人都进行企业专用性人力资本投资企业的总生产力能够最大化。但是每个人都必须有进入物质资产的"通道权（又译为进入权）"以便"专业化"，如果其中个人不能专业化，则一个非专业化的外部人也替代企业中不能专业化的这个员工而不影响总的生产力。

RZ 模型区分了"所有权"（Ownship）与"权力"的不同。在 RZ 模型中，所有权是企业给予所有者排除其他个人进入物质资产的进入权（通道权）以及将物质资产给予第三方的权力。这些权力给予所有者在最终的租金分配方面进行讨价还价的重要权力。然而参与者也可通过其他途径获得权力，如企业专用性人力资本投资能够提高员工的讨价还价能力，因为他的专用性人力资本投资在企业中能够获得更多的租金。从而得出权力来源的三种方式：产权、通道和专业化（Specialization）。他们并且特别强调了通道在激励员工进行人力资本投资时产权所具有的优越性。PRT 把权力或权威的来源诉诸物质资产的控制，而 CRT 则认为对关键资源的控制是权力的来源，拥有这种权力的一方可以赋予另一方"进入权"或"通道"。

关键资源理论 CRT 把企业定义为既包括关键资产（物质资产或人力资产）也包括对这些资产拥有进入权的人，这和 PRT 的定义有着非常显著的区别，并且 CRT 认为不安全有可能鼓励而不是阻碍专用投资。和 PRT 理论一样，CRT 也把参与人看成是经理（雇员就是经理），这一假设在处理问题时会比较方便。另外，一些经济学家们认为所有者拥有物质资产增加了所有者进行最优的人力资本投资的激励。然而他们指出，物质资产的所有权使所有者可以出售这一资产，即使他不进行企业专用性投资他仍可以分享企业租金，因而对于物质资产的所有权在他们的模型中具有双面性。

与产权理论中通过契约化来配置权力的观点不同，进入权理论是一种非契约化的配置权力的机制。员工唯一的剩余控制权就是撤出自己的人力资本，人力资本是其权力的唯一来源。而人力资本所有权需要不断投资和积累才能获得，一旦停止投资，人力资本的退出威胁将弱化乃至消失。因此，进入权可能是一种新的更贴近管理过程的激励人力资本专用性投资的有效机制。对员工来讲，拥有契约化的权力是其理想的追求，而获得更大的非契约化权力则是他们更现实的追求。这种非契约化的权力体现在管理过程的方方面面，这种权力在管理过程中对员工产生直接影响，能够诱导和激发员工自我实现的内在动机，正是对这种非契约化权力的渴望促使员工不断加强专用性人力资本的投资。进入权对人力资本专用性投资的激励是一个动态的过程。给予员工关键资源的机会，相当于赋予他一个看涨期权，可以诱导其自发地对关键资源进行专用性的人力资本投资。

通过以上的分析，与所有权安排相比，进入权的合理配置可以对人力资本专用性投资产生很高的激励。进入权的配置方式主要是对企业关键资源的使用方式和流程进行分解和设计，以根据企业需要实现代理人的人力资本专用性投资的替代、叠加和互补。所有权安排作为一种人力资本专用性投资的激励手段，是通过外在的法律保障给代理人提供一种安全感，而代理人对非契约化进入权的追求则更多地体现为一种内在的激励，它能诱导代理人自发地加强人力资本的专用性投资。人力资本专用性投资的激励既需要外在的法律保障，也需要对内在动机的诱导。因此，所有权安排和进入权配置的配合使用可能对人力资本专用性投资产生更好的激励效果。另外，在企业中进入权是一种非契约化的权力，虽然它的合理配置能够对人力资本专用性投资起到激励作用，有益补充契约化权力的不足，但是进入权的配置不当也能够影响企业内部的权力平衡，带来内部人控制等复杂的治理问题，并且还可能对契约化的权力产生威胁。

拉詹和津加莱斯（1998）在将雇佣关系及与之相关的由专用性人力资本投资所引起的激励问题整合到企业理论方面迈出了重要一步。然而他们的模型仍受限于大部分讨价还价模型中的两阶段结构。模型是按如下顺序考虑的：签订合同—作出投资决定—开始生产—租金实现及分配。没有其他第二种循环，更没有考虑第三、第四种了，也没有考虑从经验中学习，也没有考虑前一个循环所进行的投资在下一循环中的期权作用。具有如上特征的模型会很难处理，模型将会具有多重均衡并且对于谁将在什么时候拥有什么信息的假设非常敏感。然而，从无限重复博弈模型可知，长期关系将会在未来获得利益从而能够减少参与者在短期内侵占。

进入权理论建立在对企业的演变和伴随新经济的兴起而出现的新型企业特征总结的基础上。拉詹和津加莱斯（1998）认为，与古典的资本主义企业相区别的现代意义上的企业发展经历了三个阶段：第一阶段从17世纪现代公司的出现到20世纪20年代现代工商企业（简称MBE）的兴起，这一阶段企业的主要特征是所有权和经营权的分离。第二阶段从20世纪20年代到七八十年代，其标志是具有规模和范围经济，同时在一定程度上实行垂直一体化的现代工商企业成为西方国家绝大部分行业的主导形式；进入20世纪末和21世纪初，伴随着新经济的发展，企业的性质发生了深刻变化，这是企业发展的第三阶段。第三阶段现代企业的典型特征是：第一，大型的集团公司开始分解，各个分支机构成为独立的公司；很多以往垂直一体化的公司放弃了对供货商的直接控制，转向与供货商建立松散的合作关系。第二，由于组织的性质、市场的需求以及融资的可获得性等的变化，使以往在MBE中无足轻重的人力资本变得十分重要。人力资本在企业中日趋重要成为企业最重要的变化。

拉詹和津加莱斯（1998）详细分析了企业内部权力来源后发现，对物质资产的所有（产权）不是企业内部权力的唯一来源。在不完全合约的假设下，他们发现通路可以成为另一个替代产权的分配权力的机制。那些获得对关键资源通路的员工得到的不是新的剩余控制权，他所得到的仅仅是把他的人力资本等资源进行专业化而使自身价值提高的机会。特别地，当专业化人力资本与员工事前得到的撤回人力资本剩余权力结合后，通路使他拥有控制自身专业化人力资本这一关键资源的权力。正是从这一角度出发，RZ强调了人力资本的重要性，并举出一个例子说明如何通过进入权的配置进行人力资本的专用性投资激励：

设想在一个封闭的岛国有许多鞋匠，而仅有一台缝纫机。岛上仅有一位制革人制造适合制鞋的厚皮革，他希望鞋匠们在一个企业内进行合作生产，在企业里，鞋匠们用制革人制造的厚皮革来生产鞋。为了使用仅有的这台缝纫机生产鞋，鞋匠们必须对他们的人力资本进行专用性投资——学会操作这台缝纫机。因此，鞋匠们都需要接近并使用缝纫机的机会。首先假设，制革者拥有这台缝纫机。如果所有的事前支付是可能的，那么，他如何管理进入权呢？

第一种情况：如果缝纫的任务仅由一个鞋匠就能圆满完成，所有专业化的鞋匠都是完全替代者，那么最优的选择就是只给一个鞋匠进入权，即由一个鞋匠独占进入权。在这种情况下，如果给予两个或更多的鞋匠接触缝纫机的机会将降低他们每个人进行人力资本专用性投资的激励程度，原因在于他们知道最终只能有一个人被选中使用机器，这样做只会导致浪费的重复性投资。但是一旦某个鞋匠被赋予了进入权，他就会进行人力资本专用性投资以不断提高缝纫的效率，否则他就将被其他人替代。

第二种情况，如果将缝纫分拆成两个任务。总产出依赖于对每个任务的人力资本专用性投资之和。也就是说，这种情况下人力资本的专用性投资是累加的。就产生了不同的激励效果。假设制革者指导一个鞋匠对系带的鞋进行人力资本专用性投资，另一个鞋匠对不系带的鞋进行人力资本专用性投资。现在这两个鞋匠不是完全替代者，但他们是边际替代者（系带的鞋与不系带的鞋是近似的替代品）。通过这样分配进入权，与只将进入权分配给一个鞋匠相比，制革者降低了两个鞋匠的个人的专用性投资的激励。但由于两个鞋匠是近似替代者，他们中的最佳者将对制革者更有价值，也会得到更高的收益，因此在两个鞋匠间产生了人力资本专用性投资的竞赛，并创造了更大的专用性人力资本的总投资。这种进入权的配置方式产生了人力资本专用性投资的叠加。

第三种情况，如果把缝纫分解成两个互补的人力资本专用性投资任务：假设一个任务是缝鞋底，另一个是缝鞋面。且每个任务仅仅由一个鞋匠获得进入权，这样在两个鞋匠之间会产生相互锁定和牵制的力量。即使其中一个鞋匠进行巨大的人力资本专用性投资，他的工作效能也无法摆脱另一个鞋匠的牵制，与第二种情况相比，这种进入权的配置方式降低了他们进行专用性投资的激励。

从例子可以看出，如果制革者通过适当的方式将进入权提供给适当数量的鞋匠，可以一开始就获得最大的专用性人力资本总投资。给予鞋匠进入权的方式不同,获得进入权的鞋匠的最优数量也不同。因此,在企业中调整进入权的配置方式对促进人力资本专用性投资来说是一个可行和有用的机制。

在本例中,第二种情况应该是最好的进入权配置方式。因为它的总的人力资本专用性投资激励大于第一种和第三种情况。且在岛国经济只有一台缝纫机的情况下不用担心专用性人力资本(即一个鞋匠会制作一种完整的鞋的能力)的外泄。如果岛国上还有另外的缝纫机存在,从防范专用性人力资本的外泄的角度,第三种情况虽然激励效果不是最好,但也许是更合理的选择。因为互补的专用性人力资本投资强调员工的合作,同时也决定了人力资本使用过程中必然对其他专用性人力资本具有依赖性。人力资本作用的发挥必须依靠其所有者之间的协作:那就是团队专用性。也就是说,一旦一些代理人在一起组成一个团队工作,经过一段时期的磨合,就会产生一种特殊的生产力。如果对其中一些成员做出更换,那么这种生产力就会受到破坏,因此代理人获得了一定的谈判优势,就可以乘机向委托人要求更高的工资。但在团队专用性的约束下,个别代理人也很少选择离开团队,因为一旦离开他的专用性人力资本就会迅速贬值。

现在的问题是,为什么最初要假设制革人拥有缝纫机?事实上,按照GHM(Grossman, Hart and Moore)的观点,应该让鞋匠拥有缝纫机(Grossman and Hart, 1986; Hart and Moore, 1990)。因为他是唯一从事专用性投资而且其利益需要保护的人。然而,在本例中缝纫机所有权属于鞋匠是无效率的。有两个原因,一是制革人因技术垄断使他拥有讨价还价的优势,从而可以分享更多的事后剩余,这样就削弱了鞋匠对人力资本专用性投资的激励。因为鞋匠一旦进行制鞋专业化投资后,他和机器就会过于依赖制革人而在谈判中处于劣势。二是如果鞋匠拥有缝纫机,他就没有必要专业化于制鞋。因为他可以选择更广泛的职业范围,如修鞋、修包、制造皮夹克等。因此,这个例子让制革人拥有缝纫机。将机器的使用权即进入权赋予鞋匠,比起直接赋予鞋匠缝纫机的所有权的安排,无疑更能激励鞋匠进行人力资本专用性投资。拉詹和津加莱斯(1998)进一步说明了产权作为提供激励机制的负面效应。

四 基于专用性投资的企业技术创新治理模式选择模型及分析

在技术创新治理模式选择中，企业不仅要准备承担合作中有关技术协调的复杂性和时间进展的不确定性所产生的风险，而且还要提防自己拥有的核心技术、生产、营销知识、管理诀窍等关键资源被合作伙伴申请专利而据为己有或抢先加以应用并推出产品占有市场。对这些关键资源的控制可以通过进入权的配置来实现，由于企业的关键资源并不一定是物质资本，所以，所有权就不是唯一的权力源，也不是最有效的激励机制。本章在企业边界模式的基础上，采用不完全契约理论框架以及博弈论和比较静态分析方法进行分析，如图3-5所示。

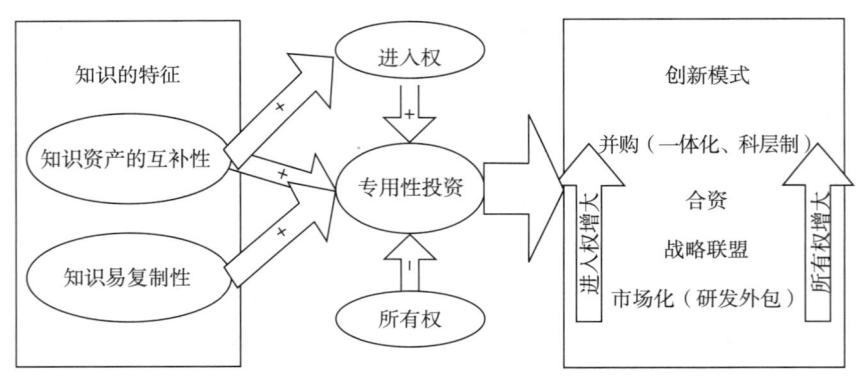

图3-5 知识、进入权、所有权及专用性投资与创新模式

（一）模型构建

考虑两个公司A和B，为便于理解，设A为生物抗体公司和B为生物技术转让公司；两项知识资产P和Q，设P代表开发抗体所需的技术而Q代表了提供这种抗体应用于人类的技术。首先，A掌握P，但不掌握知识Q。同样，B掌握Q技术，但缺乏P技术。因为P和Q是互补性资源，两者结合在一起比相互分离能够创造更大的价值，所以A公司和B公司具有进行经济交易的动机。代理人是风险中性和不受流动性约束。

A和B分别作出关系专用性投资 e^A, e^B，投资成本与投资数量相同，为了进行专用性投资，A和B需要相互提供进入权 α 接触资源P和Q，进入

权 α 是相互的，$\alpha \in [0,1]$，$\alpha = 0$ 表示最小的进入权，$\alpha = 1$ 表示完全充分的进入权。开始 A 和 B 分别拥有 P 和 Q，后来两公司决定改变这种所有权模式，$\delta = 0$ 表示是 A 和 B 拥有各自的资产，$\delta = 1$ 表示不丧失一般性，A 拥有两个资产 P 和 Q。A 和 B 共同生产的产出为 R，R 是专用性投资 e^A，e^B 以及进入权 α 的函数。令 $r^j (\forall j = A, B)$ 表示当 A 和 B 关系终止时独立生产时各自的产出，这是 A 和 B 的外部选择，r^i 是 e^A、e^B 以及 α 和 δ 的函数。知识的易复制性是资产本身的一种属性（比如隐性知识更难复制），还与公司自身的特征有关（如掌握更多知识的公司复制知识的能力就比较强），$\theta^A (\theta^B)$ 表示 A(B) 的复制 Q(P) 的能力，θ 越大复制知识的能力就越大。即：

$$r^i = r^i(e^i, \alpha, \delta; \theta^i), r_i^i = \frac{\partial r^i}{\partial e^i} > 0, r_{ii}^i = \frac{\partial^2 r^i}{\partial (e^i)^2} < 0, i \in \{A, B\}$$

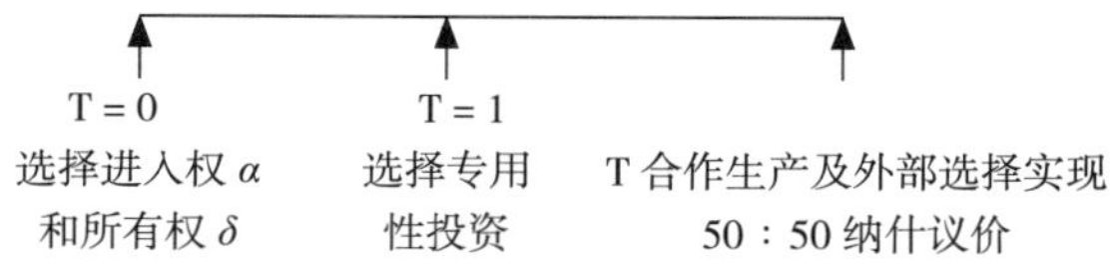

T = 0　　　　T = 1　　　　T 合作生产及外部选择实现
选择进入权 α　选择专用　　50：50 纳什议价
和所有权 δ　性投资

图 3-6　博弈时序

图 3-6 总结了时间线和事件模型。有三个日期，$T = 0; 1$ 和 2。在日期 0，公司签订合同知识资产所有权模式和相互提供给对方的进入权准入。用 $\delta = 1$ 表示，A 拥有两个资产 P 和 Q，$\delta = 0$ 表示 A 和 B 拥有各自的资产。

合作产出 $R = R(e^A, e^B, \alpha)$ 是专用性投资与进入权的增、凹函数，即：

$$R_i = \frac{\partial R}{\partial e^i} > 0, i \in \{A, B, \alpha\} \quad (3-1)$$

$$R_{ii} = \frac{\partial^2 R}{\partial (e^i)^2} < 0, i \in \{A, B, \alpha\} \quad (3-2)$$

因为知识资产是互补的，因而第一假设合作产出比外部选择产出大，即：

$$R > r^A + r^B, \forall e^A, e^B, \alpha, \delta, \theta^A, \theta^B \quad (3-3)$$

第二，如同哈特（1995）的观点，假设当一个公司对两种资产都拥有事后的进入权产出的边际生产率总是大于仅有一种资产。事后进入权可以被严格限定为物质资产，因此，只有当 P 和 Q 是物质资产时，公司才有可能只对一种资产拥有进入权，特别是当 A 和 B 分别拥有 P 和 Q。因而：

$$R_A > r_A^A(\delta=0, 物质资产), R_B > r_B^B(\delta=0, 物质资产) \quad （3-4）$$

第三，假设进入权越大，合作产出对专用性投资的边际产量越大。当进入权很大时，公司能够接触到更多的技术细节，从而使产出更多，即：

$$R_{i\alpha} = \frac{\partial^2 R}{\partial e^i \partial \alpha} > 0, i \in \{A, B\} \quad （3-5）$$

第四，为了得到知识资产可检验性的结论，与格罗斯曼和哈特（1986）一样，假设 A 和 B 所做的专用性投资没有战略上的相互作用。进一步假设互补性 β 增加能够增加任何一个公司对合作产出投资的边际产出，即：

$$R_{AB} = \frac{\partial^2 R}{\partial e^A \partial \alpha^B} = 0 \quad （3-6）$$

$$R_{i\beta} = \frac{\partial^2 R}{\partial e^i \partial \beta} > 0 \quad （3-7）$$

（二）外部选择

在 2 时期，A 不能收回给予 B 进入抗体技术的进入权，如果 0 时期 A 给予 B 更多的进入权，B 公司外部选择的边际价值会更高。这是因为更大的进入权意味着 B 公司发现更多抗体技术的细节，这些细节能够增加 B 公司专用性投资的生产率。因为所有权仅在侵犯知识产权时为寻求法律帮助提供法定权利，无论是 A 公司拥有 P 和 Q 还是仅仅是 P，上述进入权对外部选择的影响相同。因为假设进入权是相互的，进入权增加也就是 A 公司得到 B 公司更多的进入权，从而能够增加 A 公司外部选择的边际产出，即：

$$r_{i\alpha} = \frac{\partial^2 r^i}{\partial e^i \partial \alpha} > 0, i \in \{A, B\}, \forall \delta \quad （3-8）$$

对知识资产的所有权给予所有者寻求知识资产侵权的法律保护的权力，如 GHM 框架一样，假设多拥有一项资产增加所有者对外部选择投资的边际产出。即：

$$r_A^A(\delta=1) > r_A^A(\delta=0), r_B^B(\delta=1) < r_B^B(\delta=0) \quad （3-9）$$

如果 B 能够更容易地利用 A 的抗体技术，B 的外部选择的边际产出 R 将更高（对 A 同样），即：

$$r_{i\theta}^i = \frac{\partial^2 r^i}{\partial e^i \partial \theta^i} > 0; i \in \{A, B\} \tag{3-10}$$

（三）模型分析

采用逆向归纳法求解模型。给定式（3-3），在 2 时期均衡时双方不会选择分开，仅会影响合作产出 R 的分配。合作产出分配使用 50∶50 纳什议价，A 和 B 得到的合作产出分别是 $0.5(R+r^A-R^B)$ 和 $0.5(R-r^A+R^B)$e。双方的专用性投资在 1 时期作出，最大化 $(R-e^A-e^B)$ 的最优专用性投资（e^{AF}, e^{BF}）条件如下：

$$R_i(e^{iF}) = 1, i \in \{A, B\} \tag{3-11}$$

专用性投资的次优纳什均衡 (e^{A^*}, e^{B^*})，需要满足条件是，i 选择最大化 $0.5(R+r^i-r^j) - e^i$，即：

$$\frac{1}{2}R_i(e^{i^*}, \alpha) + \frac{1}{2}r_i^i(e^{i^*}, \alpha, \delta; \theta^i) = 1; i \in \{A, B\} \tag{3-12}$$

合作产出 R，r^A 和 r^B 是凹函数保证 (e^{AF}, e^{BF}) 和 (e^{A^*}, e^{B^*}) 解存在并且唯一。次优的专用性投资 (e^{A^*}, e^{B^*}) 决定产出剩余 TS^*，即：

$$TS^* = R(e^{A^*}, e^{B^*}, \alpha) - e^{A^*} - e^{B^*} \tag{3-13}$$

A 和 B 不受流动性限制，双方选择进入权和所有权以最大化 TS^*：

$$(\alpha^*, \delta^*) = \text{argmax}\left[TS^*(e^{A^*}(\alpha, \delta; \theta^A)), e^{B^*}(\alpha, \delta; \theta^B), \alpha\right] \tag{3-14}$$

（四）基于专用性投资的企业技术创新治理模式决策

合并时，合并方保留自身和目标公司的知识资产所有权，并且双方提供给对方的进入权是最大的，即 $(\alpha^*, \delta^*) = (1, 1)$ 表示合并是最优的。与合并相反，如果双方进行市场化交易，则各自拥有自身的知识资产，也就是进入权是不存在的，即 $(\alpha^*, \delta^*) = (0, 0)$ 表示市场化交易是最优的。战略联盟及合资则处于合并及市场化交易两者之间。战略联盟或合资双方通常共享资本、技术及企业专用性资产，因而进入权适中。合资时通常交换所有权，所以对于 $0 < \underline{\alpha} < 1$，$(\alpha^*, \delta^*) = (\underline{\alpha}, 0)$ 表示战略联盟是最优的，$(\alpha^*, \delta^*) = (\underline{\alpha}, 1)$ 表示

合资是最优的。

引理 1：给定 α，δ，则：

(a) $r_i^i \leq R_i, \forall e^i \Rightarrow e^{i*} \leq e^{iF}, i \in \{A, B\}$ （3-15）

(b) $r_i^i > R_i, \forall e^i \Rightarrow e^{i*} > e^{iF}, i \in \{A, B\}$ （3-16）

当 A 和 B 的专用性投资对合作产出的边际价值多于（小于）外部选择的边际价值时，双方将会投资不足（过度投资）。如 A 为了理解和使用 B 的知识，A 需要进行专用性投资，这一投资能够增加双方合作产出。然而这一投资是关系专用性的，所以并不增加 A 的外部选择。从而 A 投资不足（投资的成本由 A 负担但合作产出却仅得到一半），对 B 来说一样如此。即最优的投资使合作收益最大化而次优的投资也考虑了外部选择的价值。这一结果与哈特（1995）类似，不同的是哈特没有考虑 B 的情况。作为一个有用的标准，首先证明对于物质资产充分的进入权始终最优。

命题 1（对于物质资产，充分的进入权始终是最优的）：如果式（3-4）成立，则：$\alpha^* = 1$

物质资产与知识资产的本质区别在于物质资产的进入权事后能够被收回而知识资产的进入权不能被收回。因而，物质资产的所有者能够通过事后收回进入权而套牢其使用者。从而对于物质资产来说，使用者外部选择的边际价值通常要小于合作的边际价值，特别是在资产互补时。与 GHM 框架一致，对于物质资产来说，重要的激励扭曲是与最优相比专用性投资不足。因为更大的进入权增加投资的生产率，所以充分的进入权在物质资产密集型企业总是最优的。对于知识资产来说，事先的进入权不能在事后收回，因而当双方不合作时，只要双方不被法律发现侵犯对方的知识资产并被命令不得从事经营，双方都可以使用双方的知识资产进行经营。因而，对于知识资产来说容易出现两种情况：第一，为适应知识的互补性而投资不足；第二，为侵占知识而过度投资。

命题 2（进入权和所有权的激励效应）：

$$\frac{de^{A*}}{da^{A*}} > 0, \frac{de^{B*}}{da} > 0$$ （3-17）

$$e^{A*}(\delta = 1) > e^{A*}(\delta = 0); e^{B*}(\delta = 1) < e^{B*}(\delta = 0)$$ （3-18）

随着进入权增加，A 和 B 的专用性投资增加。对 Q 资产的所有权从 B 转移到 A 增加 A 的专用性投资但减少 B 的投资。因为更大的进入权增加了 A 和 B 专用性投资的边际产出［式（3-5）和式（3-8）］，增加进入权增加双方投资。然而，将 B 公司资产的所有权转移到 A 增加了 A 投资的边际产出而减少 B［式（3-9）］。因而，所有权和进入权的激励作用不同：进入权对 A 和 B 的专用性投资具有同样的激励作用（这说明进入权的激励作用是相互对称的）而所有权的激励是非对称的。

上面的结论说明了不同模式选择决策。比较市场化交易与战略联盟以及合资与合并，这些模式的不同在于进入权而非所有权。战略联盟的进入权比市场化交易大，从而使得战略联盟具有促使双方进行专用性投资以适应对方资产的更强激励的优势。然而，与市场化交易比较，当双方为利用对方资产而过多地进行专用性投资时，战略联盟会产生相应成本。合并时，被合并方成为新公司的分公司从而相互提供充分的进入权。合资时，股份多的一方拥有剩余权利，这一点与合并类似。然而，合资时进入权是部分的，因而与合资相比，合并具有促使双方进行专用性投资以相互适应对方资产以产生合并协同效应的更强激励优势。然而与合资相比，当新公司的合并方为利用对方的知识资产而将一些贵重的资源剥离出核心业务（以便在这个过程中增强其与公司上层的议价能力）时，合并也会产生成本。为检验所有权的非对称效应，比较战略联盟与合资（两者进入权相同而所有权不同）。与战略联盟不同，合资时，股份大（小）的一方具有更强（弱）的激励来进行专用性投资以适应对方的知识资产，以及将其重要资源剥离出核心业务以利用对方知识资产。

推论 1（所有权的逆向选择效应）：

$$r_A^A > R_A, \forall e^A, \delta, \beta$$
$$\Rightarrow e^{A*}(\delta=1) > e^{A*}(\delta=0)e^{AF}, \forall \beta \quad (3-19)$$

当对知识资产的专用性投资过度的可能性一定时，这个结论说明 B 资产的所有权转移到 A，在激励 A 进行过多专用性投资时具有逆向选择的效应。这一结论的经验如下。如果 B 资产的所有权转移到 A，因为 A 可以威胁无须 B 的合作而开发产品，从而 A 的议价能力增强。当 B 拥有这一资产时，因为 B 具有使用这一资产的法定权力从而使这一威胁不太可信。然而，除非 A 完全理解 B 的药物配送技术，A 不能总是威胁与 B 分离。因此，一旦 A 拥有 B 的资产，A 在利用 B 的资产方面会过度投资，而且投资更多。

所有权的逆向选择效应引发对 GHM 一个重要结论的质疑，当资产相互互补时，A 控制双方资产是最优的（Hart, 1995, 命题 2）。GHM（Grossman and Hart, 1986; Hart and Moore, 1990）预言只有当两项资产无关时，A 和 B 各自拥有所有权是最优的。然而，尽管在研究的框架中，这些资产是互补的，当所有权转移到强化了 A 过度投资，从而 A 拥有两项资产或许不是最优的。也就是说，与拥有互补性的知识资产的公司合并不一定总能产生协同。新公司的合并方可能为利用对方的知识资产而将一些贵重的资源剥离出核心业务，从而在这个过程中增强其与公司上层的议价能力。这样，当潜在的合并方或占股份多的合资方过度投资时，市场化交易或战略联盟可能比合资或合并占优势。

命题 3：

（a）当 $r_A^A \leqslant R_A$ 和 $r_B^{AB} \leqslant R_B$，则 $\alpha^*=1$

当 $r_A^A > R_A$ 和 $R_B^{AB} > R_B$，则 $\alpha^*=0$

（b）当 $r_A^A < R_A$ 和 $r_B^{AB} < R_B$，则 $\delta^*=1$

当 $r_A^A \geqslant R_A$ 和 $R_B^{AB} \leqslant R_B$，则 $\delta^*=0$

当 A 和 B 的专用性投资都不足时，充分的进入权是最优的；同理，当 A 和 B 的专用性投资都过度时，最小的进入权是最优的。相反，当 A 投资不足而 B 过度投资时，将两项资产的所有权给 A 是最优的。进入权对专用性投资的激励作用是对称的，所以可通过进入权的配置来增加或减少双方的专用性投资。相反，所有权对专用性投资的激励作用是非对称的，所以当一方的投资需要增加而另一方的投资需要减少时，可以通过改变所有权来实现，为避免过度投资一方的无效投资，进入权应从过度投资一方转移到投资不足的一方。

引理 2：$\dfrac{de^{i*}}{d\theta^i} > \dfrac{de^{iF}}{d\theta^i} = 0, \forall i = A, B$

当 θ 增加，即知识容易复制时，A 和 B 进行专用性投资的次优水平都增加。然而最优的投资水平与知识的易复制性无关。当 B 的知识容易被复制时，A 的外部选择生产率更高，从而 A 的投资将增加。对 B 来说道理一样。

命题 4：$\dfrac{d\alpha^*}{d\theta^j} < 0, \forall j = A, B$

当知识难以复制时，最优的进入权减少。当 B 的知识难以复制时，A 投资不足；当 B 的知识易于复制时，A 投资过度（引理 4）。进入权增加了 A 投资的产出，因而当 A 投资不足时增加进入权是最优的；反之，当 A 投资过度时减少进入权是最优的。所以当 B 的知识难以（易以）复制时，高（低）的进入权是最优的。同样的结论也适用于 A。

命题 5：存在 $\hat{\theta}^A$ 和 $\hat{\theta}^B$，

（a）$\theta^A > \hat{\theta}^A$ 和 $\theta^B > \hat{\theta}^B$，则 $\alpha^* = 0$

$\theta^A \leqslant \hat{\theta}^A$ 和 $\theta^B \leqslant \hat{\theta}^B$，则 $\alpha^* = 1$

（b）$\theta^A \leqslant \hat{\theta}^A$ 和 $\theta^B > \hat{\theta}^B$，则 $\delta^* = 1$

$\theta^A \geqslant \hat{\theta}^A$ 和 $\theta^B < \hat{\theta}^B$，则 $\delta^* = 0$

当 A 和 B 的知识容易复制时，最小的进入权是最优的；当 A 和 B 的知识难以复制时，最大的进入权是最优的。当一方的知识容易复制而另一方的知识难以复制时，所有权必须转移到知识容易复制的一方。

（五）比较静态分析

引理 3：$\dfrac{de^{i*}}{d\beta} \geqslant 0$　　　　　　　　　　　　　　　（3-20）

随着知识资产互补性的增加，A 和 B 的专用性投资增加（因为互补性增加了企业投资的边际产出）。

命题 6：$\dfrac{d\alpha^*}{d\beta} \geqslant 0$　　　　　　　　　　　　　　　（3-21）

最优的进入权随着知识资产互补性的增加而略有增加。因为互补性增加了企业投资的生产率。然而，这一增加附加在获得对互补性资产进入权的条件之上，因而最优的进入权随着互补性的增加而增加。

引理4：给定 α, δ，对于 $i \in \{A, B\}$，一定存在 $\hat{\theta}^i$ 满足：

$$\theta^A \leq \hat{\theta}^i \Rightarrow e^{i*} \leq e^{iF}; \theta^i > \hat{\theta}^i \Rightarrow e^{i*} > e^{iF} \tag{3-22}$$

当B企业的知识难以（易于）复制或利用时，因为A的专用性投资生产率更低（更高），所以A的专用性投资会不足（过度）。B也是同样的结论。

命题7：当 $(\theta_A^1, \theta_B^1) \neq (\theta_A^2, \theta_B^2)$ 时，对于任意的 β：

(a) $\theta_A^1 > \theta_A^2$ 对 $\theta_B^1 > \theta_B^2$，则 $\alpha^*(\theta_A^1, \theta_B^1) \leq \alpha^*(\theta_A^2, \theta_B^2)$, $\tag{3-23}$

(b) $\theta_A^1 > \theta_A^2$ 对 $\theta_B^1 > \theta_B^2$，则 $\delta^*(\theta_A^1, \theta_B^1) \leq \delta^*(\theta_A^2, \theta_B^2)$, $\tag{3-24}$

随着A和B复制和利用P和Q资产的能力提高，最优的进入权略有下降（a）；相反，当A的能力提高而B的能力下降时，B知识的所有权转移到A是最优的（weakly）（b）。这一结论可以从进入权和所有权的不同激励效应（命题2）得出，并且当双方获得进入权知识更易于复制利用时A和B的专用性投资增加（引理3）。与知识资产互补性无关，当A过度投资的可能性增加（$\theta_A^1 > \theta_A^2$）时，A和B分别拥有P和Q最优。与此不同，GHM预测当P和Q严格互补时，一个代理人拥有两项资产总是最优的。因为进入权激励的对称性，当双方都过度或不足投资时，进入权管制带给A和B的激励接近于一阶最优。相反，当一方过度投资而另一方投资不足时，改变控制权有助于企业激励接近于一阶最优。由此，进入权和所有权的最优选择缓和了投资不足及过度投资问题。

（六）案例分析及意义

千年制药公司成立于1993年，在发展初期，合同研究（即为其他公司提供研发外包服务，对研究过程中产生的新发明没有任何控制权）是主要业务，现已经壮大为制药行业的龙头公司。那么它是怎样摆脱合同研究的传统范式的？

1994年，千年公司与霍夫曼—拉洛希（现在已经改名为洛希公司）达成协议：千年公司向洛希公司提供一系列关于肥胖症、二类糖尿病的生物研究成果，洛希公司拥有在肥胖症和二类糖尿病的治疗中使用这些医疗技术的权力，而千年公司保留将它们应用于其他医疗领域的权力。千年制药公司与洛希公司的交易模式打破了合同研究的传统做法，为千年公司的商业模式确立了两个关键性的组成要素：首先，即使是对于大型的制药企业来说，千年公司的技术平台也是十分有价值的资产。其次，千年公司可以将这种技术平台应用于自己的业务发展中，以获得盈利。但是，千年公司不必获得最终形成的完整的知识产权所有权。

1998年，千年公司和拜耳公司达成了一项重要的协议。在这笔交易中，千年公司在5年的时间内向拜耳公司提供225项医药研究成果，这个数字几乎达到拜耳公司一半的药品开发能力；拜耳公司向千年公司提供研究启动资金及专利转让使用费和研究基金。此外，拜耳公司还答应在这225项研究成果中挑选适合自己业务发展需要的技术后，余下的大约90%的专利将会被返还给千年公司。千年公司利用这种合同条款，积累大量的专利技术——大多数是客户认为不重要或是不知道如何应用而淘汰掉的专利。到2000年，千年公司已经积累了足够多的专利，并开始进行经营模式的转变。由此完成从一个仅提供最新技术的合同研究机构到全新的药品开发公司的模式转变。

后来，千年公司逐步谋求最终研究成果的控制权，公司开始采取收购策略。20世纪90年代后期股市的繁荣给千年制药带来了大量的现金，这使千年制药能对别的公司进行收购。2001年12月，千年制药公司就通过兼并Cor Therapeutics获得了Integrilin。千年制药的另一个药物是Velcade。这个产品是千年制药1999年通过收购Leukosite获得的。收购的目的，是快速弥补该公司下游能力的不足。纵向一体化战略的实施使千年制药由小型的研究企业向大型综合制药企业发展。

对于千年制药公司而言，仅有Integrilin和Velcade这两个产品是不足以使公司盈利的。2003年千年制药公司还有十来个实验性产品在不同的临床阶段中。千年制药公司没有这样的实力单独来开发所有这些药物，因此需要将其中的一些产品转让给其他公司。该公司已经与制药巨头雅培公司达成了肥胖药物开发合作。2003年公司已与强生公司旗下的奥托生物技术产品公司（Ortho Biotech Products, L.P.）达成一项协议，双方将在Velcade

药物的商品化和继续进行临床开发方面开展合作。除了奥托生物技术产品公司，千年制药公司还与该公司附属研究机构强生制药研发公司，联手共同在美国、欧盟和日本继续进行 Velcade 药临床开发的全面全球计划，以最大限度地扩大 Velcade 药的临床和商业潜能。

分析千年制药公司之所以采用外包服务战略，是因为在技术开发阶段知识最难以复制（知识的可复制性最小），药物发现公司通过外包以达到其研发药物所需要的临床试验规模和降低药物的开发成本，从而其所有权最大，而进入权最小。后来通过后向垂直一体兼并和收购位于外国的制药公司以获得进入当地市场的许可和渠道（取得最大的进入权），加强在药物研发阶段和销售阶段的核心能力。最终由于生物制药知识和研发工作的复杂性，公司与其他制药公司采用研发联盟的形式进行合作，相互提供一定的进入权，从而使战略联盟具有促使双方进行专用性投资以适应对方资产的更强激励的优势。

第二节 内部创新与外部创新模式选择：人力资本专用性视角的分析

近年来，创新技术开发高度复杂且投入规模庞大，而创新产品的市场生命周期却日益缩短；诸多企业开始寻求利用研发外包或企业并购方式来进行技术创新活动。因此，企业创新知识获取的途径呈现出多样化的特点。由此产生的问题是：企业知识获取的途径具体包括哪些，企业到底选择何种方式来获取创新知识，企业内外有哪些因素影响企业创新模式的选择？上述问题主要涉及创新过程的有效组织，即创新组织模式的有效选择。关于企业创新治理研究始于 20 世纪 80 年代，而早期的大部分研究忽略了外部技术获取，近年来这一领域开始受到关注，例如，利希滕塔尔（Lichtenthaler, 2010）研究了多元化经营的企业在获取外部知识时采用集中一体化还是联盟的形式，布鲁斯和阿布德卢阿希德（Bruce and Abdelouahid, 2008）对欧洲服务行业的实证分析发现企业间合作创新的模式在服务行业中流行，特别是在供应链物流服务行业。研究的主要工具包括理论推演、博弈模型以及计量实证等；研究的理论基础也在不断丰富与相互融合，主要涉及产业组织理论、交易成本理论、资源基础理论、核心能力与动态能力理论、知识学习及其演化理论等；各种理论相互补充对于理解企业各种创新模式运作机理及其有效选择具有借鉴作用。近年来，关于企业创新的组织模式的实证研究也不断出现，这些研究对于丰富和发展创新理论起到了重要作用。

研发活动是创新活动的基础和核心。近年来，在国外发达工业国家相对于内部 R&D 而言，外部 R&D 呈显增长的趋势。例如，德国从 1987 年到 1997 年的 20 年间，外部 R&D 的比例从 9% 增长到 15%；英国从 1985 年的 5.5% 增长到 1995 年的 10%；美国外部 R&D 从 1991 年到 1998 年间增长了 100%，而同期内部 R&D 只增长了 60%。可见，外部 R&D 在企业整个技术创新中的地位越来越重要。特别是随着各国风险投资业的发展，外部技术创新的作用越来越显著。

一 内部创新与外部创新内涵

企业技术创新的组织模式简称创新模式，是对创新过程的一种有效组织（马家喜等，2008），是指在一定的创新体制下，基于创新类型以及对主体角色进行的有效定位，为有效获取创新知识，对主体所掌握的资源与能力进行优化配置的一种制度安排。基于资源基础观理论，创新组织模式可分为：收购、兼并、许可、少数股权投资、合资企业、共同研究及外包等。从企业边界理论的角度，创新组织模式分为：开放式创新与封闭式创新，开放式创新是指通过均衡协调企业内部和外部的资源产生创新思想，同时综合利用企业内外部市场渠道为创新活动服务。开放式创新模式特征主要表现在：企业边界是模糊的，其核心是企业如何在创新过程中利用外部创新者的思想和知识来实现创新，从交易成本的角度进行划分可以将其分为内部创新和外部创新两类（崔远淼，2005；Kamuriwo et al., 2017），如图 3-7 所示。从交易成本的角度来看，创新模式的选择问题实质是治理结构的问题：内部创新模式是企业化治理结构，外部创新模式是市场化治理结构。

1. 内部创新模式

内部创新模式是指以企业边界为标准，企业将技术的研究与开发、新产品的应用与开拓等全部活动置于企业边界以内，在企业组织内部进行创新或将开发部门垂直一体化。内部创新模式是一种传统而又具有持久生命力的创新模式，其实质是企业自主进行创新。从特点上看与企业自主创新模式相似，其所需的核心技术来源于企业内部的技术积累和突破。但随着企业组织形式的多样化，企业内部创新模式与自主创新模式又存在区别。特别是资本市场的发展，企业通过控股的形式对子公司进行实质性控制，故子公司所进行的创新开发也属于企业内部创新模式的范畴。内部创新模式是企业进行创新的一种重要方式，企业为了保持其领先地位，通过自身的知识与创新资源的积累，不断地进行创新与新产品的开发，控制和占领市场，从而形成技术开发与企业发展的良性循环。

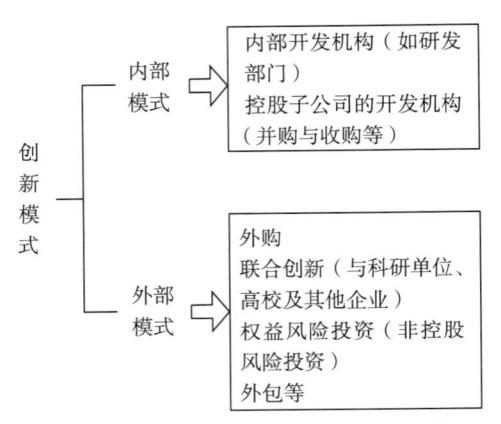

```
                  ┌─ 内部开发机构（如研发
              内部 │   部门）
              模式 ┤
创               └─ 控股子公司的开发机构
新                  （并购与收购等）
模
式                ┌─ 外购
              外部 │  联合创新（与科研单位、
              模式 │  高校及其他企业）
                  ┤  权益风险投资（非控股
                  │  风险投资）
                  └─ 外包等
```

图3-7　企业创新模式

2. 外部创新模式

外部创新模式是指企业将创新活动置于企业边界以外，在企业外部进行创新。外部创新模式能有效地减少企业内部创新的机会成本与代理成本，是企业通过特定途径利用外部资源进行创新的一种重要技术来源。外部创新模式相比于内部创新模式内涵更加丰富。从目前发展来看，其形式主要包括技术外购、企业之间联合创新、企业与科研单位的联合以及企业以少数权益投资进行的创新（风险投资形式）。外部创新模式作为一种新的技术模式能为企业提供外部技术支持，从而既能使企业将有限的内部资源从事产品的生产、市场开拓与营销，又能使企业获取有效的新技术的支持，为企业产品的生产和营销提供持续的发展潜力。

从交易成本理论的角度，影响创新组织模式的主要因素包括不确定性、资产的专用性及交易频率。从交易成本角度的研究大多是关注资产的专用性及不确定性对创新模式选择的影响。企业创新组织模式选择会受到多种因素的综合影响，研究认为交易成本理论过多地关注"交易"，实质上企业不仅仅是一个交易型组织，而且还是一个生产型组织，那么，从企业内部实际情况的角度，又有哪些因素影响企业创新组织模式选择？研究从人力资本专用性及信息结构的视角进行理论分析和实证检验，具有一定的理论价值和实际意义。

二 企业信息结构

企业不同的信息结构是由企业内部分工而导致的不同协调方式引起的。现实中，不同企业内部的协调方式之间存在巨大的差异。即使是对于同一件事情，不同的企业在获取、传递和利用信息的方式上都会是截然不同的。典型地，日本企业重视通过员工收集信息，在员工与员工之间横向传递，并由员工自己进行决策。而美国企业则重视专业化管理，在上下级之间纵向传递信息，并由上级管理人员根据专业知识进行决策。企业内部不同的信息获取和协调方式可以用信息结构的概念进行反映（程德俊等，2004）。企业在市场中经营，需要不断地从经营环境中获取相关信息进行决策。但是，任何决策者都不可能掌握决策需要的所有相关信息，因而个人面临的决策机会集合是其拥有知识和信息的函数。谁观察信息，观察什么信息，怎样传递信息构成了企业内部的信息结构。企业内部的信息结构可以分成横向信息结构（Horizontal Information Structure）和纵向信息结构（Vertical Information Structure）两种（Aoki, 1986）。

纵向的关系主要指的是通过企业内部的权力和责任划分，所形成的上下级关系；而横向的信息交流关系主要指的是由于企业内部的工作流程而形成的上下工序之间，部门与部门之间、团队与团队之间的关系。一般而言，组织可以运用各种结构策略，如统一的命令链、正式的规则和计划、岗位的设计和纵向的信息系统等，来实现组织内部的纵向信息联系；可以采用跨职能的信息系统、设置联络员、工作团队、委员会等方式强化组织内部的横向信息沟通。传统的科层理论主要强调的是组织内部的纵向关系，而认为横向关系的发展是与企业中的命令统一和权责对等原则相矛盾的。但随着环境的变化和信息技术的发展，企业越来越重视内部流程再造，横向的信息结构也引起了理论和实践的关注，两者之间的区别如表3-3所示。

表3-3　　　　　　　　　纵向信息结构和横向信息结构

项目	纵向信息结构	横向信息结构
协调方式	员工与管理人员之间	员工之间
组织模式	机械式组织	有机式组织
工作内容	日常和常规工作	变革和变动的例外工作
适用环境	技术缓慢发展的稳定环境	技术快速变革
特点	知识的生产缺乏互动性；强化垂直信息交流，弱化水平部门交流和人际交流	组织层次少；部门间地位平等，中心机构的任务是支持和协调各工作部门顺利完成各项工作；下级部门有处理紧急事件和进行部分决策的权力；鼓励企业内部相互学习和交流；员工的晋升取决于能处理更多工作的能力

相对于组织结构来说，国内对于企业的信息结构的研究较少。而对于企业组织结构与信息结构的关系，研究通过对国内外文献资料的检索未发现有正式的学术研究。研究认为，如果把组织结构看成是企业的架构，是企业中硬的、看得见摸得着的东西，则企业信息结构则可以看成是企业的灵魂，相对于组织结构来说要隐藏得多，但这并不说明企业的组织结构与信息结构有什么必然的联系，即什么样的组织结构与什么样的信息结构相对应。青木昌彦（1986）在研究美日企业差异时认为，日本企业采取的是横向信息结构，在员工激励方面更多地依赖等级制，西方国家采取纵向信息结构，但在协作方面更多地依赖等级制。等级制与垂直式组织结构相联系，但并不能认为纵向信息结构就与垂直式组织结构相联系，实际

上，企业组织结构、信息结构与企业管理模式及专用性人力资本投资关系密切。

但是研究认为信息结构与组织授权之间存在一定的关系。在确定组织的信息结构时，组织应考虑信息传递成本。信息传递成本是指将专门知识从信息源转移到决策者那里而产生的费用，它包括信息处理成本、由于信息传递延误而产生的费用、从信息的拥有者那里得到信息所支付的代价以及信息传递失真造成的决策效用损失。信息的传递成本的大小与传递路线的长度、传递渠道和信息量的大小有关，而且信息的传递成本还具有这样的特征，即当存在信息的不对称时，委托人要从代理人那里获得全部的信息，其成本是巨大的，趋近于无穷。所以，当决策全部是由下属做出，即完全授权的时候，信息的传递成本是最小的，这时的信息是从委托人转移给代理人。而当决策全部是由总经理做出，即完全集权的时候，信息的传递成本最大。所以，授权的程度越高，信息的传递成本也就越低，从这一点上看，为减少信息传递成本，组织应加大授权。

三 人力资本专用性、信息结构与创新模式选择理论分析

信息结构表现为企业如何获取信息、传递信息和依靠信息进行决策，这一切都是以员工的知识和技能为基础的，因而员工的人力资本类型与企业采取的信息结构之间存在一定的关系。在纵向信息结构为基础的企业中，员工的信息主要通过向上级主管人员汇报的方式进行传递，然后企业的中高层管理人员根据收集的信息做出相应的决策。如果需要跨部门进行协调，也是先将信息传递给管理人员，不同部门管理人员之间再进行协调。而在横向信息结构中，则是直接在员工之间进行协调。在纵向信息结构中，由于信息主要在同一类型岗位的上下级之间传递，不同岗位员工之间不需要相互了解，因此，员工之间不需要发展很好的人际关系。由于决策权主要掌握在管理者手中，员工不需要进行很多的决策，因此，员工不需要对公司的战略、运行规则、流程和文化等有较多的了解。在这样的信息结构中，员工需要的人力资本主要是有关从事岗位的通用型人力资本。因此说，纵向的信息结构是与通用型人力资本相互匹配的。

相反，以横向信息结构为基础的企业倾向于通过员工获得外部的系统性信息，并且信息主要在员工与员工之间进行共享，从而员工根据自己掌握的信息制定出相应的决策。由于决策权集中于员工手中，员工需要相互了解各自的岗位职责和工作内容，在企业内部建立较强的社会资本和关系网络，这样横向沟通才能够达成。由于员工进行横向沟通的人力资本只是对于特定企业才具有价值，而一旦员工离开该企业以后，该人力资本的价值就会发生较大的缩水，因而我们称这种人力资本为专用性人力资本。一般而言，专用性人力资本包括四个主要方面：与特定时间和地点相关联的知识、操作特定机器设备的技能、关于特定的生产流程和信息沟通的知识、特定的工作团队和人际关系技能。专用性人力资本对于企业中员工之间的合作和团队生产具有重要的作用。因此说，横向的信息结构只有建立在专用性人力资本的基础上才能够发挥效用。企业不同的信息结构是要依靠相应的人力资本类型作为支撑，而不同的人力资本又需要相应的管理政策和措施来形成。管理模式与信息结构之间也存在一定的匹配关系，在程德俊等（2004）研究基础上，进一步探讨如下。

1. 岗位设计和人员配置

在纵向信息结构为主的企业中，通常对职位采取规范的设置模式，职能分工界限清楚。相反，以横向信息为主的企业更多强调在职培训和工作轮换制度，职能界限模糊，强调团队工作。通过员工的在岗学习，员工能够培养更多的针对本企业的特殊能力。例如，日本企业经常通过工作轮换培养员工之间、员工和顾客之间的人际关系，而这样的关系资本只对特定企业具有价值，一旦员工离开该企业则该人力资本的价值便急剧下降。从这种意义上来讲，企业的纵向信息结构是与规范的工作设计相匹配，而企业的横向信息结构是与模糊的工作设计相匹配。

2. 绩效考核和薪酬制度

在纵向信息结构为主的企业中，员工只对本工作范围以内狭窄的工作职责负责，因而管理人员能够很容易收集和了解下层员工手中掌握的知识，从而对下属进行有效的监督和控制。为了有效地监督下属，上级管理者一般是由下级管理者晋升而来。由于专业化分工较明确，岗位与岗位之间的职能划分非常清楚，而管理人员又通常是本领域的专家，因而管理人员很容易建立明确的绩效考核标准对下级进行考核。同时由于在纵向信息结构为主的企业中，工作定义较为狭窄和清晰，员工较易流动，容易考核，企业的薪酬水平一般以市场薪酬为基准。

相反，在横向信息结构为主的企业中，员工的工作划分是非常模糊的。很多员工往往一身兼有数职，因而很难找到一个明确的上级对员工进行监督。由于员工的工作划分模糊，因而员工在工作中往往是通过干中学形成的专用知识。对于这样的知识和信息，上级管理者很难了解或者将它转移到自己手中，因而管理者很难对它进行数量化考核。在这样的企业中，通常以行为和能力作为考核的标准较多。同时，由于员工的流动性较小，企业一般以稳定雇佣和强调内部公平的薪酬政策为主。因此，企业的纵向信息结构是与定量考核和市场化薪酬相匹配的，而企业的横向信息结构是与行为考核和内部公平的薪酬制度相匹配的。

3. 员工参与和权责分布

在纵向信息结构为主的企业中，企业内部的沟通方式主要实行的是部门内部上级和下级之间的沟通，以及专业人员之间的沟通。同时由于专业人员之间没有进行工作轮换和企业背景培训，跨部门和跨专业之间的沟通往往需要通过管理人员来进行。信息沟通途径主要是部门内部以纵向沟通为主。而一旦出现部门之间的协调则主要通过部门领导之间的沟通，或者专门设立的岗位来进行协调。因此，在这种类型的企业中，主要强调的是专业化管理和集权式管理。相反，在横向信息结构为主的企业中，非常强调员工通过干中学形成的专用知识和背景知识。专用知识更多的是与特定的时间地点相联系，管理者难以收集这样的知识和信息，为了有效地制定决策，管理者通常需要将一定的决策权下放到每个员工手中，通过员工与员工之间直接的横向信息沟通来进行协调。在这样的企业中，主要强调的是员工对多种业务决策的直接参与和分权式管理。

综上所述，企业组织结构、信息结构与专用性投资及管理模式的关系可总结如表3-4所示。

表 3-4　　　　组织结构、信息结构、专用性投资与管理模式

组织结构	缩减管理层级	管理层级不变
信息结构	以横向信息结构为主	以纵向信息结构为主
专用性投资	企业型及团队型专用性投资	企业型及经理型专用性投资
管理模式： 工作系统 绩效考核 薪酬制度 员工流动 权力分布	模糊工作设计 行为考核 强调内部公平的稳定增长薪酬 企业内部流动为主 权责分散	规范工作设计 结果考核 强调外部公平的市场薪酬 员工较易外部流动 权责集中

在人力资本投资与激励方面，企业应制订与企业总体战略相契合的人力资本投资规划，在产权制度层面上强化对高科技人员的战略性激励。企业应加强以人力资本投资为导向的人力资源管理，包括企业招聘时甄选、广泛训练；实行具有竞争力的薪酬、技能本位薪酬、行为导向型和发展型绩效评估；员工参与、团队工作、宽广的工作定义、工作轮调以及职业生涯规划等。可见，不同类型的信息结构与不同类型的专用性投资相对应，由此企业可依据自身情况将信息结构与专用性投资相匹配，以服务于企业的战略，为企业赢得与保持竞争优势。

以横向信息结构为基础的企业信息主要在员工与员工之间进行共享，从而员工根据自己掌握的信息制定出相应的决策。由于决策权集中在员工手中，员工能够相互了解各自的岗位职责和工作内容，在企业内部建立较强的社会资本和关系网络，这样横向沟通才能够达成。企业能够将技术的研究与开发、新产品的应用与开拓等全部活动置于企业边界以内，在企业组织内部进行创新或将研究开发部门垂直一体化，这就形成了内部创新模式。

在以纵向信息结构为基础的企业中，员工的信息主要通过向上级主管人员汇报的方式进行传递，然后企业的中高层管理人员根据收集的信息做出相应的决策。在纵向信息结构中，由于信息主要在同一类型岗位的上下级之间传递，不同岗位员工之间不能相互了解，因此，员工之间没有发展很好的人际关系。由于决策权主要掌握在管理者手中，员工没有权力进行决策，所以，员工对公司的战略、运行规则、流程和文化等了解甚少。在

这样的信息结构中，企业和员工不具备内部创新的能力和资源，需要通过特定途径利用外部资源进行创新，这就是外部创新模式。

在现代经济高度弹性的需求下，创新模式战略的有效执行需要员工表现出高度合作与相互依赖、对过程重视、拥有专门知识、承担风险、以长期的观点看待企业发展等行为或态度，而强调人力资本的建立、人员的发展以及工作弹性的人力资本投资活动，正是可塑造员工这些行为或态度的重要机制。因此，人力资本投资有助于形成创新模式战略下所要求的员工行为或态度。首先，当人力资本专用性水平较低时，无论是从生产成本还是从治理成本的角度来比较，企业采用外部创新模式比较有利。包括直接从技术市场上购买已经开发或应用的技术，但这种技术一般不具有独特性，属于一般性技术。

其次，技术的开发与应用是一个复杂、系统的过程。创新开发活动是一个配置各种资源的生产过程，企业需投入各种创新要素，如人员、资金、设备等资源。其中设备与装备是开展研发活动的物质基础，对此投资部分成为专用实物资产，部分由于用途特殊，形成特定用途的专用资产；高素质的科技人员是决定创新开发结果的关键因素，对此投资形成专用性人力资本。当企业对创新开发进行投资后，产生"锁入效用"（Lock-in）。人力资本专用性的程度仍是企业进行创新模式决策的一个重要变量。按照威廉姆森的观点，在不考虑其他情况下，从理论上而言，企业为创新投资的人力资本专用性存在最佳水平，当为创新进行人力资本投资的专用性高时，企业就倾向于选择在企业内部进行创新。人力资本的专用性、信息结构及企业创新模式的关系如图3-8所示。

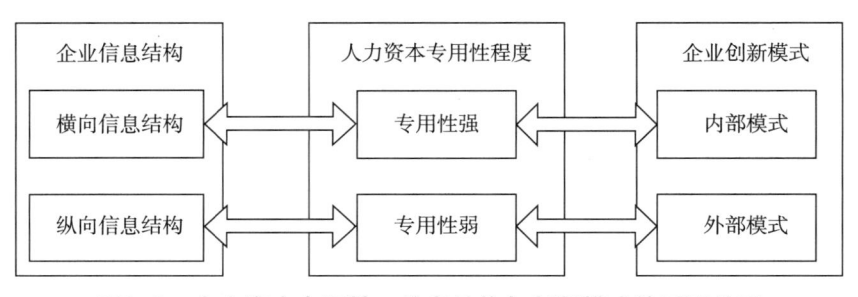

图3-8 人力资本专用性、信息结构与创新模式的匹配关系

四 我国企业创新模式选择的实证分析——Logit回归模型

（一）构建模型、提出命题与代理变量的设计

交易成本理论实证研究的最近进展为实证研究提供了多种可供选择的模型。在这些模型中，运用制度选择方法来直接比较企业不同创新治理模式的治理成本显然是不可取的，其既有理论上的缺陷，又有治理成本数据获取上的不可能性；威廉姆森模型避开了直接度量交易成本的难点，通过比较不同组织形式的效率差别来设计检验假设是可行的，但由于企业创新开发与一般商品生产具有特殊性，其生产成本与效率难以在短期内进行度量，在数据的获取上更是相当困难，而交易成本与绩效放在一起来考虑的方法无疑增加了数据获取与分析的难度。而且在现有的数据统计模式下，难以将组织形式与其他影响绩效的因素进行划分。因此，从现实考虑，无法直接运用现成的模型来进行实证的检验，必须在上述模型的基础上进行重新的设计与构思。考虑到数据处理的特殊性与企业创新模式选择客观情况，采用二元选择的Logit回归模型。Logit是为了解决线性概率模型（Linear Probability Model）的不足而提出来的，其理论模型为：

$$y_i = x_i \beta + \varepsilon_i$$

其中，y_i为企业选择创新模式的概率，由于我们只能观察到企业对创新模式的选择决策，而不是其真正的概率，所以建立起来的模型是离散型因变量模型。因变量y_i只有两种取值（$i=1$，表示企业选择外部创新模式；$i=0$，表示企业选择内部创新模式）。x_i表示影响企业创新模式选择的特征因素，这些特征因素包括企业内部的信息结构（X_1）、人力资本专用性（X_2）。β是需要估计的系数，ε_i为随机误差项，假定其服从标准正态分布，构造出Logit的概率分布函数为：

$$prob(y_i = 1) = \frac{e^{x\beta}}{1+e^{x\beta}}$$

为了理论分析的一致性与实证的方便性，研究讨论假定只考虑信息结构与人力资本专用性发生变化条件下企业创新模式的选择。由于前面已经对企业创新模式选择作了详细而充分的理论讨论，所以本节待实证检验的

两个命题：

命题 1：对应于纵向信息结构，企业倾向于选择外部创新模式。

命题 2：人力资本专用性越强，企业越倾向于选择内部创新模式。

即使对交易成本理论的假设与检验的命题作了简化，但在现有统计数据体系下，进行实证分析的难点是很难直接取得理想数据的支持。所以，在目前的情况下，亲自着手建立检验所需数据成为实证分析重要步骤。实证研究数据收集最普遍的方法有信件调查、访谈和企业调查，通过这些方式获取数据受到仅仅依赖于被调查对象主观上的限制。为此，研究者经常使用某个刻度来考虑所调查对象，如投资专用性程度，通过比较不同行业和企业的情况来区分调查对象主观上的偏见。早期的统计检验数据来自调查与访谈。

研究分析所需数据来自公开信息基础上所进行的分析与整理，在进行数据收集与整理之前，必须清楚所收集数据的对象。为此，首先需设置命题检验所需的代理变量。模型因变量为企业创新模式，由于很难直接获取企业创新模式数据，而 R&D 是创新开发初始阶段，也是创新开发最重要的阶段。国外相关实证检验表明，R&D 与创新开发相关系数高达 0.85。所以，模型因变量修正为 R&D 模式的选择，分为内部 R&D 与外部 R&D。待检验的自变量有两个：信息结构（X_1）和人力资本专用性程度（X_2）。

信息结构分为横向和纵向两种，由于企业信息结构是企业组织结构的重要变量，与创新模式的代理变量相似，以扁平式组织代表横向信息结构，机械式组织代表纵向信息结构。信息结构有两种取值（$i=1$，表示企业选择纵向信息结构；$i=0$，表示企业选择横向信息结构）。同样，对 R&D 相关人力资本投资专用性程度设置判定系数，以区分不同情况下的人力资本专用性程度。这样处理可能引起对两个自变量合理性的质疑。但由于所要进行检验是两个趋势性命题，并不需要直接的数据来证明它们与因变量之间的影响系数，而只需要证明它们与因变量之间的变动方向；同时，自变量判定系数选择指标与标准反映在表 3-5 中。

表 3-5　　　　　　　　　　　自变量指标及对应分值

自变量	标准	分值
信息结构	横向	0
	纵向	1
人力资本专用性	高	>0.7
	中	0.5—0.6
	低	0.1—0.3

注：实证分析所需数据按照上述标准进行了处理过程。

（二）样本数据的获取与统计性描述

实证分析样本来源于上市公司公开披露的信息及相关技术资料。样本公司的选择标准如下：① 2007 年以前已经在国内证券市场公开上市；② 可获取公司 R&D 投资的相关数据；③ 有相关技术的资料；④ 不考虑 B 股上市公司。按照这些标准，共选择 50 家公司。通过二手资料我们获取了分析所需的原始数据，接着对原始数据进行分析与整理，使之符合分析要求，这些工作是在资料获取过程中逐步完成的。

其中，R&D 投资模式直接来自上市公司所披露的信息公告及年报中，信息结构是根据企业的组织结构分析得出的，人力资本专用性的数据是通过对原始资料分析的基础上获得的。在人力资本专用性数据的处理过程中，将此变量取值定义在（0，1）之间，然后根据企业所处行业的性质、技术发展现状与技术开发的难度确定各变量的取值。有必要做出说明的是，这些数据存在个人主观上的判断，可能存在偏差，但这些偏差在不同性质样本中得到较好的控制。样本数据的统计性描述如表 3-6 所示。

表 3-6　　　　　　　　　　　因变量的统计性描述

项目	R&D 企业	内部	外部
观测值	50	37	13
比例（%）	100	74	26

从表 3-6 可以看出，在 50 个样本观察值中，有 37 家企业选择内部创新模式，占总数比例的 74%；有 13 家企业选择外部创新模式，占总数比

例的 26%。总体上说，内部创新模式的企业多于外部创新模式的企业家数。从表 3-7 来看，各变量的均值比较接近中等水平。从相关度数据可以看出，纵向的信息结构对企业选择外部创新模式正相关，专用性人力资本与外部创新模式选择负相关。这说明对应于纵向信息结构，企业倾向于选择外部创新模式；资产专用性越强，企业越有可能选择内部创新模式。

表 3-7　　　　　　　　　自变量的统计性描述

项目	信息结构（x_1）	人力资本专用性（x_2）
观察值	50	50
均值	—	0.60
中位数	0	0.7
最大值	1	0.9
最小值	0	0.1
标准差	0.57	0.20
偏度	0.80	−0.56
峰度	−1.53	−0.64
相关度	0.87	−0.65

五　我国企业创新模式选择的实证分析——合作动机的调节作用

在上述简单验证的基础上，结合理论分析，提出以下假设：

H_{1a}：对于横向信息结构，企业倾向于选择内部创新模式。

H_{1b}：对于纵向信息结构，企业倾向于选择外部创新模式。

H_{2b}：人力资本专用性越强，企业越倾向于选择内部创新模式。

H_{2a}：人力资本专用性越弱，企业越倾向于选择外部创新模式。

为进一步研究人力资本专用性及信息结构与创新模式的关系，以下分析合作动机的调节作用。

（一）合作动机的调节作用

企业参与技术合作的动机可以归纳为三个方面：与研究和开发有关的合作动机、与技术学习有关的合作动机，以及与市场进入等战略目的有关的合作动机。研究和开发动机包括技术协同效应、从事基础研究、共担研究开发成本，获得规模优势等。技术学习动机主要是为了获得合作伙伴的经验性知识和技术、吸收对方创新能力。战略动机包括拓展产品范围，开发新产品进入新的市场；实现市场的国际化、全球化扩张开拓市场、影响市场结构、引导技术机会、控制合作伙伴等。基于上文假设的信息结构和人力资本专用性与内部创新模式的正向关系，需要进一步考察文献回顾中三种合作动机对信息结构和人力资本专用性与内部创新模式的调节作用。

以共同研究开发为目的的合作创新，主要是为了通过交流互动和共享信息来减少研究开发的不确定性和风险与成本。对于横向信息结构的企业，由于部门之间相互协调和员工之间交流互动的频率较高，这就使信息能够在企业内部得到更加充分的共享，创造一种自主创新的环境和基础。而对于人力资本专用性高的企业，员工更倾向于进行专用性投资，所以企业更希望在企业内部进行自主研究开发。因此，本章提出如下假设：

H_{3a}：研究开发动机会增强企业采用横向信息结构与内部创新模式的正向关系。

H_{3b}：研究开发动机会增强人力资本专用性与内部创新模式的正向关系。

与技术学习有关的合作动机，主要是为了获得合作伙伴的经验性知识和技能。但这种经验性知识和技能，往往难以通过语言文字传递，更需要企业之间的交互作用和交流，从而获取合作伙伴的隐性知识、技术和能力，而内部创新要求企业的大部分研发活动集中于企业边界以内，以企业内部研发为基础，因此，技术学习活动会减弱企业对内部创新模式选择的倾向。所以，本章提出如下假设：

H_{4a}：技术学习动机会减弱横向信息结构与内部创新模式的正向关系。

H_{4b}：技术学习动机会减弱人力资本专用性与内部创新模式的正向关系。

战略动机除了包括最主要的拓展产品范围，开发新产品进入新的市场等目的，还包括引导技术机会、控制合作伙伴等。对于有战略动机的企业，更倾向于采用外部创新模式，通过与其他市场参与者的互动交流来达到自己的目的，最终为本企业服务。对于一个企业信息结构横向程度和人力资本专用性程度较高的企业，会注重自身人力资本建设来获取优势，希望通

过自身优势的提高,而不是通过与其他企业产生某种联系,来获得创新优势。从而提出如下假设:

H_{5a}:战略动机会减弱横向信息结构与内部创新模式的正向关系。

H_{5b}:战略动机会减弱人力资本专用性与内部创新模式的正向关系。

根据上述理论分析提出如下的概念模型,如图3-9所示。图3-9共有5对假设,分别为H_{1a}、H_{1b}、H_{2a}、H_{2b}、H_{3a}、H_{3b}、H_{4a}、H_{4b}、H_{5a}和H_{5b}。图3-9圆圈内显示的是要素,箭头表示要素之间关系和影响方向,正负号表示各因素影响的正负项关系。

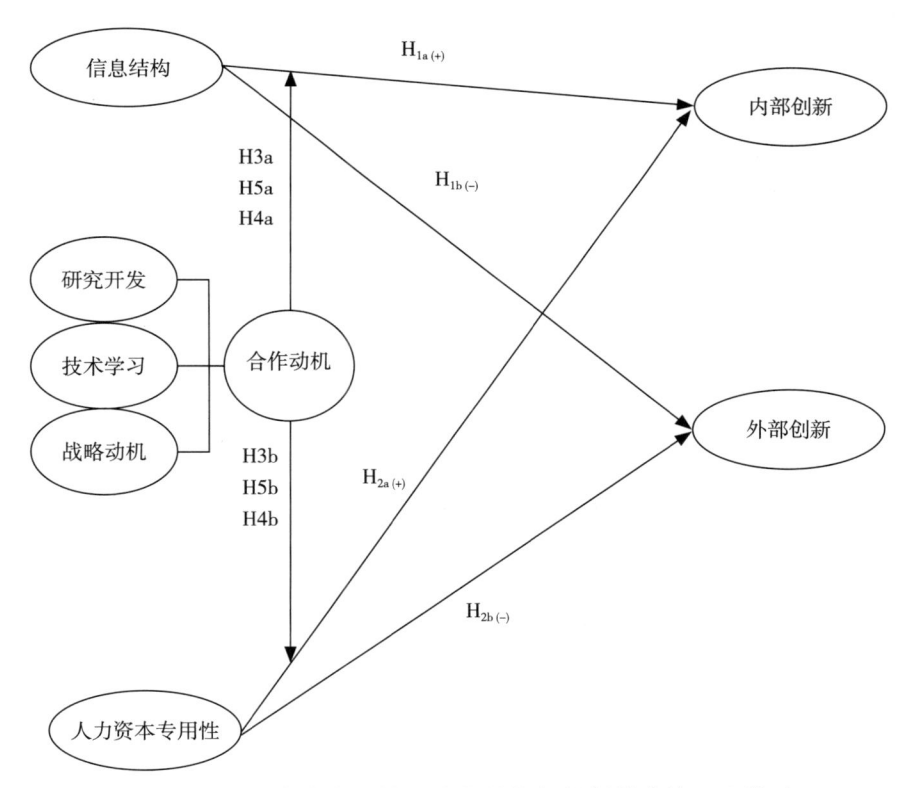

图3-9 人力资本专用性、信息结构与创新模式的匹配关系

（二）研究设计

表 3-8　　　　　　　　　　　　信度与效度检验

因子	KMO	测量指标	因子载荷	Cronbach's α 系数	能解释的方差（%）
人力资本专用性	0.78	1. 公司大部分员工难以在劳动力市场上广泛获取	0.70	0.81	57.63
		2. 公司大部分员工难以替代	0.77		
		3. 公司大部分员工竞争对手难以获得	0.67		
		4. 公司大部分员工被认为是行业中最好的	0.71		
		5. 公司大部分员工对贵公司而言，具有独特的价值	0.75		
		6. 公司大部分员工对竞争对手而言，难以模仿和复制	0.72		
		7. 公司大部分员工满足贵公司特定的需要	0.79		
		8. 公司大部分员工构筑起公司和竞争对手的差异	0.71		
信息结构	0.67	1. 企业的协调方式主要是员工与上级管理人员之间，员工之间的协调很多	0.69	0.68	50.64
		2. 工作内容有较多的变革和变动的例外工作	0.75		
		3. 企业技术环境比较不稳定，有变化	0.71		
		4. 企业强化水平部门交流和人际交流，鼓励企业内部相互学习和交流	0.70		
研发动机	0.50	1. 降低成本和风险	0.87	0.67	75.26
		2. 缺乏足够的资金	0.87		
技术学习动机	0.50	1. 技术上的互补	0.85	0.62	72.61
		2. 迅速学习新技术，减少开发时间	0.85		
战略动机	0.51	1. 影响市场结构	−0.56	0.65	48.82
		2. 对合作伙伴的控制	0.78		
		3. 引导技术领先的机会	0.72		
		4. 与合作伙伴技术竞争	0.65		
		5. 幕后动机	0.64		
内部创新	0.71	1. 企业内部开发机构	0.88	0.82	73.84
		2. 兼并	0.86		
		3. 收购	0.84		

续表

因子	KMO	测量指标	因子载荷	Cronbach's α 系数	能解释的方差（%）
外部创新	0.75	1. 技术外购	0.77	0.81	64.19
		2. 企业之间联合创新	0.84		
		3. 企业与科研单位的联合	0.73		
		4. 企业以少数权益投资进行的创新（即风险投资形式）	0.86		

研究采取五分度的李克特式的量表（likert-type scale）法对调查问卷进行测度。自变量包括信息结构和人力资本专用性两个。其中信息结构：企业的协调方式主要是员工与上级管理人员之间，员工之间的协调很多、工作内容主要是有较多的变革和变动的例外、企业技术环境比较不稳定，有变化、企业强化水平部门交流和人际交流，鼓励企业内部相互学习和交流。作为企业信息结构的主要评价指标。

表 3-9　　　　　　　　均值、标准差和相关系数

变量	均值	标准差	1	2	3	4	5	6	7	8	9	10
①	3.11	1.25	1									
②	2.54	0.80	0.17	1								
③	3.95	1.22	0.37**	0.13	1							
④	3.19	0.57	0.25	0.11	0.14	1						
⑤	3.60	0.65	0.04	0.06	0.10	0.56**	1					
⑥	3.63	0.74	−0.37**	−0.06	0.02	−0.54**	−0.20	1				
⑦	3.45	0.67	−0.01	0.11	−0.01	0.32*	0.25*	−0.22	1			
⑧	3.30	0.34	−0.10	−0.16	−0.02	0.23	0.15	−0.18	0.21	1		
⑨	3.50	0.77	−0.04	0.00	0.00	0.56**	0.65**	−0.12	0.19	0.19	1	
⑩	3.14	0.79	0.02	0.17	0.12	−0.61**	−0.59**	0.43**	−0.31*	−0.23	−0.70**	1

注：（1）变量说明如下：①企业规模；②产品发展阶段；③产品地位；④人力资本专用性；⑤信息结构；⑥研发动机；⑦技术学习动机；⑧战略动机；⑨内部创新；⑩外部创新。

（2）*表示P＜0.05；**表示P＜0.01（双尾检测）。

人力资本专用性：人力资本专用性参考了莱帕克和斯奈尔（Lepak and Snell, 2002）开发的测量人力资本独特性（Human Capital Uniqueness）的量表。量表一共包含8个项目：分别为公司大部分员工难以在劳动力市场上广泛获取、难以替代、竞争对手难以获得被认为是行业中最好的、对贵公司而言，具有独特的价值；对竞争对手而言，难以模仿和复制、满足贵公司特定的需要、构筑起公司和竞争对手的差异。

调节变量为合作动机，包括研究开发动机、技术学习动机和战略动机。主要包括：与研究开发有关的合作动机（降低成本和风险、缺乏足够的资金），与技术学习和技术获取有关的合作动机（技术上的互补、迅速学习新技术），以及与市场进入等战略目的有关的合作动机（影响市场结构、引导技术机会、幕后动机、对合作伙伴的控制、与合作伙伴的技术竞争）9个测度指标。因变量是创新模式，包括内部创新（企业内部开发机构、兼并和收购）和外部创新（技术外购、企业之间联合创新、企业与科研单位的联合和企业以少数权益投资进行的创新）。控制变量包括企业规模、产品发展阶段和产业地位。

使用SPSS16.0量表进行了信度与效度的检验。采用Cronbach's α系数即内部一致性系数来检验各因子的信度和因子分析（factor analysis）对量表进行结构效度检验。表3-8列出了具体的每个因子、KMO值、测量指标、因子载荷、Cronbach's α系数以及能解释的方差百分比。表中数据显示此次测量具有较好的信度和效度，适合本研究的需要。

（三）变量的描述性统计与相关性分析

相关性分析是对变量之间的关系进行数量分析的一种方法，相关系数反映了两个变量之间相关的程度。根据研究的目的，将所有变量进行了相关性分析，结果如表3-9所示，可见变量之间存在一定的相关关系。

（四）模型验证分析

采用SPSS多元统计回归方法，对模型各个部分的前因后果关系进行验证。

首先，进行人力资本专用性、信息结构对创新模式选择的主效应分析，分别将人力资本专用性、信息结构、内部创新和外部创新因子下的相关度量指标的均值作为准备的因子值，然后以人力资本专用性和信息结构为自变量分别对内部创新和外部创新进行回归。

相关系数 a

Model		Unstandardized Coefficients		Standardized Coefficients	t	Sig.	Collinearity Statistics	
		B	Std. Error	Beta			Tolerance	VIT
1	(Constant)	−0.855	1.188		−0.720	0.475		
	企业规模	−0.026	0.071	−0.042	−0.366	0.716	0.671	1.491
	产品发展阶段	−0.035	0.094	−0.036	−0.365	0.717	0.920	1.087
	产业地位	−0.056	0.066	−0.089	−0.847	0.400	0.801	1.248
	人力资源专用性	0.575	0.184	0.430	3.120	0.003	0.466	2.146
	信息结构	0.542	0.136	0.461	3.996	0.000	0.663	1.508
	研发动机	0.196	0.127	0.189	1.541	0.129	0.585	1.709
	技术学习动机	−0.036	0.117	−0.031	−0.305	0.762	0.846	1.181
	战略动机	0.112	0.226	0.050	0.495	0.623	0.861	1.162

a. Dependent Variable:内部创新。

模型小结

Model	R	R Square	Adjusted R Square	Std. Error of the Estimate
1	0.823	0.677	0.701	0.56923

图3-10　内部创新主效应检验

相关系数 a

Model		Unstandardized Coefficients		Standardized Coefficients	t	Sig.	Collinearity Statistics	
		B	Std.Error	Beta			Tolerance	VIF
1	(Constant)	4.714	1.134		4.156	0.000		
	企业规模	0.064	0.068	0.100	0.939	0.352	0.671	1.491
	产品发展阶段	0.216	0.090	0.218	2.398	0.020	0.920	1.087
	产业地位	0.086	0.063	0.134	1.371	0.176	0.801	1.248
	人力资源专用性	−0.477	0.176	0.346	−2.709	0.009	0.466	2.146
	信息结构	−0.438	0.129	−0.362	−3.380	0.001	0.663	1.508
	研发动机	0.211	0.122	0.198	1.735	0.088	0.585	1.709
	技术学习动机	−0.097	0.112	−0.082	−0.868	0.389	0.846	1.181
	战略动机	0.001	0.216	0.000	0.004	0.997	0.861	1.162

a.Dependent Variable:外部创新

模型小结

Mode	R	R Square	Adjusted R Square	Std. Error of the Estimate
1	0.901	0.812	0.844	0.54352

图3-11　外部创新主效应检验

从图 3-10 及图 3-11 中可以看到人力资本专用性程度和信息结构横向程度都与内部创新呈正相关，而与外部创新呈负相关，且都统计显著。同时，容忍度（tolerance）均大于 0.1，不存在变量之间的多重共线问题，从而支持 H_{1a}、H_{1b}、H_{2a} 和 H_{2b}。

相关系数[a]

Model		Unstandardized Coefficients		Standardized Coefficients	t	Sig.
		B	Std.Error	Beta		
1	(Constant)	−0.855	1.188		−0.720	0.475
	企业规模	−0.026	0.071	−0.042	−0.366	0.716
	产品发展阶段	−0.034	0.094	−0.036	−0.365	0.717
	产业地位	−0.056	0.066	−0.089	−0.847	0.400
	人力资源专用性	0.575	0.184	0.430	3.120	0.003
	信息结构	0.542	0.136	0.461	3.996	0.000
	研发动机	0.196	0.127	0.189	1.541	0.129
	技术学习动机	−0.036	0.117	−0.031	−0.305	0.762
	战略动机	0.112	0.226	0.050	0.495	0.623
2	(Constant)	−1.358	1.271		−1.069	0.290
	企业规模	−0.038	0.074	−0.062	−0.516	0.608
	产品发展阶段	−0.046	0.092	−0.048	−0.501	0.618
	产业地位	−0.014	0.065	−0.022	−0.212	0.833
	人力资源专用性	0.788	0.15	0.589	4.041	0.000
	信息结构	0.345	0.152	0.294	2.273	0.028
	研发动机	0.274	0.135	0.265	2.030	0.048
	技术学习动机	0.157	0.126	0.137	1.245	0.219
	战略动机	−0.033	0.240	−0.015	−0.136	0.8993
	人力资源专用性 × 研发动机	−0.111	0.160	−0.672	−0.685	0.490
	信息结构 × 研发动机	0.503	0.127	0.703	0.816	0.041
	人力资源专用性 × 技术学习	−0.371	0.190	−2.356	−1.950	0.057
	信息结构 × 技术学习	0.136	0.155	0.950	0.881	0.383
	人力资源专用性 × 战略动机	0.126	0.248	0.336	1.721	0.192
	信息结算 × 战略动机	−0.173	0.207	−1.060	−0.837	0.407

a.Dependent Variable:外部创新

图3-12　合作动机的调节效应

其次，进行合作动机的调节效应分析。根据前面的 H_{1a}、H_{1b}、H_{2a} 和 H_{2b} 以及主效应的验证，为了使验证得到进一步的扩展，我们需要研究合作创新动机的调节效应。下面分别以三种合作动机作为调节变量，使用 optimal scaling 回归方法，对内部创新模式进行层次回归分析（Hierarchical Regression Analysis），为了避免多重共线问题，对交互项都做了中心化处理。

Model Summary

Model	R	R Square	Adjusted R Square	Std. Error of the Estimate	Chang Statistics				
					R Square Change	F Change	df1	df2	Sig. F Change
1	0.723[a]	0.522	0.452	0.56923	0.522	7.384	8	54	0.000
2	0.788[b]	0.620	0.510	0.53833	0.273	4.063	6	48	0.075

图3-13 调节效应的显著性程度

注：a.Predictors:(Constant)，战略动机、产业地位、信息结构、产品发展阶段、研发动机、技术学习动机、企业规模、人力资源专用性。
b.Predictors:(Constant)，战略动机、产业地位、信息结构、产品发展阶段、研发动机、技术学习动机、企业规模、人力资源专用性、信息结构×战略动机、人力资源专用性×技术学习、信息结构×研发动机、信息结构×技术学习、人力资源专用性×研发动机、人力资源专用性×战略动机。

分析结果如图 3-12 及图 3-13 所示，研发动机也在信息结构与内部创新模式间表现出正向调节效应；技术学习动机在人力资本专用性与内部创新模式表现出负向调节效应；其余四个调节效应都不具有统计显著性。从而 H_{3a} 和 H_{4b}，而 H_{3b}、H_{4a}、H_{5a} 和 H_{5b} 没有通过检验。为了更好地理解研发动机和技术学习动机的调节作用，我们分别做了两个调节效应的交互图，见图 3-14 和图 3-15。

对于一个有着强烈研发动机的企业，会主动去构建合适的信息结构来发挥企业的自主创造能力。会建立起横向的信息结构，鼓励内部的交流和信息共享，创造有利于内部创新的氛围，公司会更倾向于内部创新，因此，研发动机会加强横向信息结构的正向关系。

当企业具有强烈的技术学习动机后，企业会加强与不同组织之间的交流，投入较大的资源，相应地，企业投入内部的资源包括科研人员的数量以及内部研发的资金会相应地降低，从而导致内部研发动力的不足，因此强烈的技术学习动机会减弱人力资本专用性和内部创新之间的正向关系。

另外，研究结果没有证实战略动机能减弱人力资本专用性、信息结构与内部创新模式的正向关系。主要原因可能是当人力资本专用性程度很高时，横向信息结构的企业，无论是出于影响市场结构、引导技术机会还是控制合作伙伴的目的，在合作中没有知识共享、技术转移和技术协同的愿望；相反，对于自己的专有技术，企业还要特别保护不被泄露。内部创新模式正满足了这一点，这使企业不会因为战略动机而影响选择内部创新模式的倾向。

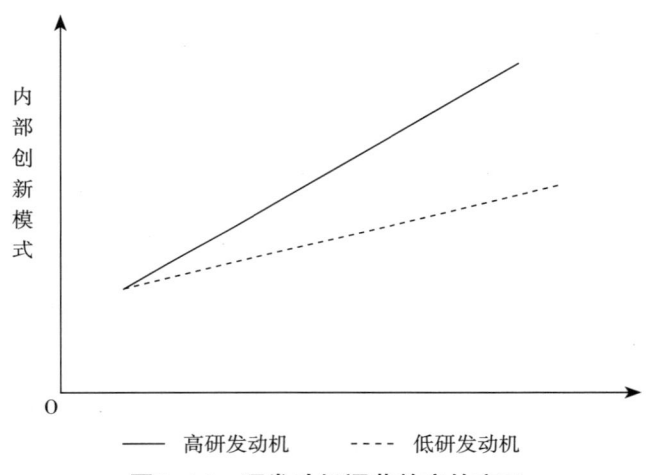

图3-14　研发动机调节效应的交互

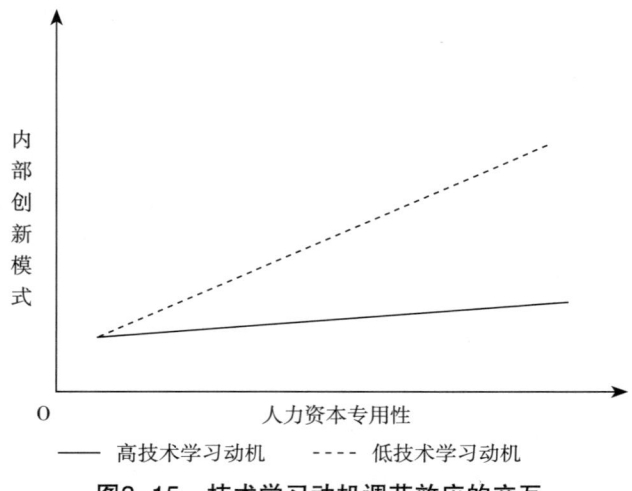

图3-15　技术学习动机调节效应的交互

综上所述，通过对我国企业创新模式选择的理论及实证研究表明：企业内部的信息结构及人力资本专用性对我国企业选择创新模式影响较明显。不同类型的信息结构、不同类型的人力资本专用性投资分别与不同的创新模式相对应，纵向信息结构、通用性的人力资本（专用性弱）与外部创新模式一致，横向信息结构、专用性的人力资本（专用性强）与内部创新模式一致。并分析了不同合作动机在人力资本专用性与企业合作创新模式选择、信息结构与企业合作创新模式选择间的调节作用。假设检验结果汇总如表 3-10 所示。

表 3-10　　　　　　　　　　假设检验结果汇总

假设	内容	验证结果
H1a	对于横向信息结构，企业倾向于选择内部创新模式	通过
H1b	对于纵向信息结构，企业倾向于选择外部创新模式	通过
H2a	人力资本专用性越强，企业越倾向于选择内部创新模式	通过
H2b	人力资本专用性越弱，企业越倾向于选择外部创新模式	通过
H3a	研究开发动机会增强信息结构与内部创新模式的正向关系	通过
H3b	研究开发动机会增强人力资本专用性与内部创新模式的正向关系	未通过
H4a	技术学习动机会减弱横向信息结构与内部创新模式的正向关系	未通过
H4b	技术学习动机会减弱人力资本专用性与内部创新模式的正向关系	通过
H5a	战略动机会减弱横向信息结构与内部创新模式的正向关系	未通过
H5b	战略动机会减弱人力资本专用性与内部创新模式的正向关系	未通过

第三节　研究小结及管理启示

一　研究小结

本章包括两节，对创新模式的理论与实证研究进行了探索。从专用性投资的角度分析，企业不同的技术创新治理模式的区别有以下两个基本方面：①对知识的进入权不同。②使用知识的所有权不同；知识的进入权在并购中最高，合资其次，战略联盟再次，市场交易最低。本章采用数理化的规范研究方法，建立抽象统一的数学模型进行数理分析，并将结论用于阐述不同创新治理模式的选择，得出以下主要结论。

（1）充分的进入权在物质资产密集型企业总是最优这一结论解释了实践中兼并与并购发生在资本密集型行业，如汽车行业、钢铁行业、石油石化行业等。技术及经济发展使知识资产在物质资产密集型行业中重要性日益呈现，由此一些行业由并购等级制转变为混合制。

（2）对于知识资产来说容易出现两种情况：第一，为适应知识的互补性而投资不足；第二，为侵占知识而过度投资。这一结论则解释了知识资本密集型行业，如高技术行业中的合作与竞争现象（黄玉杰、万迪昉，2007）。

（3）进入权对专用性投资的激励作用是对称的而所有权是非对称的。这一结论说明了进入权激励专用性投资的优势以及实践中以交叉许可协议为代表的非产权形式的合作模式比以合资研究企业为代表的产权形式的合作模式更为流行。

本章结论除扩展运用于创新模式的选择外，还可应用于解释不同行业中知识产权保护程度不同时的一体化现象。当知识产权保护严格时，技术驱动型的行业中的企业不应采用兼并收购等一体化的运作模式。从本章分析来看，当专利保护严格时，企业可以通过相互提供给对方不是非常隐性知识的进入权来增加其与合作伙伴的效率。从现实条件来看，我国企业技术创新模式选择的外部条件越来越成熟，科研机构与科研实力的提高为企业技术创新提供了可替代的创新模式，从而为企业增强竞争力。

由于经济活动的复杂性，影响企业创新治理模式选择的因素很多，本章从进入权、专用性投资及知识的视角进行研究突破了通常问卷调查的实证研究方法。本章模型的优势在于高度抽象一般化，不需要给出具体的函数形式，但却可以证明在一定假设前提下，模型必然会得出一些结果，将这些结果应用到创新治理模式选择就具有了一般性。然而总体上本章以理论分析为主，属于探索性研究，以单个案例进行研究，本章数理分析的针对性、案例与理论的联系度有待于进一步强化，实证方面有待于进一步深入,开展实证研究工作或根据模型进行仿真模拟是下一步的研究工作。

二 管理启示

本章研究对企业管理实践而言,有如下启示:

(1)企业要恰当评价自身的人力资本专用性程度,正确选择创新模式。企业要明确企业内部人力资本(甚至包括其他资本)的专用性程度,这对企业的创新模式选择至关重要。一般而言,专用性程度越高,越应该进行内部技术创新。企业可以通过一定的措施引导人力资本进行不同程度的专用性投资,如企业文化建设及培训活动等。当人力资本专用性水平较低时,无论是从生产成本还是从治理成本的角度来比较,企业采用外部创新模式比较有利。包括直接从技术市场上购买已经开发或应用的技术,但这种技术一般不具有独特性,属于一般性技术。

(2)企业的横向信息结构,会影响企业的技术合作。以横向信息结构为基础的企业信息主要在员工与员工之间进行共享,从而员工根据自己掌握的信息制定出相应的决策。由于决策权集中在员工手中,员工能够相互了解各自的岗位职责和工作内容,在企业内部建立较强的社会资本和关系网络,这样横向沟通才能够达成。企业能够将技术的研究与开发、新产品的应用与开拓等全部活动置于企业边界以内,在企业组织内部进行创新或将研究开发部门垂直一体化,形成内部创新模式。这就会影响企业进行技术合作,从交易成本角度上来讲,企业对外进行技术交流的欲望降低,尤其是当企业握有专利技术的时候,为了保持技术上的优势,企业更倾向于将自身的研发活动置于企业内部。

(3)明确自身的合作动机,选择不同的创新模式予以匹配。当企业的信息结构横向程度较高时,为保持企业的创新优势,研发动机会增强企业横向信息结构与内部创新的正向关系;当企业人力资本专用性程度较高时,企业参与外部交流和学习的欲望就会减少,更倾向于内部创新模式,技术学习动机会减弱人力资本专用性与内部创新的正向关系。合理匹配不同合作动机与人力资本专用性与信息结构之间的关系,以便对创新的不同模式做出恰当的选择。

（4）企业应建立相应的基于信息结构和资本专用性的技术创新组织模式，以提高信息协调的效率，从而更好地推动技术创新。不同的组织安排对企业的创新绩效以及市场竞争地位有着重大的影响，企业在技术创新过程中，必须综合各种因素，以选取合适的创新模式。事实上，企业不只采用一种特定的创新方式，而常常是各种方式的组合。例如，某些技术通过市场交易得到，某些技术通过特许权、技术联盟的形式与其他企业合作获得，另一些关键技术则通过企业内部自主开发取得。如何在这些创新模式之间达到一个平衡，如何针对不同的技术选择不同的创新组织方式是现实中需要重点解决的问题。

综上所述，通过实证研究发现企业信息结构与人力资本专用性对企业创新模式的选择影响显著，并且合作动机像研发动机和技术学习动机对它们起着不可忽视的调节效应。因此，企业在选择创新模式时，不但要充分考虑企业信息结构与本企业的人力资本专用性这两个变量，而且要考虑企业参与创新活动的动机，以此更好地为企业的创新活动服务，为企业带来制度上的收益。本章所进行的研究与讨论会使企业在构建企业信息结构与人力资本建设方面的规划、企业创新模式的选择具有一定理论和实践指导意义。

第四章
专用性视角的创新能力与创新绩效

第一节 人力资本的专用性、技术创新能力与新产品绩效

随着经济全球化和科学技术的迅速发展,特别是信息技术的广泛应用,企业面临日益动态和激烈的商业竞争环境。在新的商业环境下,竞争对手间互动的节奏明显加快、产品生命周期缩短、客户需求变化迅速、竞争优势的可保持性越来越低。新产品开发作为企业经营过程中的重要环节,已成为企业维持和获取竞争优势的重要手段。影响新产品开发绩效的因素很多,包括组织内部因素和外部因素。内部因素,如技术和知识管理、战略导向、市场导向(董维维、庄贵军,2019)以及组织学习(Atuahene-Gima and Murray, 2007);外部因素,如组织间的合作(Liao and Long, 2019)、知识转移和外部知识获取(Lu, Yuan and Wu, 2017;武梦超等,2019),以及市场环境等。其中技术创新能力与新产品开发绩效的关系并未引起足够的重视,那么是否是技术创新能力越强、新产品开发绩效越好?毫无疑问,企业技术创新能力与人力资本关系密切。关于人力资源管理实践(HRM)对技术创新能力的影响研究很多,但是由于企业人力资源管理实践形成的人力资本,如通用性与专用性人力资本对技术创新能力的影响则被忽略。本章认为人力资本的专用性在技术创新能力与新产品开发绩效之间具有调节作用。因此有必要针对具体的技术创新能力进行量化研究,特别是研究具体的技术创新能力类型如渐进式创新能力和突破式创新能力,研究人力资本的专用性对它们的影响、它们对新产品开发绩效的影响以及人力资本专用性的调节作用。

一 技术创新能力

（一）技术创新能力的定义

企业的创新过程非常复杂，所以学者对技术创新能力的定义也各有自己的观点，有代表性的如表 4-1 所示，本书对国内外的有关学者的定义进行了汇总。由于分析角度不同，形成了不同的定义形式。从创新技术的变化性质来划分，技术创新分为渐进式创新和突破式创新。本书认为从渐进式创新能力和突破式创新能力出发，借鉴我国最早研究创新的学者之一——浙江大学创新与发展研究所的许庆瑞（1986）的定义模式，可以这样来定义技术创新能力：企业技术创新能力是渐进式创新能力和突破式创新能力的耦合，以及由此所决定的企业创新的整体功能，反映在企业推出新产品/服务、对现有产品和服务或工艺流程的改进以及采用新工艺流程和新技术等的能力。

（二）技术创新能力的类型研究

技术创新可以按照不同的角度进行分类，主要从创新的对象和创新的规模来划分创新的技术变化性质：

1. 按照创新的对象不同，技术创新可以分为产品创新、工艺创新

产品创新即通过创新得到新的或有某种改进、改善的产品，包括工业设备。工艺创新，即设计并采用某种新的加工方法，包括改进和革新原来的工艺条件。

2. 按照创新的规模不同，可以分为企业创新和产业创新

企业创新，是指以企业的产品开发、工业革新、市场开拓、组织及管理变革为内容的创新活动。产业创新，是以市场为导向，以提高产业竞争力为目标，从新产品或新工艺设想的产生，经过技术的获取（研究、开发和引进技术、消化吸收）、工程化到产业化整个过程一系列活动的总和。产业技术创新是以集群化企业技术创新为基础，但又不是多个企业技术创新的简单叠加。

表 4-1　　　　　　　　　　　技术创新部分有代表性的含义

作者	含义
Yam 等（2011）	企业技术创新能力包括学习能力、R&D 能力、资源配置能力、制造能力、市场营销能力、组织能力、战略计划能力
Meyer 和 Utterback（1993）	企业技术创新能力是研究开发能力、生产制造能力和营销能力的系统整合
许庆瑞（1986）	企业技术创新能力是支持企业创新战略，实现产品创新能力和工艺创新能力的耦合及由此决定的系统的整体功能
傅家骥（1998）	企业技术创新能力可以分解为资源投入能力、创新管理能力、创新倾向、R&D 能力、制造能力、营销能力以及它们的组合效率——技术创新产出
魏江（1998）	企业技术创新能力包括研究开发能力、制造能力、市场营销能力、资金投入能力和组织能力五个方面
鞠晓峰、孔凡生（2001）	企业技术创新能力是指企业面向市场要求，利用创新资源，研究开发或引进外部技术，推出新产品、引进新的生产工艺、获得新的原材料或半成品来源的能力
吴雷、陈伟（2009）	技术创新能力定义为：企业在内部分工协作的基础上，以新工艺和创新产品为目标对创新资源进行整合的能力。在此基础上，把技术创新能力指标分为投入指标与产出指标两大类，其中投入指标又可以细分为创新投入能力、R&D 能力及产品营销能力

资料来源：笔者整理。

3. 按照创新的技术变化性质分为渐进式创新（Incremental Innovation）和突破式创新（Radical Innovation）

渐进式创新又称可持续性创新、演化性创新；突破性创新又称破坏性创新、革命性创新。渐进性创新是指通过企业思考、探索、选择和再造现有方法来获得知识。突破性创新是通过协调变化、实验、实践来获得知识。渐进性创新重点在于改进现有产品市场领域的技术创新，而突破性创新旨在进入新产品市场领域的技术创新。尽管突破性创新战略和渐进性创新战略对于一个组织的长期的环境适应能力来说非常重要，这两种类型的创新方式是能够明确区别且二者并不能并存，但是不能同时追求这两个目标。渐进式创新能力是产生精练和增强现有的产品和服务方面创新的能力，而突破式创新能力是能够对现有的产品和服务产生重要变革创新的能力（Subramaniam and Youndi, 2005）。

我国学者付玉秀与张洪石（2004）认为，突破性创新往往是在新的技术轨道上发展，由于突破性创新往往处于新的技术轨道的前端，如图4-1所示，这时突破性创新对技术发展的历史数据没有积累，无法对技术的发展进行推理，也很难确定技术的发展方向。当技术发展处于范式转变期，具有难以预测的特点，突破性创新即将出现。一般认为，市场主流技术的诞生主要因为其一项或者某几项指标满足了市场需求。技术进入市场的初期，这几项指标能够为技术的成长发展提供足够的动力。用户在产品使用过程中不断扩展其想象力和愿望，并且消费者的需求各不相同，从而客户对产品、技术的评价指标体系开始呈现多方向、多角度的变化，可能某些原来被忽视的指标开始被客户重新考虑。技术不能确保其每一项指标都能满足新产生市场的需要，市场呼唤着出现其他更好的技术能够部分替代或全部替代现有技术。这就为突破性技术的出现提供了客观条件，这也是突破性技术创新产生的源泉。

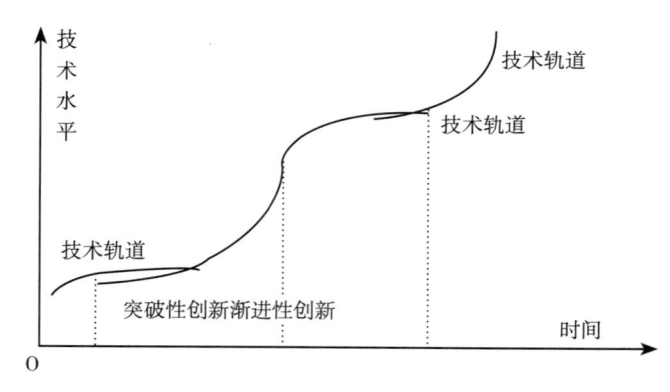

图4-1 突破性创新技术轨道

渐进式创新能力和突破式创新能力的根本区别体现在组织知识方面：渐进式创新旨在建立和加强现存知识的应用性，而突破式创新则打破现存知识基础的价值。所以渐进式创新能力侧重于对主流知识的积累和加强，从而这些创新将得益于对主流知识的改进，然而突破式创新能力则侧重于对主流知识的改革，这些创新使主流知识淘汰和陈旧的知识变种为一些新的重要的知识。我国学者张洪石（2005）从企业层次及行业层次上对两种创新进行过比较总结，具体如表 4-2 所示。

表 4-2　　　　　　　　　　　突破式创新与渐进式创新

特点	企业层次		行业层次	
	突破式创新	渐进式创新	突破式创新	渐进式创新
性能改进	并不在以往的性能改进轨道上	在现有用户需要的性能上改进	不在主流用户要求的性能改进轨道上	在现有主流用户需求的性能改进轨道上
用户的需要	不能满足公司现有的用户的需要	进一步更好满足企业现有用户的需要	不能满足行业主流用户的需求，但深得少量新用户的喜爱	进一步满足现有主流用户需求
竞争基础	适应另一价值体系的竞争基础	适应公司现有价值体系的竞争基础	适应另一价值体系的竞争基础	适应公司现在价值体系的竞争基础
作用	为公司的长远发展提供平台	使公司在现有的产品平台上保持竞争力	行业即将发生重大变革	行业竞争格局一般不会发生变化

资料来源：张洪石（2005）。

在现实实践中又如何区分这两种技术创新？专门研究突破性创新的莱费尔等（Leifer et al., 2000）对突破式创新的界定在创新理论界有相当的影响力，他们在论著 *Radical Innovation-How Mature Company Can Outsmart Upstarts* 中定义满足三个条件之一即可称为突破式创新。突破性创新定义为满足下面两个条件（Henderson and Clark, 1990）：全新的产品概念和产品核心部件之间连接的重大改变。我国学者张洪石针对前人研究的不足，提出从原有产品（或行业）性能轨道上来区分突破式创新和渐进式创新。上述研究如表 4-3 所示。

表 4-3　　　　　　　渐进式创新与突破式创新的区分方法

学者	渐进式创新和突破式创新的区分方法
Lelfer 等（2000）	满足三个条件之一即可称为突破式创新：一是全新的产品特色；二是现有功能指标至少提高了 5 倍以上；三是产品成本显著降低（至少 30%）
Henderson 和 Clark（1990）	突破性创新定义为满足下面两个条件：全新的产品概念和产品核心部件之间连接的重大改变
张洪石（2005）	创新是否在原有产品（或行业）性能轨道上来区分突破式创新和渐进式创新

（三）影响技术创新能力的因素

很多学者在研究技术创新能力领域中，得出的影响因素很多，如组织政策（技术政策和市场政策），还有 R&D 投入、智力资本、过程管理、企业家精神、技术战略、组织学习、模块系统（Modular Systems）、组织文化、公司治理机制等，这些因素可分为企业内部及外部两个方面。①企业内部影响因素：创新意识、研发人员的决策、领导支持程度、R&D 投入、技术、设备投入、资源配置能力、组织能力等方面；②企业外部影响因素：市场结构和需求、竞争强度、技术的不确定性、政府扶持的力度、法制环境、交流与合作等方面，如表 4-4 所示。本书认为在影响技术创新能力的诸多因素中最根本的是人力资本，企业的组织政策、组织文化及公司治理等因素均可反映为人力资本专用性程度的不同，从而使企业技术创新能力不同，最终企业的新产品开发绩效不同，本章对人力资本（特别是专用性人力资本）、技术创新能力与新产品开发绩效三者之间的关系进行探索。

表 4-4　　　　　　　　影响企业技术创新能力的相关因素

代表人物及年份	主要观点
Yam 等（2011）	创新来源对技术创新能力有影响
Smith、Collins 和 Clark（2005）	认为企业通过与交易伙伴相互作用，产生和获取了新的知识，对提高产品创新水平有一定的影响
Subramaniam 和 Youndt（2005）	从系统的角度——智力资本，包括人力资本、组织资本和社会资本，来分别分析三种资本对这两种技术创新能力的影响，认为人力资本影响组织突破式创新能力，即人力资本越高，组织的突破式创新能力越强；同时还认为组织资本影响渐进创新能力，即组织资本越高，渐进式创新能力越强
张光磊等（2010）	组织结构形态是影响技术能力提高与自主创新方式选择的一个重要因素，组织结构形态在技术能力与自主创新方式中具有调节作用
林筠等（2011）	结构维社会资本对自主创新能力有直接影响和间接影响；认知维社会资本对自主创新能力、合作创新能力有直接影响；认知维社会资本对自主创新能力、合作创新能力有间接影响；企业间合作在企业社会资本与技术创新能力关系中起到了重要的作用

注：本表是笔者根据相关文献对企业技术创新能力影响因素的论述整理而成。

二 人力资本专用性、技术创新能力与新产品绩效研究假设

（一）专用性人力资本与创新能力

组织若要增强突破式创新能力，则需要加强对知识转移的能力，非线性地进入其他知识领域，需要创造性。由于人力资本的特点是创造性的、聪明的、有技能的员工，其在角色和功能上由于专业性，因而能为组织提供有价值的新想法和知识来源。组织要进入新的知识领域主要依靠组织的人力资本，聪明和有技能的员工更有可能质疑组织中原有的主导知识。苏布拉马尼亚姆和尤恩特（Subramaniam and Youndt, 2005）研究认为，组织中的人力资本越高，会带来高突破式创新能力。结合专用性人力资本与通用性人力资本的含义，本章认为上述人力资本主要指的是专用性人力资本。专用性人力资本培育创新（造）性、风险承担力、探索性和实验性，这些因素都有利于突破性产品创新能力。从而：

H1：人力资本的专用性越强，突破性产品创新能力越强（增加）。

由于渐进式创新能力主要是针对组织的相关知识的积累能力，而不是知识的转移能力，而这又符合通用性人力资本的特征，所以它对渐进式创新能力有着关键的影响。由于渐进式技术创新本质上是知识积累，而突破式技术创新的本质是知识转移，所以本章认为两者不会相互影响。与突破性产品创新能力相比，渐进性产品创新能力意味着较少创造性、风险承担力、探索性和实验性（Olson et al., 1995），因而与之相适应的人力资本的专用性与突破性创新相比则较弱。从而：

H2：人力资本的专用性越强，渐进性产品创新能力越弱（减少）。

（二）创新能力与新产品开发绩效

拥有突破性产品创新能力的企业通过产品创新能够改变竞争的规则（例如，Rao, Chandy and Prabhu, 2008）。突破性产品创新能力是稀缺的、不易模仿的能力。突破性产品创新能力不仅意味着比竞争对手做得更好而且对客户也有利。突破性产品创新能力能够创造新的市场从而引导价值创新（Kim and Mauborgne, 1999）。作为企业的竞争优势的突破性产品创新能力能够增强企业的市场地位，从而创造更好的绩效（Day and Wensley, 1988），

从而：

H3：突破性产品创新能力对新产品绩效具有正面效应。

渐进性创新主要是提高现有的技术，改进产品构架，也能够提升新产品的绩效。渐进性创新利用现有的技术产生更好的解决方案。例如，渐进性创新包括增加一个新颖的和有价值的特性，从而提高已有特性的可靠性。渐进性创新在客户看来能够区分不同的新产品，从而渐进性创新能力能够提升企业新产品绩效。因为绝大多数企业的生存依赖渐进性创新产生的改进产品满足现有顾客的需求，从而很多企业进行渐进性创新（De Luca and Atuahene-Gima, 2007）。尽管本章认为不同于成熟的传统产业的高新技术，渐进性创新能力对新产品绩效的正面作用要小一些，但渐进性创新能力对新产品绩效仍具有正面作用。因为与突破性创新相比，渐进性创新风险更小、确定性更高（Levinthal and March, 1993），从而：

H4：渐进性创新能力对新产品开发绩效具有正面效应。

当产品创新能力更加具有突破性时，信息、知识和资源跨职能的交流和沟通对实现更好的新产品绩效非常重要（De Luca and Atuahene-Gima, 2007）。思想、信息以及知识在企业内部跨职能部门的交换所形成的专用性人力资本对突破性产品创新能力非常重要。因为突破性产品创新能力具有动态性和复杂性，为实现产出的突破需要企业能够整合和综合不同的知识，从而当专用性人力资本强时，突破性产品创新能力对新产品绩效具有正向作用。钱迪和泰利斯（Chandy and Tellis, 1998）发现当员工在企业内部经常轮岗有利于实现突破性产品创新。相反，当人力资本的专用性较弱时，即人力资本的通用性较强时，由于其长期工作习惯所形成的刚性会减少突破性产品创新能力对新产品绩效具有正面效应。从而：

H5：当人力资本的专用性较弱时，突破性产品创新能力对新产品绩效具有负面效应；当人力资本的专用性较强时，突破性产品创新能力对新产品绩效具有正面效应。即随着人力资本的专用性增强，突破性产品创新能力对新产品绩效正面效应也增强。

与突破性创新不同，渐进性创新能力指企业利用现有知识和技能的能力，从而不需要太多的企业内部跨部门的信息、知识和资源的交流，即更多地依赖通用性的人力资本。从而：

H6：当人力资本的专用性较弱时，渐进性产品创新能力对新产品绩效具有正面效应；当人力资本的专用性较强时，渐进性产品创新能力对新产品绩效具有负面效应。即随着人力资本的专用性增强，渐进性产品创新能力对新产品绩效正面效应减少。

综上所述，研究框架如图4-2所示。

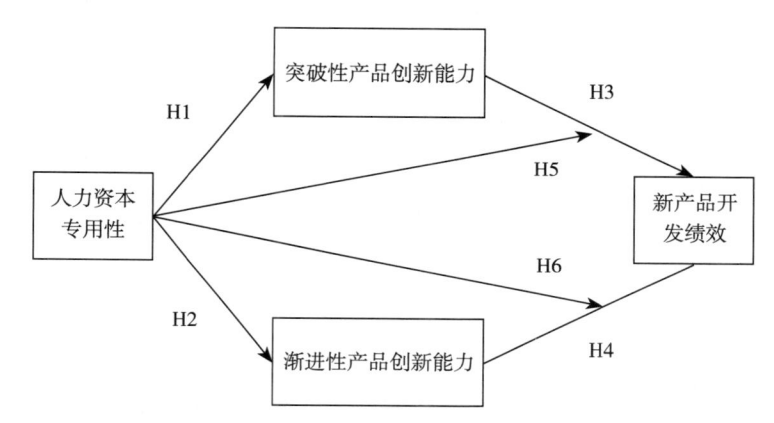

图4-2 人力资本的专用性、技术创新能力与新产品绩效研究框架

三 变量测量

在创新能力测量方面比较有代表性的是苏布拉马尼亚姆和尤恩特（2005）设计的三个测度项，分别是从主流产品/服务流水线、增强现存产品/服务中包含的专业技术、增强自身的当前竞争力三个方面，主要围绕测量组织在增强和扩大企业现在专业技术和产品/服务流水线的能力方面测量渐进式创新能力；分别是从使现存的产品/服务流水线淘汰、在产品/服务上产生根本性变化、使自身现存的在主流产品/服务上的专业技术淘汰三个方面，测量组织能够使现在的产品/服务流水进行突破性创新能力的大小。为测量企业进行突破性创新和渐进性创新的程度，问卷请调查者确定在过去三年里企业创造新产品/服务的能力。突破性创新4个维度5级指标（1=与竞争对手相比较弱；5=与竞争对手相比较强）。关于人力资本专用性测量参考了莱帕克和斯（2002）开发的测量人力资本独特性

（Human Capital Uniqueness）的量表，如第三章所示。采用销售增长率、利润增长率及市场份额增长率来衡量新产品绩效（Homburg, Grozdanovic and Klarmann, 2007）。

控制变量：①企业规模。采用企业员工数量来区分组织大小。② R&D 投入。测量方式是计算每个组织的 R&D 投入占年销售额的百分比。③环境的不确定性。④需求不确定性。⑤竞争强度。以上三个变量的测量参照阿图厄－吉马（Atuahene-Gima, 2005）以及伊莉—伦科和贾纳基拉曼（Yli-Renko and Janakiraman, 2008）的量表，如表 4-5 所示。

表 4-5　　　　　　　　　　　测量验证

	测量指标（Scales）	因子载荷	t- 值	α	CR	AVE
新产品绩效	利润增长	0.74	*	0.78	0.79	0.54
	销售增长	0.63	4.52			
	市场份额增长	0.83	7.10			
突破性创新能力	企业的创新淘汰主流的产品或服务	0.73	*	0.77	0.78	0.50
	企业经常开发全新的产品	0.96	10.98			
	创新显著提高客户产品体验	0.66	9.60			
	企业通过创造新的主流产品或服务来扩大市场份额	0.39	5.59			
渐进性创新能力	创新经常产生新的产品式样	0.85	3.88	0.87	0.88	0.73
	企业经常改进现存的流程或产品	0.81	3.87			
	企业对生产或服务的工具和设备、工作程序等进行了更改	0.88	*			
技术的不确定性	产品技术变化很快	0.82	*	0.93	0.94	0.78
	技术变化在产品类型方面提供了很大的机会	0.86	15.55			
	在这一产品类型方面很多新产品的思想因为技术突破而变得可能	0.90	16.66			
	在这一产品类型方面存在大的技术发展	0.94	17.94			

续表

	测量指标（Scales）	因子载荷	t-值	α	CR	AVE
需求的不确定性	在我们这一领域，客户对产品偏好变化很多	0.72	*	0.83	0.84	0.57
	我们的客户一直在寻找新产品	0.79	9.69			
	有时我们的客户对价格很敏感，有时价格相对来说又不重要	—	—			
	以前从未购买我们产品和服务的客户也对我们的产品和服务有需求	0.74	5.79			
	新客户的需求不同于现有客户	0.75	4.62			
	我们为老客户服务	—	—			
竞争强度	我们行业的竞争非常残酷	0.75	5.14	0.87	0.88	0.51
	我们行业有很多促销战	0.56	5.99			
	凡是竞争对手能提供的任何东西，其他厂家很容易参与竞争	0.79	5.42			
	价格竞争是我们行业的标志	0.74	4.97			
	几乎每天都能听到新的竞争对手离开	0.76	6.93			
	我们的竞争对手相对来说比较弱（反向分数）	0.57	*			

本章采用 SPSS 和 AMOS 统计分析软件作为数据资料分析的工具，首先对测量模型的信度和效度进行分析，然后使用层级回归方法对假设进行检验。采用主成分方法对自变量进行了验证性因子分析，检验了变量的信度和效度。为了保证实证结果的有效性，测量的量表应该具有足够的信度。信度是指衡量结果的一致性或稳定性。本书采用 Cronbach's α 系数来检验量表的信度。α 值越大表示量表的信度越高。一般认为，α 值介于 0.70—0.80 比较可靠；α 值介于 0.80—0.90 非常好。表 4-5 列出了自变量的度量指标、因子载荷、Cronbach's α 系数、组合信度（Composite Reliability, CR）以及平均萃取方差（Average Variance Extracted, AVE）。由表 4-5 可知，本章采用的所有指标的 Cronbach's α 系数都在 0.7 以上，表现出良好的内部一致性。

四　结果分析

（一）模型评价标准

效度（Valldity）是指测量结果能够真实反映被测者特征的情况，也就是测量结果的准确性。一般而言，效度分为三种：内容效度（Content Validity）、效标关联效度（Criterion-related Validity）、建构效度（Construct Validity）。内容效度是指量表涵盖研究主题的程度。判断方法为：①测量工具是否可以真正测量到研究者所要测量的变量。②测量工具是否涵盖了所要测量的变量。调研人员必须检查量表中的项目能否足够地覆盖测量对象的主要方面。为了获得足够的内容效度，要特别注意设计量表时应遵循的程序和规则。效标关联效度是指测量工具的内容具有预测或估计的能力；依照其使用间隔的长短又可分为预测效度和同时效度。预测效度是指测量工具有能够预测未来的能力；同时效度是指测量工具具有描述目前现象的有效性。建构效度是指测量工具在多大程度上正确地验证了编制时的理论构想。建构效度分为两种：收敛效度（Convergent）与区别效度（Discriminant）。收敛效度是指相同概念里的项目，彼此之间相关度高。区别效度是指不同概念里的项目，彼此相关度低。

1. 收敛效度检验

对三个量表即三个测量模型进行收敛效度检验时，第一步考察每一个潜变量的标准化因子载荷系数，载荷值应 > 0.5，这意味着问项与其潜变量之间的共同方差大于问项与误差方差之间的共同方差，都是显著的；第二步考察 AVE 值。AVE 值应 > 0.5，这意味着每一个因子所提取的可解释 50% 以上的方差（Fomell and Larcker, 1981）。

2. 区别效度检验

对于各维度间是否存在足够的区分效度，通常采用比较各维度间完全标准化相关系数与所涉及各维度自身 AVE 的平方根值大小，即当本模型中任何一个潜变量的 AVE 均方根都大于与其他潜变量的相关系数，则表明各维度间存在足够的区分效度；反之，则区分效度不够（Fomell and Larcker, 1981）。或者是，修正指数 MI 被用来检验区别效度。修正指数指的是模型中某个受限制的参数（通常是固定为 0 的参数），若容许自由估计，模型会因此而改良，整个模型卡方减少的数值，称为此参数的修正指数。M1 小于 3.84（P < 0.05）或 6.63（P < 001），表明测量模型有较好的区别效度（侯杰泰等，2004）。

在检验效度之前，首先需要对各维度的关系模型进行拟合，并做出评价。评价的指标有以下几种：χ^2/df（直接检验样本协方差矩阵和估计协方差矩阵间的相似程度的统计量）、P 值（从样本分析中得到检验统计量大或者更大数值的精确概率）、GFI（拟合优度指标）、AGFI（调整的拟合优度指标）、CFI（比较拟合指数）、IFI（递增拟合指数）、TLI（不规范拟合指数）、RMSEA（近似误差均方根）。

χ^2/df（Minimum Fit Function Chi-square, Degree of Freedom）：卡方与自由度之比，一般此指标应该小于 5，当然也有一些欧美学者认为此指标应该小于 3。TLI（Tucker Lewis Index, Tucker and Lewis, 1973; NNFI, non-normed fit index）指标的值在 0—1，也是越接近 1 越好。RMSEA（Root Mean Square Error of Approximation）：近似误差的均方根，低于 0.1 表示模型拟合良好，低于 0.05 表示非常好的拟合。GFI（Goodness Fit Index）：良好拟合指数，超过 0.90，假设模型就可以接收，表示拟合良好。NFI（Normed Fit Index）：规范拟合指数，一般该指标大于 0.90 就表示拟合良好。IFI（Incremental Fit Index）：修正拟合指数，一般该指标大于 0.90 就表示拟合良好。CFI（Comparative Fit Index）：比较拟合指数，该指标的取值范围在 0—1.0，越接近于 1.0 越好，一般大于 0.90 就表示拟合良好。

（二）测量评估

按照安德森和格宾（Anderson and Gerbing, 1988）建议，本章建立七因素测量模型。验证性因子分析（Confirmatory Factor Analysis, CFA）除了关于需求不确定性的两个维度及突破性产品创新能力的一个维度以外的其他所有因子载荷都大于 0.4，归一化残差小于 2.58，调整指标小于 3.84（Anderson and Gerbing, 1988）。删除了关于需求不确定性的两个维度（因子载荷小于 0.3，表 4-5 中斜体项目），但为了重新运行测量模型（Bagozzi and Yi, 1988），保留了关于突破性产品创新能力的一个维度（因子载荷 0.391），修改后的计量模型数据可接受：χ^2（303）=790.1，GFI=0.91，TLI=0.92，CFI=0.93，RMSEA=0.07，NFI=0.90。不同的多维度构念的可靠性结果（Cronbach's α，组合信度，AVE）如表 4-5 所示。进一步，单因素模型的 CFA 不适合这些数据［χ^2（324）=2864.8，GFI=0.52，TLI=0.22，CFI=0.28，RMSEA=0.19］，从而说明 t 因子模型更适合。

因为测量模型里的因子载荷显著（t＞2.0），从而测量指标存在收敛效度（Anderson and Gerbing, 1988）。此外，平均萃取变量等于或高于 0.50（Bagozzi and Yi, 1988）。基于三个理由判别效度在研究的构建之间。首先，没有构念间的不同相关系数的置信区间包含了 1.0（p＜0.05）（Anderson and Gerbing, 1988）。其次，任何两个构念之间的平方相关性均小于相应构念的平均萃取变量估计值（Fornell and Larcker, 1981）。最后，建立一个无约束模型和一个约束模型，针对各对（共 21 对）变量，比较了无约束模型与约束模型（两个变量的相关系数设置为 1，Anderson and Gerbing, 1988）。结果显示每一对构念在约束和无约束模型之间存在显著的卡方差异［$\Delta\chi^2$（1）＞10.83，p＜0.001］，这表明判别效度存在。因为突破性产品创新能力与渐进性产品创新能力这两个构念之间的高相关性，使两个构念的判别效度特别重要。尽管这种关系，约束和无约束之间模型的卡方差异显著［$\Delta\chi^2$（1）＞61.2，p＜0.001］，证明了量表的区分效度。变量的均值、标准偏差、相关系数如表 4-6 所示。

表 4-6　　　　　　　　　　　指标的判别效度

构念	构念	约束模型		无约束模型		$\Delta\chi^2$	
		χ^2	df	χ^2	df	$\Delta\chi^2$	df
新产品绩效	突破性创新能力	147.60	14	90.50	13	57.10	1
新产品绩效	渐进性创新能力	124.70	9	60.20	8	64.50	1
新产品绩效	人力资本	60.10	9	40.30	8	19.80	1
新产品绩效	技术不确定性	59.80	14	38.20	13	21.60	1
新产品绩效	需求不确定性	90.80	14	79.50	13	11.30	1
新产品绩效	竞争强度	197.90	27	177.10	26	20.80	1

续表

构念	构念	约束模型		无约束模型		$\Delta\chi^2$	
		χ^2	df	χ^2	df	$\Delta\chi^2$	df
突破性创新能力	渐进性创新能力	198.70	14	137.50	13	61.20	1
突破性创新能力	人力资本	99.10	14	84.90	13	14.20	1
突破性创新能力	技术不确定性	75.60	20	55.40	19	20.20	1
突破性创新能力	需求不确定性	117.50	20	105.10	19	12.40	1
突破性创新能力	竞争强度	178.10	35	157.00	34	21.10	1
渐进性创新能力	人力资本	41.90	9	28.50	8	13.40	1
渐进性创新能力	技术不确定性	71.40	14	51.90	13	19.50	1
渐进性创新能力	需求不确定性	117.30	14	103.80	13	13.50	1
渐进性创新能力	竞争强度	162.50	27	143.30	26	19.20	1
人力资本	技术不确定性	93.20	14	81.40	13	11.80	1
人力资本	需求不确定性	83.20	14	71.00	13	12.20	1
人力资本	竞争强度	117.80	27	96.20	26	21.60	1
技术不确定性	需求不确定性	176.80	20	100.70	19	76.10	1
技术不确定性	竞争强度	206.70	35	185.60	34	21.10	1
需求不确定性	竞争强度	263.90	35	232.70	34	31.20	1

（三）共同方法偏差检验

共同方法偏差（Common Method Biases, CMB）是指由于同样的数据来源或评分者、同样的测量环境、项目语境以及项目本身特征所造成的预测变量与效标变量之间的人为共变性。它是源于测量方法而不是研究构念的一种变异（Podsakoff et al., 2003），这里的方法包括不同的抽象水平，如特定条目内容、问卷类型、反应形式、一般测试环境等。在最抽象水平上，方法效应可以解释为诸如光环效应（Halo Effect）、社会赞许性、熟悉—宽容效应或是否一致性反应等。共同方法偏差在心理学、行为科学研究尤其是在问卷法中广泛存在。国内学者对于这个问题的严重性已开始有所觉察，但无论在理论和实践上都还缺乏有力的探讨。

共同方法偏差之所以值得关注，在于它是测量误差的主要来源之一，属于系统误差的范畴。共同方法偏差效应可以独立于研究假设之外对研究变量之间的关系提供另外一种解释，但在经典心理测量中通常并未对此进行单独的分离和处理。如果共同方法偏差比较严重，可能会影响到研究结论的有效性甚至误解。人们对于共同方法偏差的效应关注，大多源于人们对多质多法（Multitrait-Multimethods, MTMM）研究文献的元分析。其中最有代表性的是科特和巴克利（Cote and Buckley, 1987）对70项采用MTMM方法进行的研究的共同方法偏差的元分析。这些研究领域包括教育学、社会学、管理科学等，分析结果发现：在通常的工作绩效测评中大约1/3（26.3%）的变异是由CMB等系统误差造成的，在教育学领域中的变异比例最大，达到30.5%。另外，在工作成就测量中CMB的平均效应为40.7%，而态度测量中的CMB效应达到40.7%。

通过研究程序的设计来控制和减少共同方法偏差的关键是确定预测变量和反应变量的测量，从而减少和消除这种偏差。一般而言，预测变量与反应变量的关联从三个方面体现出来：①反应者；②测量环境和问卷本身所提供的背景线索；③问卷题目中的特定表述和形式。为此，研究者在研究设计与测量过程中所采取的控制措施有：①从不同来源测量预测与效标变量；②对预测变量和反应变量在测量的时间上（测量间距）、空间上（不同环境）、心理上（插入故事）与方法学上（纸笔、电脑、网络、访谈、量表形式的）适当分离；③保护反应者的匿名性、减小对测量目的的猜测度；④平衡项目的顺序效应；⑤改进量表项目等。

Harman的单因素检验的基本假设是：如果存在方法变异，那么对包含所有研究构念的全部条目进行探索性因素分析时会析出一个未旋转因子，并且该公共因子解释了大部分变异。目前比较普遍的做法是采用验证性因素分析，设定公因子数为1，对"单一因子解释了所有变异"的假设进行精确的检验。如Harris等（1996）对组织文化特征（4个变量）和工作结果特征（5个变量）的CMB进行考察。采用EQS软件分别对九因素模型和一因素模型进行验证性因素分析，结果发现九因素模型拟合良好（CFI=0.95, NFI=0.94），而一因素模型拟合不好（CFI=0.46, NFI=0.41）。

$\Delta \chi^2$=1040，$\triangle$ df=60，表明九因素模型对数据的拟合优于单因素模型，CMB 对研究结果的解释并不会产生严重的威胁。

因而就目前而言，Harman 的单因素方法并不是最好的但却是最常用的方法。该方法的特点是在共同方法偏差来源不明确的情况下，对 CMB 的效应进行检测。如果 CMB 效应显著则可以采取另外的方法进行统计控制。正如本例的结论，模型卡方不显著，可以认为包括共同方法偏差在内的测量误差的效应并不显著，对研究结论不会造成严重的影响。值得注意的是，如果检测 CMB 效应显著且解释较大的变异量时，是否就意味着共同方法偏差显著呢？回答是否定的。或许研究变量本身就包含一个有意义的共同结构。这需要研究者进行科学的判断。在统计学上，很多学者采用 Harman 单因子检验法对共同方法偏差问题的严重性进行检验。

本章采用林德尔和惠特尼（Lindell and Whitney, 2001）推荐的方法进行检验，格雷森（Grayson, 2007）对其方法进行了解释和说明。林德尔和惠特尼（2001）建议研究者在调查问卷中增加一个标记变量（Marker Variable, MV），介于标准变量与其他因素之间的一个变量。作为测量共同方法偏差的标记变量需满足两个条件：第一，标记变量理论上必须至少与其他任一变量无关，本章中的标记变量是三维度答卷者的负面消极情感（组织心理科学方面的名词，反映答卷者因地位不同而给予否定回答），显然这与本书中的其他变量没有关系。同样采用 5 分制量表测量这一变量：①小的挫折往往刺激我太多；②经常我讨厌小烦恼；③我经常会感到紧张。第二，标记变量统计上必须显著，本章标记变量的 Cronbach's α 是 0.76，可靠性较好。因为标记变量满足这个条件，设定标记变量与其他变量的相关系数为最低值（r=0.03），采用以下方程计算调整系数与显著性（Grayson, 2007）：

$$r_{ijm} = (r_{ij} - r_m) / (1 - r_m)$$

$$t_{\alpha/2, N-3} = \frac{r_{ijm}}{\sqrt{(1-r_{ijm}^2)/(N-3)}}$$

其中，r_{ij} 是构念 i 与 j 之间调整前（初始）系数；rm 是标记变量与其他变量的最低相关系数；r_{ijm} 是调整后的系数；$t_{\alpha/2, N-3}$ 是调整系数的 t 值。

表 4-7 显示了标记变量调整前的相关系数（对角线下方）以及调整后的相关系数（对角线上方）。结果表明，加入调整变量使 36 个变量中 2 个不显著。结果表明本章模型中变量之间的关系不可能因为共同方法偏差而被夸大。

表 4-7　　　　　　　　　相关系数和描述性统计

变量	1	2	3	4	5	6	7	8	9
1. 突破性创新能力		0.55*	0.1	0.14*	−0.01	0	0.23*	−0.19*	0.35*
2. 渐进性创新能力	0.60*		0.25*	0.28*	−0.07	0.01	0.32*	−0.06	0.33*
3. 人力资本专用性	0.13*	0.27*		0.13*	0.03	0.07	0.08	−0.42*	0.13*
4. 需求不确定性	0.17*	0.30*	0.16*		0.26*	0.53*	−0.06	−0.06	0.28*
5. 竞争强度	0.02	−0.04	0.06	0.28*		0.25*	0.24*	−0.06	0.16*
6. 技术不确定性	0.03	0.04	0.12	0.54*	0.27*		−0.1	−0.07	0.39*
7. 新产品绩效	0.25*	0.34*	0.11*	−0.03	−0.20*	−0.07		0.13*	0.18*
8. 企业规模（log）	−0.15*	−0.03	−0.38*	−0.03	−0.03	−0.04	0.16*		−0.28*
9. R&D 强度（log）	0.37*	0.35*	0.17*	0.30*	0.19*	0.41*	0.20*	−0.24*	
10. 方法偏差标量	−0.07	−0.03	−0.07	0.03	0.03	0.19*	−0.17*	−0.20*	0.15
均值	3.12	3.97	3.34	3.07	3.57	3.11	3.32	2.67	0.45
方差	0.63	0.50	1.00	0.87	0.66	0.98	0.99	0.68	0.42

注：对角线下方的相关系数为标记变量调整前系数，对角线上方的相关系数为标记变量调整后系数（*表示 $p \leq 0.05$，双尾检测）。

（四）假设检验

本章使用分层调节回归技术进行假设检验。H1 和 H2 的结果如表 4-8 所示，整体上模型解释了渐进性产品创新能力 30% 的方差，突破性产品创新能力 25% 的方差。共同方法变异与突破性和渐进性创新不显著相关。H1 假设人力资本的专用性越强，突破性产品创新能力越强（增加），表 4-8（模型 4）表明人力资本与突破性产品创新能力之间的关系不显著，因而 H1 不成立，表 4-8（模型 2）表明人力资本的专用性与渐进性产品创新能力的关系是正向的，统计上具有显著意义（$\beta=0.12$, $p < 0.05$）。因而也不支持 H2 假设（人力资本的专用性越强，渐进性产品创新能力减少）。

表 4-8　调节回归分析（因变量 = 突破性产品创新能力与渐进性产品创新能力）

项目	渐进性产品创新能力		突破性产品创新能力	
	模型 1	模型 2	模型 3	模型 4
常量	3.77	3.16	4.24	4.11
企业规模（log）	0.04	0.12	−0.09	−0.07
R&D 经费（log）	0.43	0.43	0.42	0.42
需求不确定性	0.23	0.21	0.08	0.08
竞争强度	−0.11	−0.11	−0.13	−0.13
技术不确定性	−0.15	−0.17	−0.08	−0.08
共同方法	−0.02	0.01	−0.07	−0.06
人力资本专用性		0.12		0.03
R^2	0.25	0.30	0.24	0.25
ΔR^2		0.05		0.01
F-model	10.11***	11.36***	8.55***	7.52***
ΔF		6.05***		1.10

注：非标准化回归系数。*表示 $p<0.05$；**表示 $p<0.01$；***表示 $p<0.001$（双尾检测）。

假设 3-6 的结果如表 4-9 所示，整体下，假设模型解释了新产品绩效 23% 的差异。共同方法变异没有显著提高模型的解释力，从而共同方法偏差不是可能的错误（见表 4-9，模型 4）。结果表现当其他变量处于均值时，突破性产品创新能力的主要效应与新产品绩效显著相关（$\beta=0.24$，$p<0.05$），然而渐进性产品创新能力的主效应与新产品绩效并不显著相关（$\beta=0.01$, ns）。整体上，结果支持 H3 但不支持 H4。

突破性产品创新能力与人力资本的交互作用是正向的并显著（$\beta=0.41$，$p<0.001$）。也就是说，新产品绩效与突破性产品创新能力的回归依赖于人力资本专用性的不同程度。如艾肯和韦斯特（Aiken and West，1991）建议的一样，为了进一步探索其交互作用，本章使用简单的斜率分析并绘图。注意到在平均值之上的标准差，企业的人力资本由通用性转变成专用性。简单斜率分析发现：当人力资本专用性强时，突破性产品创新能力与新产品绩效的关系是正向的并在统计上显著（$\beta=0.65$, $t=4.73$, $p<0.001$），然而当人力资本专用性弱时（通用性人力资本），突破性创新能力与新产

品绩效的关系是反向的但并不显著（$\beta=-0.17; t=-1.14$, ns）。图 4-3 表明突破性产品创新能力与新产品绩效的交互效应。上述结果部分支持 H5。

表 4-9　　　　　　　　调节回归分析（因变量 = 新产品绩效）

项目	模型 1	模型 2	模型 3	模型 4
常量	1.09	0.79	1.01	0.95
企业规模（log）	0.20	0.30	0.29	0.30
R&D 经费（log）	0.15	0.05	0.03	0.02
需求不确定性	0.02	−0.01	−0.05	−0.05
竞争强度	0.19	0.22	0.20	0.20
技术不确定性	−0.02	−0.01	0.01	0.01
突破性产品创新能力		0.29	0.23	0.24
渐进性产品创新能力		−0.06	0.01	0.01
通用性与专用性人力资本		0.13	0.09	0.09
突破性产品创新能力 × 人力资本			0.40	0.41
渐进性产品创新能力 × 人力资本			−0.37	−0.37
共同方法				0.03
R^2	0.08	0.15	0.23	0.23
ΔR^2		0.07	0.08	0.00
F-model	3.11**	4.08***	5.18***	4.75***
ΔF		5.60***	8.78***	0.19

注：非标准化回归系数。*表示$p<0.05$；**表示$p<0.01$；***表示$p<0.001$（双尾检测）。

渐进性产品创新能力与人力资本的交互作用显著并且负相关（$\beta=-0.37, p<0.001$）。简单斜率分析发现：当人力资本专用性较强时，渐进性产品创新能力与新产品绩效是负向的并显著的（$\beta=-0.35, t=-2.01, p<0.05$）；然而当人力资本的专用性较弱（通用性人力资本）时，渐进性产品创新能力与新产品绩效是正向的并显著的（$\beta=0.38; t=2.31, p<0.05$）。从而渐进性产品创新能力与新产品绩效的关系并非是单调的，当人力资本专用性较强时，渐进性产品创新能力阻碍新产品绩效；人力资本的专用性

较弱（通用性人力资本）时，渐进性产品创新能力有利于新产品绩效。图 5-4 表明了人力资本，渐进性产品创新能力与新产品绩效的交互作用，H6 成立。

企业规模、R&D 经费以及需求不确定性与渐进性产品创新能力正相关，而竞争强度和技术的不确定性与渐进性产品创新能力负相关（见表 4-9，模型 4）。企业规模与竞争强度与新产品绩效正相关（见表 5-10，模型 4）。

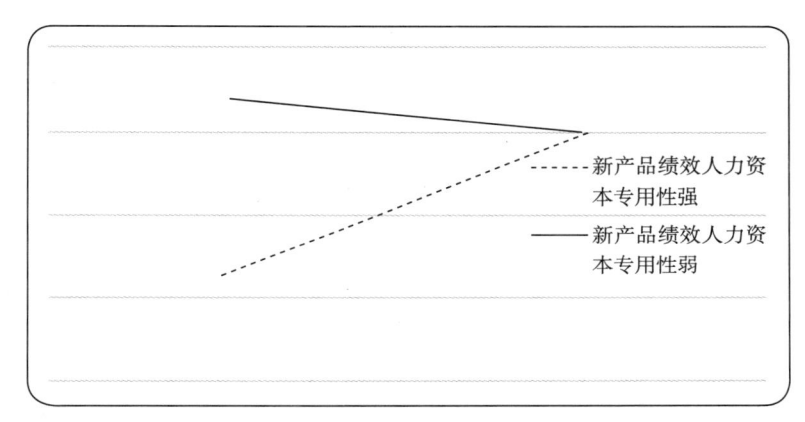

图4-3 人力资本专用性对突破性产品创新能力与新产品开发绩效调节作用

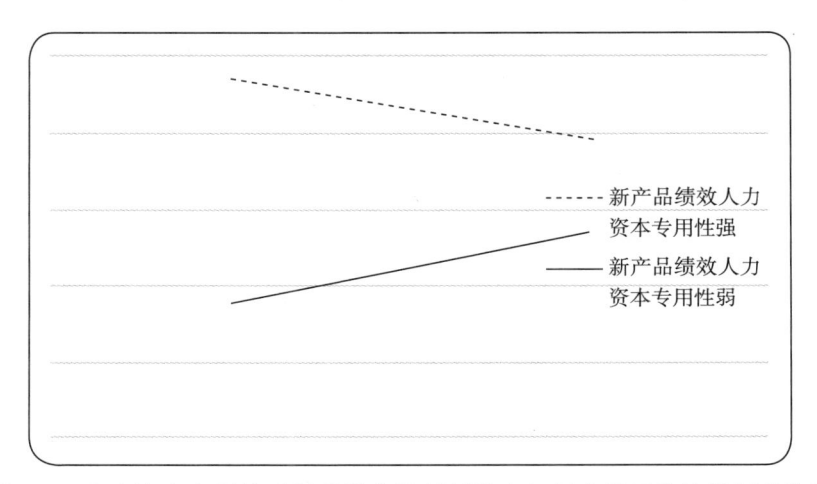

图4-4 人力资本专用性对渐进性产品创新能力与新产品开发绩效调节作用

五 本节小结和管理启示及扩展研究

（一）小结

研究结果表明，当人力资本的专用性越强，渐进性产品创新能力而非突破性产品创新能力增强。也就是说，专用性人力资本促进渐进性产品创新能力而非突破性产品创新能力的发展。当企业拥有突破性产品创新能力时，为了获得新产品绩效，企业强化人力资本的专用性。然而通用性人力资本并不负向影响突破性产品创新能力对新产品绩效的效果；相反，对于渐进性产品创新能力来说，通用性人力资本有利于新产品绩效而专用性人力资本不利于新产品绩效。假设检验结果汇总如表4-10所示。

表4-10 假设检验结果汇总

假设	内容	验证结果
H1	人力资本的专用性越强，突破性产品创新能力越强（增加）	未通过
H2	人力资本的专用性越强，渐进性产品创新能力越弱（减少）	未通过
H3	突破性产品创新能力对新产品绩效具有正面效应	通过
H4	渐进性创新能力对新产品开发绩效具有正面效应	未通过
H5	当人力资本的专用性较弱时，突破性产品创新能力对新产品绩效具有负面效应；当人力资本的专用性较强时，突破性产品创新能力对新产品绩效具有正面效应。（随着人力资本的专用性增强，突破性产品创新能力对新产品绩效正面效应也增强）	部分通过
H6	当人力资本的专用性较弱时，渐进性产品创新能力对新产品绩效具有正面效应；当人力资本的专用性较强时，渐进性产品创新能力对新产品绩效具有负面效应。（随着人力资本的专用性增强，渐进性产品创新能力对新产品绩效正面效应减少）	通过

（二）管理启示

本研究结果应用（管理寓意）对企业管理实践而言，有如下启示：

第一，专用性人力资本对突破性产品创新能力没有正面效应。这或许是因为要形成突破性产品创新能力不仅仅需要专用性人力资本。也就是说，突破性产品创新能力非常复杂，需要更多的研究。

第二，专用性人力资本并不像期望的那样反作用于渐进性产品创新能力；相反，对渐进性产品创新能力具有正面作用。与之前未期望的结果类似，专用性人力资本对突破性产品创新能力没有正面效应，对渐进性产品创新能力也无负面效应。也就是说，当考虑突破性产品创新能力与渐进性产品创新能力对新产品绩效的作用时，人力资本对两种创新能力的影响与理论预期并不一致。

第三，渐进性产品创新能力与新产品绩效之间并不存在正向关系。这一原因可能在于本章对新产品绩效的评价，本书中采用利润增长、销售增长以及市场份额增长来衡量新产品绩效，关注的焦点是增长，增长对于评估突破性产品创新能力比渐进性产品创新能力更恰当。资产回报率（ROA）或投资回报率（ROI）能够更好地评价渐进性产品创新能力。

本章说明了人力资本在突破性产品创新能力与渐进性产品创新能力对新产品绩效的调整作用。戴和温斯利（Day and Wensley, 1988）提出了以资源为基础的优势与市场绩效的框架，本章提出人力资本作为调整变量会使资源更有效或无效。也就是说，仅仅拥有能力并不必然创造高绩效，需要将不同的能力与人力资本相组合，这样能力才能真正发挥作用。人力资本的专用性不同时，企业产品创新能力的利用程度也不同。本章研究发现了人力资本在突破性产品创新能力及渐进性产品创新能力对新产品绩效影响的调整作用，从而丰富了产品创新理论以及资源为基础的理论（RBV）。

第四，结果发现当人力资本专用性不同时，渐进性产品创新能力与新产品绩效之间的关系并非是单调的，即当人力资本专用性高时，渐进性产品创新能力对新产品绩效是负面的；当人力资本专用性低时，其作用是正面的。这说明了人力资本在渐进性产品创新能力与新产品绩效关系中的重要性。当人力资本专用性不同时突破性产品创新能力与新产品绩效的关系是单调的，也就是说，当人力资本专用性高时，突破性产品创新能力与新产品绩效是正向的，当人力资本专用性低时，也具有相同的效应。这一表现说明通用性人力资本并不阻碍突破性产品创新能力与新产品绩效的关系。

上述结论说明人力资本专用性是否反作用于产品创新能力与新产品绩效的关系，依赖于产品创新能力是突破性产品创新能力还是渐进性产品创新能力。专用性人力资本有利于突破性产品创新能力与新产品绩效，不利于渐进性产品创新能力与新产品绩效。然而通用性人力资本有利于渐进性产品创新能力与新产品绩效但不利于突破性产品创新能力与新产品绩效。

从管理的角度来说，有以下两点启示。第一，识别企业核心的产品创新能力属于突破性产品创新能力还是渐进性产品创新能力对实现新产品绩效非常重要，即企业应将不同的产品创新能力与人力资本进行匹配。第二，企业内不同的事业部可能拥有不同的产品创新能力，事实上不同的部门人力资本的专用性程度也会存在差异。

研究局限性和后续研究。首先，我国企业范围广泛，数量众多，本研究的样本主要集中于我国的制造业企业，样本量还不足以代表我国企业的整体状况，影响研究结论的普适性，未来的研究可以通过其他行业企业，如服务业的调查样本来进一步检验本章的研究结论。其次，如前所述，在新产品开发绩效指标的选取上，除增长率之外，还应考虑报酬率等指标。另外，由于企业往往具有很强的商业自我保护意识，其财务数据很难取得，所以不得不采取自评者的主观评价。在未来的研究中，应尽量采取客观性绩效指标，提高衡量的科学性。课题研究还将进一步探索其他因素对技术创新能力及新产品开发绩效的影响，如政策扶持、组织间合作、创新类型等因素，进一步探讨人力资本专用性的影响机理，以深刻揭示两种创新能力方式之间的权衡及其对绩效影响的作用机制。

（三）扩展的研究：专用性人力资本、HRM实践与HRM系统

自20世纪50年代"人力资源"概念提出以来，以员工为中心、重视工作设计、培训与开发、绩效管理和集体决策等人力资源实践（Human Resource Management, HRM）得到越来越多的关注。HRM实践的研究可分为两个阶段：第一个阶段是20世纪80年代以前主要从功能角度（微观层面）来研究HRM实践对企业绩效的影响；第二个阶段是从20世纪80年代至今主要从战略角度（宏观层面）来展开研究，预示着从"最佳实践"到战略人力资源管理的转变。因此国内外学者对HRM实践的定义也就主要从功能和战略两个角度出发。国内学者邵冲（2006）从功能角度出发：人力资源管理实践是指在人力资源管理政策指导下的人力资源管理职责的

履行过程，即相关人力资源管理活动的开展过程，而在职责履行和活动开展过程中会涉及人力资源管理的制度、流程、技术与方法等多个方面。从战略角度出发的人力资源管理实践是指为实现组织目标而采取的一系列、有计划的人力资源安排与活动。可见无论从哪个角度出发，两者都注重于人力资本领域，可见人力资本与 HRM 实践有着内在联系。

实践中发现某一个高绩效人力资源管理实践不一定总是给组织带来高绩效。这些高绩效人力资源管理实践之间是相互依赖的，一个人力资源实践是另一个实践的必要条件；这些实践必须系统地实施才能取得好的效果。本书认为这些相互关联的人力资源管理实践组成了人力资源管理系统。许多学者开始关注"高绩效人力资源管理系统"的研究。自 20 世纪 90 年代以来涌现出许多研究这一"系统"的概念，主要有高绩效工作系统、高参与工作系统、高承诺工作系统、最佳人力资源管理活动和弹性工作系统等。显然，HRM 系统是 HRM 实践的有机集合，在本质上仍属于 HRM 实践，即本部分研究实践中的人力资源管理与专用性人力资本的关系。

人力资本理论家认为，组织能够增加它的人力资本，通过对现在的员工内部发展他们的知识和技能或者吸引外部劳动市场的高知识和技能水平的个体来为组织工作（Youndt and Snell, 2004）。在获得人力资本的途径方面，组织可以通过培养或者购买的方式来获得人力资本，这都是 HRM 实践的核心部分。可见，通过 HRM 人力资本构建的实践活动，能够增加组织的人力资本。以下从人力资源的获得及管理方面探讨其与专用性人力资本的联系。

1. 吸收人力资本的 HRM 实践

人力资源招募方面（Selective Staffing）通常被认为 HRM 战略关注吸收人力资本的基础。在运作层面上，招募分为两种不同的搜寻过程：范围搜寻和精确搜寻。范围搜寻扩大了申请者的范围，可以通过宽泛的多渠道招聘来源（例如员工推荐、猎头公司、大学、人才中介），增加每个岗位候选人的人数；精确搜寻增加了每个申请者的信息，可以通过面试、测试、个人经历信息等。科赫和麦格拉思（Koch and McGrath, 1996）认为，若在一个充分良好构建的劳动力市场上，公司能够关注他们对人才信息的搜寻，不仅是范围上的，也包括精度上的，就很可能获得高质量的员工。显然，多外部获得的人力资本通常是通用型人力资本，这些员工只有在企业中工作一定的时间才能增加其专用性。

人力资源薪酬系统方面是对吸收人力资本的一个很好的补充。为了吸引最好的候选人，公司经常提高相对高于竞争者的工资来确信满足或者超过他们的市场价值。另外，股权激励也是很好的办法，来吸引最好的员工，员工持股计划在知识密集型公司中出现得越来越多。股权激励是激励员工工作积极性、减少人才流失的一种有效措施，是培养专用性人力资本的一种有效的方法。

2. 发展人力资本的HRM实践

发展内部人力资本很好的常见办法就是进行培训。培训的性质分为强度培训和范围培训，前者侧重于对工作深度、项目的持续性、持续更新的程度；后者侧重于培训的宽度、对员工提供的不同的培训机会类型、交叉训练的运用等。组织在培训中更倾向于公司的特殊技能，这种技能不适合于其他公司中。可见，内部培训对提升人力资本的专用性意义重大。正因为如此，许多理论学家建议要从公司内部提拔晋升，也就是公司内部的人才市场。

科赫和麦格拉思（1996）认为，如果一个公司在内部提拔晋升方面训练失败的话，那它将在投资人力资源的资本化方面也会失败。同时，绩效反馈也是有利于员工发展的。HRM绩效反馈实践在绩效反馈的同时具有管理和有利员工发展作用，它影响着员工的学习和技能提高。与给予技能或者知识的薪酬体系，在激励员工增加人力资本方面起着重要的作用。公司把薪酬与员工的知识、技能和能力联系起来，引导员工关注发展机会和鼓励他们发展技能对形成专用性人力资本非常重要。

3. HRM平等化实践

HRM平等化实践包括五种类型：减少地位象征、创造扁平化组织、最小化工作等级、授权员工和利用固定工资结构。地位象征包括管理者餐厅、指定的停车地点、街角办公室、宽敞的装修豪华的办公室等。减少这些壁垒的方法就是提倡多渠道交流。同样，等级分层也影响着上下级之间的交流，所以扁平化组织能够促进知识交流。减少工作分级，也就是指宽泛员工工作范围，这样能提高员工之间更加自由交流。同样地，固定工资结构降低了工资敏感问题，减少了人与人之间的竞争和办公室政治从而便于信息交换。这些都是从 HRM 实践的角度来解决组织中存在的人与人之间垂直不公平关系，打破这些水平的和垂直的壁垒，培养一个开放和信任的文化环境，有利于员工之间的合作，从而有利于形成专用性人力资本。

4. HRM合作建设实践

对于企业组织来说，知识在直线部门和功能部门之间、员工和消费者之间、公司和供应商之间都需要相互渗透，员工需要保持紧密配合才能获得最大的效用。实现这些目标的 HRM 实践可以是：多职能团队、员工—消费者共同解决问题的网络等，此时公司关注人际能力和协作关系。从消费者、员工、团队成员及从属人员的绩效反馈也有利于知识分享。从而建立合作的组织环境，使知识和信息流动畅通无阻，形成专用性人力资本。

团队激励措施也有助于形成专用性人力资本，因为员工之间的无偿交流需要外在的激励手段，团队激励如奖金、利润分享和增额分配等，能够保证员工明确他们的报酬依赖于他们之间互动和交换想法，以及另一方的绩效，而不仅仅是个人做得如何。这些是从水平角度来促进合作，从而促进专用性人力资本的形成。通过这些方面的 HRM 实践，组织能够减少垂直及水平壁垒，加强员工之间的信息和情感交流，有利于员工之间知识的交流、分享和学习，形成专用性人力资本，从而有利于组织内的知识转化，保持组织持续的竞争能力。

第二节　创新型文化、创新能力与创新绩效
——资产专用性的调节作用

随着企业竞争日益激烈，新产品、新技术的开发逐渐成为企业，尤其是高新技术企业保持竞争优势的基本手段，具有创新能力是企业发展的必要条件，同时也是一个国家或地区综合实力和竞争力的决定性因素。文化作为维持竞争优势的一个源泉，对企业创新有着重要的影响。很多学者研

究了企业文化与创新能力的关系、企业文化与企业绩效的关系，以及创新能力与企业绩效的关系，这些研究对理解企业文化与创新能力及企业绩效的关系提供了参考，然而现有研究并未将三者有机地结合，特别是创新型文化对技术创新能力影响程度的研究更为缺乏，本书探索了资产专用性对二者关系的调节作用。

创新随着情境的不同有很多不同的定义，新颖和风险是创新的因素（Chandler et al., 2009）。组织文化分成三大类型，创新型文化主要重视员工的挑战性与创新性，尊重员工之间的差别，能够最大限度地激励人们去创新，对于技术领域来说，是能够最大限度地激励人们进行技术创新的文化。本书将创新型企业文化划分为六个因素：鼓励、自由、体验、容忍、接受与认同，研究其对企业创新的影响。

资产专用性指在不牺牲生产价值的条件下，资产可用于不同用途和由不同使用者利用的程度（Williamson, 1985）。目前资产专用性的研究大部分集中在经济学领域、供应链管理及战略管理中的组织合作等领域，对技术创新的影响并未引起足够的重视。专用性人力资本能够提高员工对企业的归属感与忠诚度，从资产专用性的价值创造效应来看，专用性人力资本有利于企业创新活动。从资产专用性的套牢效应来看，专用性人力资本会对企业的创新活动产生消极影响。由于资产专用性的正负效应同时存在，本书认为资产专用性在创新文化与创新能力方面具有调节作用。

本书前一节探索了专用性程度不同的人力资本在突破性创新能力和渐进性创新能力与新产品开发绩效之间的调节作用，钱德勒等（Chandler et al., 2009）研究了资产专用性对销售增长与就业增长关系的调节作用。本书以我国企业为背景，研究分析创新型企业文化、产品及工艺创新能力与企业绩效的关系，深入分析资产专用性的调节作用，能够丰富现有的创新管理理论及资产专用性理论，同时对我国企业创新文化塑造、提升企业创新能力及绩效也具有借鉴作用。

一 创新型文化、创新能力与创新绩效研究假设

（一）创新型文化与技术创新能力研究假设

创新文化的核心是激励探索、鼓励创新、包容个性和宽容失败（杜跃平、王开盛，2007）。创新型企业文化可以划分为六个因素（Knowles,1980）：①鼓励，指公司是否鼓励员工创新和冒险行为。②自由，指公司倡导言论、思想和精神自由的程度。③体验，指公司员工之间相互理解的程度。④容忍，指公司是否容忍失败、是否包容员工个性以及是否允许员工公开发表相反或批评的言论。⑤接受，指尊重个体差异，接受他人的想法和情感。⑥认同，指员工对组织以及员工之间的认可程度。

很多研究表明创新文化对于企业技术创新有正向影响。不同企业在创新上的不同表现是由企业间文化差异造成的，支持创新的企业文化，可使员工产生信赖感，减少部门间的摩擦，使创新活动有效迅速地进行（孙英爱等，2006）。建立鼓励学习并容忍失败的企业文化，可以激励员工敢于尝试新的想法，推进创新活动的发展，并将这种工作经验传递给新员工，使组织充满创新氛围。若企业文化强调创新，企业则倾向于提供更多资源促使创新并发展竞争优势，良好的企业文化是创新的前导。从而假设：

H1：创新型企业文化对技术创新能力有显著正效应。

研究发现（Zhou and George, 2003）领导者的鼓励很有可能激励员工提出大量针对工作的好想法，也可以提出有利于企业长久发展的有效提议。这种鼓励的文化氛围可以使员工意识到他们在企业中的潜力与抵御风险的能力，从而促进企业创新能力的发展。因此假设：

H1a：鼓励对企业创新能力具有显著正效应。

在灵机一动基础上形成的创造活动，比其他各种原因引发的创新总和还要多，这说明在一定条件下自发行为是创造创新活动的诱因。在组织中的员工能够自由地表达其情绪，管理者也能够给予支持与理解，这样就会极大地发掘员工的潜质能量。因此假设：

H1b：自由对企业创新能力有显著正效应。

组织中的宽容能够提高员工的组织公民行为和员工满意度，形成良好

的组织氛围，降低员工离职率，提高工作绩效，使组织在竞争的市场环境中稳步发展。宽容的组织企业文化，使员工更加能表现出真实的自我，更能充分发挥其创造力，更能促进员工在工作过程中发现工作的意义和创新热忱。组织中宽容会使员工产生幸福感、创造力、健康心态、自制力、责任感、平和的心境、真诚、自信、开放性等积极的态度、行为、品质和人格。因此假设：

H1c：宽容对企业创新能力有显著正效应。

体验（员工理解其他想法的能力并在组织中再次体验）是影响企业创新的另一个因素。体验能够反映组织水平上的换位思考，成熟的员工深受组织文化影响。体验文化培育了倾听能力并关注他人，理解他们的感觉，加强了组织工作中员工的行为与工作，促进企业创新（Huy,1999）。因此假设：

H1d：体验对企业创新能力有显著正效应。

接受同样影响企业创新。陷入冲突、争斗和员工间的矛盾时常影响组织工作，导致焦虑、工作效率低下（Keenan and Newton,1984）。然而，接受能够减少冲突的升级并引发有效的沟通，增强企业技术创新能力。而且接受能够使员工之间重建彼此之间的关系，从而加强企业学习能力与创新能力。因此假设：

H1e：接受对企业创新能力有显著正效应。

认同使员工之间有归属感，从而员工愿意参加团队项目，维持良好的人际关系，有效地进行产品创新及工艺创新活动。知识共享更多地发生在经常沟通的员工之间，这些员工彼此之间相互接受，认同能够增强员工的创造性以及知识共享从而引导企业的创新行为（Reagans and McEvily,2003）。因此假设：

H1f：认知对企业创新能力有显著正效应。

（二）技术创新能力的中介作用假设

创新型企业文化对企业创新绩效有直接影响（朱兵等，2010）。企业获得和保持竞争优势及绩效提升在于资源投入以不断地开发新产品、工艺和服务。创新是企业资源和企业绩效之间的中介（Damanpour,1991）。赫尔利和胡尔特（Hurley and Hult, 1998）检验了组织特征、创新能力及企业绩效之间的关系。对现代企业而言，竞争优势通常建立在创新能力之上，实证研究发现技术创新能力正向并直接影响企业绩效（刘善仕等，2007）。创新能力是企业的核心竞争能力，本书认为创新型文化通过技术创新能力对绩效产生影响，从而假设：

H2：技术创新能力在创新型文化各因素对企业绩效的影响之间起到中介作用。

（三）资产专用性的调节作用假设

资产的专用性具有高效率性和低适应性（刘京、杜跃平，2005）。戴尔和辛格（1998）认为，当保障机制（Safeguarding Mechanism）专用且任务高度相互依赖时，地点专用性能降低相关企业的库存成本，而人力资本专用性则能提高产品质量，并缩短产品开发周期，资产专用性具有价值创造的功能。然而，资产的专用性通常也会导致资产狭窄的使用面，即"套牢"效应，技术创新中的专用资产就往往因不能适应而严重贬值，即低适应性。长期处于一个技术系统下的组织和员工拥有的知识，当面临着剧烈的技术变革时很难保持原来的价值和效率，组织和员工不得不重新学习、构建新的知识结构来适应新的技术环境。从资产专用性的负面效应来看，专用性人力资本会对企业的创新活动产生负向影响。本书假设创新型企业文化与技术创新能力之间是正相关的关系，由于资产的专用性同时具有正反两个方面的效应，这种正相关的关系只有在资产专用性程度中等时最大，过高或过低的资产专用性程度均不利于技术创新能力，如图4-5所示。从而，当资产专用性中等时：

H3：创新型企业文化对企业创新能力的作用大于人力资本专用性低或高时，即呈倒"U"形。

H3a：鼓励对企业创新能力的作用大于人力资本专用性低或高时，呈倒"U"形。

H3b：自由对企业创新能力的作用大于人力资本专用性低或高时，呈倒"U"形。

H3c：体验对企业创新能力的作用大于人力资本专用性低或高时，呈倒"U"形。

H3d：容忍对企业创新能力的作用大于人力资本专用性低或高时，呈倒"U"形。

H3e：接受对企业创新能力的作用大于人力资本专用性低或高时，呈倒"U"形。

H3f：认同对企业创新能力的作用大于人力资本专用性低或高时，呈倒"U"形。

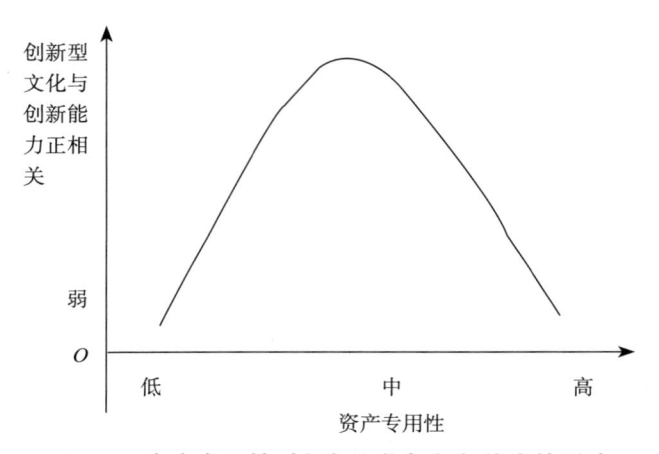

图4-5 资产专用性对创新文化与创新能力的影响

研究框架如图 4-6 所示。

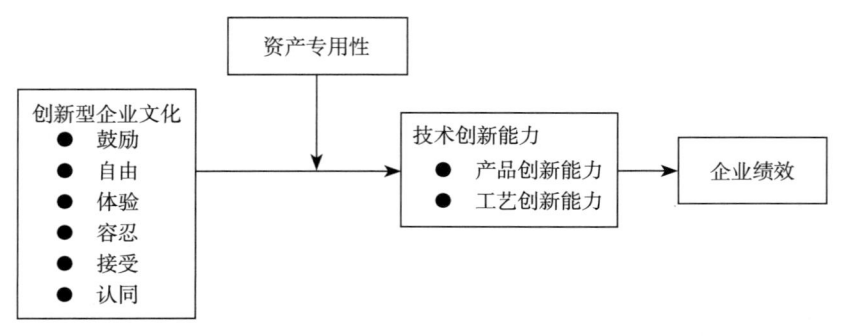

图4-6 创新型文化、资产专用性、创新能力与创新绩效研究框架

二 创新型文化、创新能力与创新绩效实证分析

(一)测量

在诺尔斯(Knowles, 1980)研究基础上,设置两个题项测量认同(员工对组织认同、员工之间认同);三个题项测量鼓励(鼓励冒险、创新和探索);容忍(容忍失败、包容个性、允许员工公开发表相反或批评的言论);接受(包括我们企业尊重个体差异、能够把不同的想法融合在一起及能感受到其他员工的想法);自由(言论自由、提倡自我导向、不强调秩序与规则),四个题项测量体验(我们企业的员工能够理解他人的感情、能够相互表达情感、对他人的情感反应相似、能够理解他人的真实意图)。各设置四个题项测量产品与工艺创新能力(Jiménez-Jiménez and Sanz-Valle, 2011),产品创新能力包括:客户认为我们的新产品和服务总是很新颖、新产品和服务让我们领先新的竞争者、企业开发出更多的新产品/服务、企业开发新产品/服务的速度更快。工艺创新能力包括我们企业制造工艺较新、不断地改进企业工艺、改变工艺方法的速度更快、投入很多资金改进生产方法。七个题项测量企业绩效(York and Mire, 2004),包括投资回收率、市场份额、销售收入、利润率、总利润、毛利率及市场价值。采用五个项目测量资产专用性(Poppo et al., 2008),包括生产经营场所、实物资产、人力资源、经营过程、品牌资产具有专用性。问卷采用Likert五点量表,如表4-11所示。企业规模(企业总人数)、企业年限(企业创立的年数)对企业创新与绩效有一定的影响,本书将两者作为控制变量进行研究。

表4-11 量表信度和效度

变量	组合效度	萃取变异量	Cronbach's α	一致性(r_{wg})
企业绩效	0.9	0.58	0.91	0.9
产品创新能力	0.84	0.57	0.84	0.76
工艺创新能力	0.78	0.48	0.78	0.81
鼓励	0.89	0.73	0.89	0.87
自由	0.78	0.63	0.78	0.82

续表

变量	组合效度	萃取变异量	Cronbach's α	一致性（r_{wg}）
体验	0.72	0.52	0.71	0.72
容忍	0.83	0.55	0.82	0.8
接受	0.74	0.57	0.72	0.66
认同	0.76	0.53	0.72	0.83
资产专用性	0.78	0.49	0.73	0.84

（二）样本

采用现场发放及 E-mail 相结合的方式进行调查，调查对象主要是制造业，通过 E-mail 全国随机发送 1449 份，发送失败 12 份，回收 107 份，涉及全国不同地区企业 85 家，剔除无效问卷 19 份，有效问卷 88 份；对沿海经济发达地区 79 家企业进行了问卷调查，共发放 497 份，回收 362 份，其中因填答缺漏太多或所有答案都相同等原因剔除无效问卷 79 份，有效 283 份；两者合计有效问卷共 371 份，涉及企业 164 家。各变量的均值、标准差及相关系数如表 4-12 所示。

（三）信度和效度

采用 CFA 来评估构念的信度和效度。自由及资产专用性的一个维度与其他因子交叉载荷，测试表明删除这两个项目不会使两构念的内容效度降低，从而删除了这两个维度（不强调秩序与规则、品牌资产专用性）。修改后的计量模型数据可接受：χ^2（549）=1227.96，χ^2/df 为 1.73，小于标准临界值 5；IFI=0.92，TLI=0.91，CFI=0.92；残差 RMSEA=0.05，小于 0.06；并且 PNFI=0.76，大于标准值 0.70。说明构念的聚合效度较好。$\Delta\chi^2$ 均大于 3.84，表明构念的区分效度较好。表 4-11 中 Cronbach's α 各项目均大于 0.7，表明问卷具有较好的信度。各变量的组合信度、萃取变异量均已超过最低的可接受水平（见表 4-11），故本书的整体理论模型有较好的内在结构拟合度。

表 4-12 描述性统计和相关系数

变量	均值	方差	1	2	3	4	5	6	7	8	9	10	11	12
①	3.47	0.70	1											
②	3.51	0.69	0.56***	1										
③	3.55	0.65	0.54***	0.51***	1									
④	3.44	0.80	0.33***	0.49***	0.60***	1								
⑤	3.45	0.61	0.21***	0.40***	0.54***	0.69***	1							
⑥	3.40	0.67	0.24***	0.44***	0.58***	0.77***	0.44***	1						
⑦	3.65	0.54	0.34***	0.48***	0.54***	0.57***	0.58***	0.57***	1					
⑧	3.44	0.61	0.30***	0.37***	0.43***	0.57***	0.37***	0.36***	0.45***	1				
⑨	3.46	0.62	0.16**	0.24***	0.25***	0.37***	0.36***	0.37***	0.43***	0.45***	1			
⑩	2.80	0.71	0.11	0.09	-0.03	0.06	-0.12	0.22***	0.12	0.10	0.08	1		
⑪	2.25	0.87	0.17*	-0.02	-0.05	-0.32***	-0.36***	-0.23***	0.005	-0.05	-0.01	0.22***	1	
⑫	1.20	0.40	0.05	-0.04	-0.05	-0.20***	-0.19***	-0.09	-0.03	-0.10	-0.12	-0.15*	0.52***	1

注：（1）变量说明：①企业绩效；②产品创新能力；③工艺创新能力；④鼓励；⑤自由；⑥体验；⑦容忍；⑧接受；⑨认同；⑩资产专用性；⑪企业规模；⑫企业年限。（2）*表示 $p<0.1$；**表示 $p<0.05$；***表示 $p<0.01$。

三 创新型文化、创新能力与创新绩效假设检验

使用多元回归模型和结构方程进行假设检验。研究表明样本数大于 150 就可使用结构方程进行参数估计（Akgün et al., 2009）。一致性系数（rwg）从 0.67 到 0.89（见表 4-11），高于 0.60 的标准，表明在同一企业中所进行测量的一致性水平符合要求。使用结构方程模型检验假设 1 和假设 2，创新型企业文化的各个因子构念显著相关（见表 4-13），表明创新型企业文化的各个因子同时作用而且相互影响。由表 4-14 可见，鼓励对产品（$\beta = 0.32, p < 0.01$）和工艺创新能力（$\beta = 0.30, p < 0.01$）都有影响，假设 H1a 成立；自由影响工艺创新能力（$\beta = 0.22, p < 0.05$），假设 H1b 部分成立。容忍对产品（$\beta = 0.22, p < 0.05$）和工艺创新能力（$\beta = 0.20, p < 0.05$）都有影响，假设 H1d 成立。然而体验、接受与认同三个因子对产品及工艺创新的影响却并不显著，这并不表明三者与技术创新能力没有关系，因为创新型文化的六因素之间显著相关，说明这三个因素通过其他显著的因素间接影响技术创新能力。

表 4-13　　　　　　　　　创新型企业文化因素间协方差

路径	数值
鼓励⟷自由	0.44***
鼓励⟷体验	0.33***
鼓励⟷容忍	0.24***
鼓励⟷接受	0.23***
鼓励⟷认同	0.18***
自由⟷体验	0.31***
自由⟷容忍	0.22***
自由⟷接受	0.23***
自由⟷认同	0.12***
体验⟷容忍	0.19***
体验⟷接受	0.17***
体验⟷认同	0.14***

续表

路径	数值
容忍←→接受	0.16^{***}
容忍←→认同	0.15^{***}
接受←→认同	0.16^{***}

注：*表示$p<0.1$；**表示$p<0.05$；***表示$p<0.01$。

创新型文化影响产品及工艺创新能力（见表4-14），并且产品及工艺创新能力影响企业绩效（$\beta=0.45$, $p<0.01$；$\beta=0.33$, $p<0.01$）；然而创新型文化与企业绩效关系不显著（见表4-14）。进一步检验创新型文化的六因素与企业绩效的直接路径，结果发现，鼓励和容忍与企业绩效显著相关（$\beta=0.31$, $p<0.05$；$\beta=0.23$, $p<0.05$），从而技术创新能力在创新型企业文化与企业绩效之间起到了中介作用，假设2成立。

表4-14　　　　　　　　　　路径模型

假设	路径	数值	结果
H1a	鼓励→产品创新能力	0.32^{***}	支持
	鼓励→工艺创新能力	0.30^{***}	
H1b	自由→产品创新能力	0.07	部分支持
	自由→工艺创新能力	0.22^{**}	
H1c	体验→产品创新能力	−0.05	不支持
	体验→工艺创新能力	0.12	
H1d	容忍→产品创新能力	0.22^{**}	支持
	容忍→工艺创新能力	0.20^{**}	
H1e	接受→产品创新能力	0.06	不支持
	接受→工艺创新能力	0.04	
H1f	认同→产品创新能力	−0.05	不支持
	认同→工艺创新能力	−0.08	

续表

假设	路径	数值	结果
H2	产品创新能力→企业绩效	0.45***	支持
	工艺创新能力→企业绩效	0.33***	
	鼓励→企业绩效	0.12	
	自由→企业绩效	−0.11	
	体验→企业绩效	−0.10	
	容忍→企业绩效	0.11	
	接受→企业绩效	0.12	
	认同→企业绩效	−0.04	
控制变量	企业规模→产品创新能力	0.10	
	企业规模→工艺创新能力	−0.02	
	企业年限→产品创新能力	0.16**	
	企业年限→工艺创新能力	−0.01	
适应性	CFI= 0.95, IFI= 0.96, RMSEA=0.09, χ^2（14）=50.88, χ^2/df=3.64		

注：*表示p＜0.1；**表示p＜0.05；***表示p＜0.01。

结果显示，创新型企业文化解释了33%的产品（$R^2=0.33$）和48%的工艺创新能力差异（$R^2=0.48$）。创新型企业文化和技术创新能力解释了企业绩效41%的差异（$R^2=0.41$）。使用调节回归模型分析假设3，因可能存在多重共线性，在进行线性回归分析前对资产专用性和创新型企业文化的各个因素进行了中心化处理，VIF＜10表明多重共线性并不突出。本书比较了R^2和ΔR^2以观察交互作用是否显著，从表4-15可见，资产专用性与产品创新能力的交互作用显著而工艺创新能力的交互作用不显著。资产专用性^2×鼓励的结果为负并且显著，表明当资产专用性中等时，鼓励对产品创新能力的影响大于当资产专用性低或高时，呈倒"U"形关系，部分支持假设H3a，同样容忍与企业产品创新能力之间也呈正"U"形关系，假设H3d部分成立。

表 4-15　调节回归分析

项目	产品创新能力			工艺创新能力		
	模型1	模型2	模型3	模型1	模型2	模型3
常量						
企业规模（log）	−0.01	0.06	0.01	0.08	0.27***	0.22**
企业年限（log）	−0.04	0.03	0.02	−0.14	−0.02	−0.05
主效应						
鼓励		0.27**	0.35***		0.30***	0.32***
自由		0.07	−0.13		0.19*	0.19
体验		0.04	0.12		0.08	0.14
容忍		0.27***	0.27***		0.22**	0.20**
接受		0.02	0.03		0.05	0.04
认同		−0.01	0.04		−0.08	−0.17**
资产专用性		0.10**	0.08**		0.02	0.018
资产专用性^2		0.07	0.03		0.17***	0.03
交互作用						
资产专用性 × 鼓励			0.17			−0.06
资产专用性 × 自由			−0.18			−0.18*
资产专用性 × 体验			0.02			0.22**
资产专用性 × 容忍			−0.13			0.06
资产专用性 × 接受			0.05			−0.09
资产专用性 × 认同			0.07			0.12*
资产专用性^2 × 鼓励			−0.15*			0.09
资产专用性^2 × 自由			0.38**			0.02
资产专用性^2 × 体验			0.06			−0.11
资产专用性^2 × 容忍			−0.25*			−0.03
资产专用性^2 × 接受			−0.19			0.07
资产专用性^2 × 认同			−0.08			0.14
R^2	0.05	0.58	0.64	0.06	0.70	0.73
ΔR^2	0.04	0.35***	0.07**	0.05	0.48***	0.04
F-model	0.21	7.75***	5.19***	0.34	14.74***	8.59***
ΔF			6.047***			1.10

注：非标准化回归系数。*表示$p<0.1$；**表示$p<0.05$；***表示$p<0.01$（双尾检测）。

与假设 H3b 相反，结果表明自由对产品创新能力的影响在资产专用性程度中等时小于资产专用性低或高时，即自由与产品创新能力之间呈正"U"形。图 4-7 与图 4-8 显示了资产专用性对鼓励以及自由的企业文化显著的调节作用。另外，当资产专用性不同时，体验、接受与认同对产品创新能力的影响并不显著，说明这三个因素也是通过其他显著因素对产品创新能力产生影响。

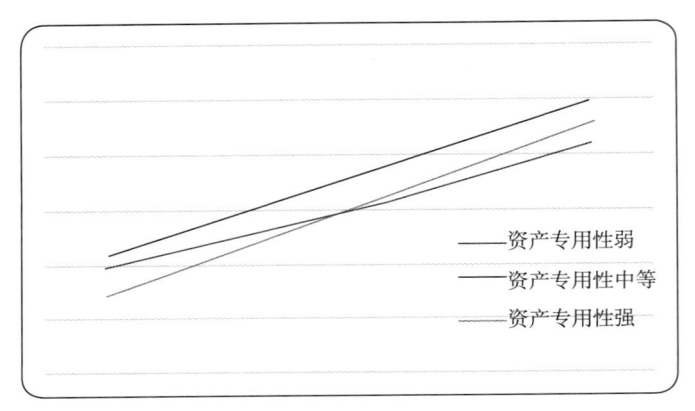

图4-7 资产专用性的调节作用：鼓励与产品创新能力

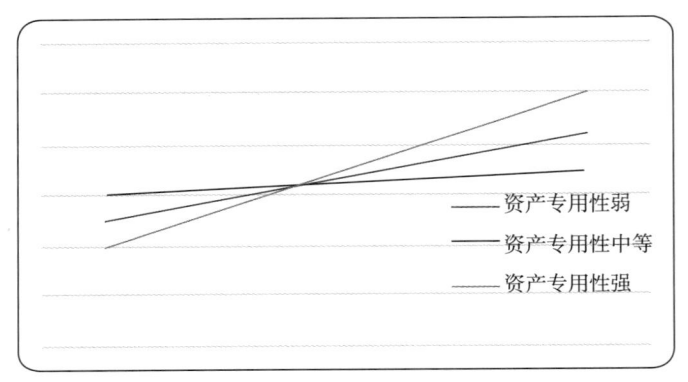

图4-8 资产专用性的调节作用：自由与产品创新能力

四　本节小结与讨论

本书从总体上证实了产品和工艺创新能力对企业绩效的正面作用，并发现创新型文化通过技术创新能力对企业绩效产生影响，而且资产专用性具有调节作用。研究发现：

容忍对企业技术创新能力的作用尤为重要。宽松、宽容的创新文化可使员工有勇气轻松面对失败，鼓励大胆创新活动。宽容能够刺激冒险精神，这也是20世纪60年代后原本荒凉的硅谷能够战胜美国东部波士顿"128号公路"地区成为世界创新的领航员的重要原因之一，因为美国西部比东部更加宽容失败。

当资产专用性中等时，鼓励和容忍对企业产品创新能力的正向作用要大于资产专用性低或高时，呈倒"U"形关系。在问卷调查及访谈中发现某一高科技企业非常重视创新型文化的建设，特别强调鼓励和容忍的企业文化。企业的资金实力比较雄厚，鼓励员工多尝试、多探索，认为研发失败非常正常。然而尽管如此，这个企业五大产品线的产品创新能力却相差较大，仔细观察发现产品线的资产专用性水平有所不同，进一步分析发现除人力资源的专用性相差较大以外其他专用性相差并不大。A、B产品线因为历史长，员工在长期的合作中形成了专用性人力资本，新员工很难融入原有团队，而老员工由于人力资本专用性程度较高，流动性很低、团队比较稳定，资产专用性的低适应性占据主导因素，缺乏产品创新能力；C产品线则却刚好相反，成立时间短，人力资本专用性程度很低，员工流动性大，同样产品创新能力也比较低；D、E产品线时间中等，人力资本有一定的专用性，但又不过强或过弱，其产品创新能力最强。

在资产专用性中等时，自由对企业产品创新能力的正向作用小于资产专用性低或高时，呈正"U"形关系。调查发现另一个企业与上述企业完全相反，在这个企业资产专用性中等时，其事业部的产品创新能力明显低于资产专用性水平高或低的事业部。原来这个企业的企业文化中特别强调"自由"，如由于企业的老总比较年轻，企业环境气氛非常轻松，言论非常自由，企业设置了宽敞而舒适的咖啡厅等，这一企业的问卷调查中"自由"的平均分远高于其他因子。这与本书实证结果一致，自由对企业产品创新能力的正向作用在资产专用性中等时却要小于资产专用性低或高时，这说明当资产的专用性中等时，自由对于新产品或服务开发的影响较弱，反之当资产专用性低或高时，员工自由对于企业产品创新能力的影响较大。

综上所述，管理者应意识到创新型企业文化对技术创新的重要性，营造出良好的创新氛围。管理者可以通过利用存在于员工之间的联系来管理与协调员工，使员工有较高涨的热情，员工之间有良好的人际关系，创造一个良好的工作环境。在和谐氛围中，员工自由表达情感与想法，员工之间良好的沟通中交换思想和工作方法从而得到启发实现创新。此外，管理者也应注意到资产的专用性对于两者之间的关系具有一定的调节作用，特别是对于企业产品创新能力，采取措施强化或弱化企业的资产专用性水平使企业文化对产品创新能力的正向作用最大。

尽管本书采用了测试企业绩效客观性绩效指标，但由于财务数据很难取得，所以采取自评者的主观评价。我国企业范围广泛，研究的样本主要集中于制造业企业，因此本书结论对于其他产业的适用性还需要进一步检验。研究表明关于资产专用性的调节作用非常微妙，今后的研究可以考虑采用某一数学模型来深入揭示其与创新型企业文化与技术创新能力的关系，以及创新型文化与渐进性创新能力及突破性创新能力的关系等。

第五章 组织情境、技术不确定性与创新速度

第一节 相关研究概述

一 创新速度

在市场全球化的今天，创新产品不断涌现，产品生命周期不断缩短。企业创新速度开始受到重视。面对稍纵即逝的发展机会，企业如果能够快速创新，抢先投产上市新产品，就能获得较高的利润。据西门子公司推算，一项新产品每提前一天投产，可使利润增加 0.3%，提前 5 天则增加 1.6%，提前 10 天便可增加 2.5%（胡树华，2000）。越来越多的企业把加快新产品开发和上市的速度，作为创新成败的关键。斯道科（Stalk, 1988）提出了"基于时间的竞争"的概念，并明确提出时间已经成为企业竞争优势的重要来源之一，企业获取"基于时间"的竞争优势主要有四个途径：一是快速制造；二是快速销售和分销；三是快速创新；四是建立注重时间竞争的战略。研究发现（Urban et al., 1986），市场第二进入者的平均市场占有率只及市场首入者的 71%，而第三进入者的平均市场占有率只有首入者的 58%。创新速度指从研发开始，包括对一项创新的概念和定义，到最终商业化，即将一个创新产品推向市场所跨越的时间，从创意火花到最终产品过程中的加速活动。

创新速度理论形成的现实背景是企业的竞争环境已从相对稳定的静态环境，转向复杂多变的动态环境。领先企业竞争优势的耗散速度日益加快，众多市场因素变得复杂而不可预测，企业必须紧密把握信息流动，更快地感知市场变化并迅速地作出反应。能力的动态性是由技术决定的，而以此

为指导，一个开放型、双向型学习组织能够更加灵活而快速地适应市场变化。以动态能力理论为基础，大量学者开始关注更具针对性且可直接指导管理者操作的企业竞争问题。如何更快地发现更好的机会，避免不必要的错误和延迟，尽可能缩短研发时间已经成为现代企业实现可持续发展的焦点。自20世纪90年代，基于时间的竞争策略研究成为继企业动态能力研究后的重要热点，并形成创新速度理论体系。

目前国外对技术创新速度的研究，由于角度和重点不同，对研究对象和研究阶段的定位不同，同时为便于开展实证研究，对速度的定义也有所不同，如从产业角度出发，或从企业新产品创新过程出发等。为了更好地理解技术创新速度，表5-1和表5-2对技术创新速度进行了总结。其中，表5-1中对创新速度的理解基于绝对时间概念，认为创新活动持续时间的长短是衡量创新速度的标准。

表5-1　基于绝对时间概念的技术创新速度

作者	对技术创新速度的定义
Mansfield（1988）	从研发人员对一项新产品或过程安排研发活动到最终商业化所跨越的时间长度
Clark 和 Fujimoto（1991）	从研发过程开始到商业化所跨越的时间
Kessler 和 Chakrabati（1996）	从起始概念产生到最终产品推向市场所花费的时间

资料来源：由笔者整理。

表5-2　基于相对时间概念的技术创新速度

作者	对技术创新速度的定义
Rogers（1983）	一项创新在不同组织之间扩散的速率
Keller（1994）	一个创新项目所用时间与计划时间表的贴合程度
Mcdonough 和 Barczak（1991）	一个项目超前、适中或者落后时间表的程度

资料来源：由笔者整理。

然而，绝对速度因缺乏参照标准，导致应用范围非常有限。从项目内部来讲，企业的技术创新速度还需要与项目时间表或之前的项目执行情况作对比。更多的时候，企业能否在激烈的竞争中拔得头筹、获得先发优势，还取决于同竞争对象相比较领先市场的程度，是基于与竞争者或自身相比较的相对时间概念。阿洛卡和凯斯勒（Allocca and Kessler, 2006）认为技术创新速度越快，企业所获得的先入优势越大。具有先入优势的企业往往能够建立起品牌忠诚，收获经验曲线效益，创造连接顾客和企业的转移成本。一旦这些都能够实现，那么先入优势就成为持续竞争优势的基础。然而，先入优势也许并不能保证企业的成功和长期回报，特别是当先入优势是建立在对手的技术创新速度基础之上时。这是因为当对手不断提高技术创新速度时，先入优势往往会被逐渐消解，这就要求企业为了能保持先入优势而不断加快技术创新速度。创新速度越快，企业越是能加大与竞争对手之间的距离，延长收益获取周期。阿洛卡和凯斯勒（2006）认为，企业快于竞争对手开展研发活动的能力，能够使企业获得先入优势、实现产品成功、获取市场份额、延长产品生命周期、创造规模效益以及增加投资回报率和长期生存能力。

基于时间竞争的提出将缩短技术研发周期提上了新的高度。此后，学界开始对如何缩短新产品创新周期展开了研究。在诸多研究中，对于技术创新速度的研究较少，关于技术创新速度的实证研究更少。正如凯斯勒和查克拉巴特（Kessler and Chakrabarti, 1999）所说，学界对于技术创新速度在快速变化的商业环境下，企业保持持续竞争优势的重要性认识正在逐渐提高。创新速度理论的发展经历了三个基本阶段：第一，早期的探索性研究阶段。学者们主要着眼于基本概念的界定、个人经验与他人研究的总结，进而发展到广泛的调研、案例研究等。这一阶段的研究受学者自身背景影响较大。

第二，20世纪末期以来的系统化分析阶段。这一时期，基于不同的理论基础，出现了两种研究流派。一种是以凯斯勒和查克拉巴特（1996）以及齐尔格和哈特利（Zirger and Hartley, 1996）为代表，基于实证方法与结构方程模型的研究。他们针对企业产生加速创新需求的诱因、影响创新速度的因素、快速创新对于创新绩效的作用关系等问题展开跨行业研究。另一流派则以科恩等（Cohen et al., 1996）为代表，基于微观经济学的厂商理论，利用经济模型，探讨怎样在不牺牲产品质量的前提下，提高创新速度对比而言，前一种流派结论分歧较多，但较此前研究更加具有令人信服的普遍性；而后一种流派，尽管以量化模型直观地反映出创新速度的优化问题，其研究假设却相对单薄，在他们的模型中，只有资金与人力两方面因素决定着创新速度。

第三，最近几年的新问题提出阶段。主要针对以下几个问题进行研讨：创新速度是不是越快越好？在不确定环境下，创新速度与产品成功之间是怎样的关系？一些因素对于创新速度的促进与阻碍，分别在怎样的条件下得到体现？

总体来看，创新速度理论的发展过程体现出三大特征：第一，从概念的争议发展到基本认同；第二，从规范研究发展到多视角下的实证研究、数量经济研究；第三，从理论探索发展到实际问题的具体应用。

早期研究中，针对创新速度的概念主要有两种界定倾向：① 针对产品开发与投放过程中，某两个标志性阶段或时间点的时间跨度，主要以惠赖特和克拉克（Wheelwright and Clark, 1992）为代表。② 产品开发的预期进度安排与实际产生的进度之间的吻合程度，主要以麦克唐纳和巴尔扎克（McDonough and Barczak, 1991）为代表。一般认为，创新速度是从初次发现市场可能，到实现商品化的时间跨度。

总结现有研究发现，企业产生加速创新的需求主要源自以下四个方面：第一，竞争环境。竞争激烈程度的加剧，导致新产品更可能对原有产品实现摧毁式创新，企业越倾向于通过速度来获得竞争优势。高强度的竞争，迫使企业更快地进入正在形成的新兴技术领域。第二，技术动力。高频率的科技发展节奏，使主导设计与技术标准频繁地发生变换（Henderson and Clark, 1990），新颖的技术赋予产品多样化的特性，使新产品更快进入市场。第三，顾客动力。与技术动力相类似，顾客偏好也会频繁变动，从而提高了顾客对产品差异性的敏感程度，迫使企业缩短产品生命周期，进而进行更多的产品创新。第四，管理限制。出于产品的健康性与安全性的考虑，政府部门会对某些特定行业实行相关的限制标准。这种情况下，政府限制程度的强弱，也会决定企业快速创新的需求程度。

关于创新速度的影响因素。惠赖特和克拉克（1992）从组织管理与研发能力的角度提出，产品开发团队的组织优化，能够维持企业竞争优势，团队的功能多样化、高度集成化、项目经理良好的管理能力等都会促进创新速度的提高。多诺万（Donovan, 1994）则更为关注研发人员的才能，认为研发人员的综合能力、个人背景、思维方式、风险偏好等是影响创新速度的重要因素。从创新战略的选择角度来看，寻求加快创新速度的企业，往往更侧重于渐进式创新。在新产品开发的早期阶段与顾客形成良好的沟通、使用CAD/CAE，可以缩短产品开发和市场导入时间。范登博什和克里夫特（Vandenbosch and Clift, 2002）认为采用"闪电式开发"的模式，比并行开发更能提高新产品开发速度。兰斓（2011）对不同规模企业自主创新速度及影响因素进行了研究，认为影响大企业技术创新速度的因素与中小企业不同，且只有少部分因素能够同时对两种类型企业的技术创新速度起到加速作用。举例来讲，外部来源的信息和技术能够促进大企业提高技术创新速度，但过多使用外部信息和技术对中小企业的技术创新速度没有促进作用，甚至会起到阻碍作用。

苏德（Souder, 1998）不仅考虑了组织内部因素，也考虑了与组织相关的其他实体。他认为，加快创新速度的主要因素包括：用户的积极参与、与供应商的广泛合作、研发团队的科学化组织、产品设计的模块化等。埃马努埃利德（Emmanuelides, 1991）则从另外一个角度，将内外部因素结合起来，他认为商业环境、项目本身的性质，以及项目团队三方面会影响创新速度。相对而言，有两份研究成果得到较为广泛的认同，他们所考察的影响因素也更为全面。与此相类似，齐尔格和哈特利（1996）提出的影响因素涉及产品战略、研发过程、项目团队组织等诸多方面。

二 组织情境与专用性投资

考察影响创新速度的组织情境因素包括领导支持、任务挑战及组织鼓励，实际上这三者的大小强弱与企业组织内部的专用性投资有着密切的联系。员工工作后的专用性人力资本投资可以分为对企业的投资（Firm Specific Human Capital Investment）与对经理的投资（Manager Specific Human Capital Investment）（可称为企业型专用性投资与经理型专用性投资）。其中经理型专用性投资反映了企业员工与领导之间的关系、信任及沟通水平，毫无疑问，更多的经理型专用性投资有利于员工与上司的沟通，意味着较高的信任和良好的关系，从而领导更容易了解到项目信息、更信任项目团队，从而往往给予比较多的支持。详细内容见本书最后的讨论。

影响创新速度的因素很多，很多学者进行了大量研究，这些研究的结论也不尽相同。项目通过对山东省、辽宁省、吉林省、上海市等上百家企业进行了问卷调查，从实证角度展开研究，进一步完善创新速度理论，并对我国公司进行新产品开发提供指导。

我国学者对创新速度的研究相对较少，根据中国期刊网从1979年到2019年12月16日以创新速度为标题的文章仅有56篇，其中学术性论文仅有27篇。与此较相关的研究是张剑和岳红（2007）提出领导支持、组织鼓励、任务挑战与资源充沛是影响员工创造性的主要因素；在研究组织情境因素影响创造力的过程中，阿马比尔等（Amabile et al., 1996）对工作环境中的概念性因素和工作环境感知评估指标作出了界定，将工作环境的感知评估指标设定为组织鼓励、主管鼓励、工作团队支持、自由度、充足的资源、挑战性的工作、工作压力和组织障碍8个因素。一般认为如领导支持、目标清晰以及以组织鼓励对创新速度具有重要作用（Kessler and Chakrabarti, 1996）。

陈吉耀（2006）等研究了不确定性在团队授权与新产品开发业绩关系中的作用。他们在对212个新产品开发项目的定量研究中，发现了团队授权与创新速度之间的显著性相关关系。对由技术新颖性和技术动态性这两个不同因素引起的技术不确定性作了区分。结果发现，团队授权和创新速度之间的关系被技术动态性所调节，而技术新颖性则不能。通过进一步的研究发现，在不确定性较低的情况下，无论来源于技术新颖性或技术动态性，团队授权和创新速度均呈正"U"形函数关系。这说明在不确定性较低的情况下，要么完全授权，要么完全不授权或高层介入，都有利于提高创新速度。与之形成对应，在不确定性高的情况下，团队授权和创新速度之间的关系受技术新颖性和技术动态性的影响是不同的。当技术新颖性高时，团队授权和创新速度之间呈线性关系，而当技术动态性高时，二者呈倒"U"形函数关系。对于后者，极高程度的团队授权并不会加快创新速度。这些结果说明，应该根据研发项目的不确定性的来源与水平选择不同的团队授权策略。这些发现或许也表明，技术动态性比技术新颖性对不确定性有更重要的影响。这一研究与项目研究具有相似之处，共同关注了不确定性，包括技术新颖性和技术动态性（波动性）对创新速度的影响，不同之处在于关注的自变量不同，前者研究了团队授权，后者关注了领导支持、组织鼓励及任务挑战。

结合国内外相关研究，项目认为领导支持、组织鼓励及任务挑战对创新速度具有重要影响。然而，关于团队组织情境如领导支持、目标清晰以及以组织鼓励对创新速度的影响，学者们意见并不统一，研究尚未表明这些管理实践活动对不同不确定性的影响相同。例如，斯温克（Swink, 2002）研究表明领导支持、目标清晰以及组织鼓励对创新速度影响很小甚至是没有影响。经验得知，团队组织情境对创新速度会有影响，那么为什么有些研究会得出不同的结论？项目认为，团队组织情境对创新速度的影响具有一定的条件，技术的不确定性作为调节变量使团队组织情境对创新速度产生不同的影响，可以从与创新项目有关的不确定性角度来检验这些情境因素对创新速度减弱或加强的程度。

项目考察了以技术不确定性为调节变量，领导支持、任务挑战、组织鼓励对创新速度的影响；按照创新强度的不同，把技术创新分为渐进性创新（Incremental Innovation）与根本性创新（也称突破性创新，Radical Innovation），通常认为根本性创新的技术新颖度和波动性高于渐进性创新，因而项目部分理论假设是建立在对这两种类型创新活动的考察的基础上。目前，与项目密切相关的研究较少，研究框架如图5-1所示。

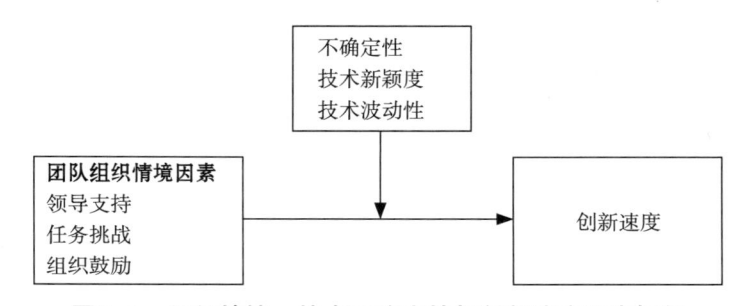

图5-1 组织情境、技术不确定性与创新速度研究框架

第二节 创新速度理论基础与假设

一 领导支持

领导支持表现在很多方面：帮助团队克服困难，提供激励，使新产品开发人员之间保持开放及沟通，提供充足的资金和人力资源，对员工采取民主、信任、关心的态度，主动承担责任，耐心地听取员工的意见，并成为创新活动的榜样等。研究表明高层管理人员支持对加速创新速度起积极作用（Kessler and Chakrabarti, 1996）。因而本章假设：

H1-1：领导支持对创新速度具有正向影响。

对于大多数经营业务，根本性创新因为其不确定度过高、时间太长、投资的风险太大从而被认为是"一种不正常的行为"（Rice et al., 1998）。根本性创新建立在一整套不同的科学技术原理之上，它常常能开启新的市场和潜在的应用。根本性创新探索的往往是新的技术轨道，从而技术的不确定性就越大。当高度创新项目正式成立，其资金一般是不稳定的。由于根本性创新要求大量的资金和高层次的技术力量，本书认为，由于更高的风险和成本，根本性创新项目中领导支持对于创新速度的影响效应比渐进性创新项目的影响更大。因为根本性创新会面对组织不同部门的各种阻挠，从而高层领导关注和支持得越早，创新资源的使用就越有效、创新速度就越快（Rice et al., 1998）。

当技术波动性增加时，高层管理人员的积极支持对创新速度的影响更大。在波动性的环境中，需求经常剧烈变化。市场环境的力量要通过高层管理者的认知来影响企业的创新行为，高层管理者必须不断适应难以预见的对企业具有重大影响的市场环境。要认识到创新的机会，高层管理者必须重塑组织，改变适应方法和创新手段。另外，企业组织中现有的知识、资源、工艺或产品过时很快，并且会出现很难监测或预测技术的间断情况。在这种情况下，项目组成员因为不熟悉新情况、无法预知的后果而感到困惑、无助和强烈焦虑，导致延迟决策。因此当技术波动性很强时，高层管理者可以为创新团队提供安全、授权和动机来促进创新的速度。当技术新颖度和波动性高时，高层管理人员的支持对加快创新速度的影响越大，本章假设：

H2-1a：当技术的新颖度较高时，领导支持对创新速度的正向影响也越大。

H2-1b：当技术的波动性较大时，领导支持对创新速度的正向影响也越大。

二　任务挑战

任务挑战主要指创新项目目标的准确性和详细性。当团队对项目目标认识清晰时，团队成员越会坚持项目目标，从而项目目标不容易变化。技术创新目标的清晰度深刻影响技术创新速度的快慢（宋浩亮，2010），一般而言，清晰及稳定的目标对创新速度非常重要（Lynn et al., 2000），因而本章假设：

H1-2：任务挑战对创新速度具有正向影响。

当技术的新颖度中等时比新颖度低或高时，任务挑战对于创新速度的正向影响可能越大。当技术新颖性较低时，这些类型的创新不确定性较低，因而设定明确的目标在项目开始对于增加创新速度不是非常重要。林恩和阿克古（Lynn and Akgün, 2001）研究发现，对于渐进性创新，任务挑战与创新速度之间没有关系。而对于根本性创新，目标清晰稳定很难或不可能，因为会有许多的路径来实现设计的结果，在项目开始时这些路径方法不可能被全部发现，项目的目标很可能要进行改变和修正。关于根本性创新的研究文献表明，产品创新需要广泛的探索和实验（Peters, 2006）。本章假设：

H2-2a：当技术的新颖度中等比新颖度低或高时，任务挑战对创新速度的正向影响越大。

当技术的波动性增加时，任务挑战对创新速度的正向影响可能会减弱。当技术波动性强时，在项目开发的过程中会出现许多新技术信息。在这种背景下加速创新的选择就要灵活应对未知的环境变化。艾森哈德和塔布里齐（Eisenhardt and Tabrizi, 1995）指出，当技术波动性大时，新产品开发的目标应保持灵活性以及对环境变化的高反应性以适应新的挑战。当技术波动性大时，有效快速产品开发很大程度上取决于公司对技术和市场变化的快速反应能力。希纳德和西曼斯基（Henard and Szymanski, 2001）发现在动态的环境中，更灵活的产品开发流程是新产品开发成功的重要保证。本章假设：

H2-2b：当技术的波动性较大时，任务挑战对创新速度的正向影响将减少。

三 组织鼓励

组织鼓励主要指的是组织存在以时间为基准的奖励措施来加快新产品的开发。组织鼓励的目的是加快创新，项目认为组织奖励与创新速度之间可能存在非线性关系。期望动机理论中行为倾向强度在很大程度上取决于所期望的力量，对奖赏过低可导致不满和较低的团队士气和绩效。与期望理论一致，项目认为组织奖励对创新速度不一定是充分条件。低水平的奖励不能激发团队创新的速度，当组织鼓励增加时，增加了奖励将创新速度的影响大于线性效应。因此假设：

H1-3：组织鼓励对创新速度具有正向影响。

项目管理理论认为，以产出为标准的控制措施和奖励适用于低不确定性。尽管开发时间是可以测量的，当进行产品创新时因不确定性因素太多，团队难以相信和接受准确的最后期限。对从事高度不确定性技术开发的团队来说，唯一确定的是无法预测在哪一环节会发生突破（Henard and McFadyen, 2008）。从而，精确的时间表是错误的。与此一致，研究发现了只有渐进性创新，组织奖励和创新速度之间才存在联系（Kessler and Chakrabarti, 1999）；以产出为基准的奖励仅仅与技术简单项目的创新速度是正相关（Sarin and Majahan, 2001）。提出以下的假设：

H2-3a：当技术的新颖度较高时，组织鼓励对创新速度的正向影响将减少。

当技术的波动性增加时，组织鼓励对创新速度的正向效应可能会减弱。团队以减少风险的方式应对组织鼓励政策。高度波动性的环境会使项目团队缺乏信心，因为错误的决策可能导致麻烦。在这种情况下，创新速度的奖励措施对于从事新产品开发项目的团队成员激励影响较小，因为团队成员认为技术创新绩效的风险转移给了团队。这与目标选择理论及期望理论一致，模糊、危险或太难以实现的目标更有可能被拒绝。从而本章认为：

H2-3b：当技术的波动性较大时，组织鼓励对创新速度的正向影响将减少。

综上所述，本章的理论假设模型如图 5-2 所示。

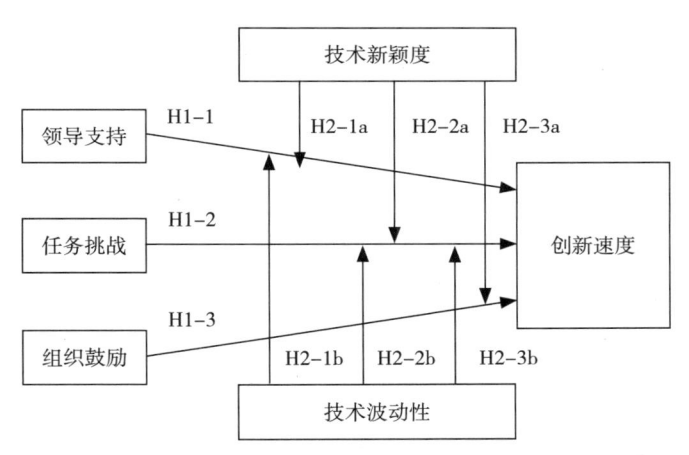

图5-2 组织情境、技术不确定性与创新速度理论假设模型

第三节 组织情境、技术不确定性与创新速度研究设计

一 变量定义和衡量

创新速度从三个方面测量（Akgün and Lynn, 2002）：①时间效果（项目投入比计划时间早）；②时间效率（项目结束比计划时间早）；③相对于行业惯例所需时间（项目完成比通常的时间要早）。技术新颖度用体现在项目中技术的新度来衡量（Chen et al., 2005），范围包括国内著名技术的

应用到国内外新技术的应用；技术波动性用本行业中的技术变化迅速的程度来衡量，范围包括剧烈的动态变化到很稳定（几乎不变）。领导支持从4个方面测量（Cooper and Kleinschmidt, 1995）：领导支持这个项目、领导对这个项目投入了很多时间、领导提供了充足资源、领导创造了鼓励创新的工作氛围。任务挑战采用克拉克和惠赖特（Clark and Wheelwright, 1993）的量表，由目标是否是清晰的、正式的以及稳定的来测量。组织鼓励由组织是否存在奖励措施加快新产品开发过程来测量。

根据研究，竞争强度、团队规模、研发成本和新产品开发资源作为控制变量检查其对创新速度的影响。高度竞争的市场促使企业更快创新以从竞争对手那里抓住机会，或者对竞争对手的新产品做出快速反应。需求不确定性和竞争强度两个变量的测量参照阿图厄—吉马（2005）以及伊莉—伦科和贾纳基拉曼（2008）的量表。证据表明团队规模与创新速度之间存在一定关系，小的研发团队比大的复杂的团队能更快地达成一致及完成任务（Millson et al., 1992）。团队规模由团队成员数量来测量。在加速新产品开发的过程中以成本为基础的战略可能会引起争执因为企业可能要投入更多的工作时间、材料以及设备而付出更大的成本。

开发成本由项目成本符合预算的程度来测量，有效的产品开发依赖于项目所需资源的可得性，如财务资源、人力资源以及专用设备和仪器。新产品开发所需的资源的测量，包括新产品开发所需要的技术技能、市场技能、管理技能及财务资源。市场的不确定性从顾客喜好和口味的不确定性及竞争状况的不确定性两个方面来测量。

创新速度、领导支持、任务挑战、组织鼓励、技术波动性、竞争强度、新产品开发资源以及市场不确定性的调查问卷采用Likert五点量表，对每个指标从"非常不同意"到"非常同意"设置5个评分等级，"1"表示非常不同意，"5"表示非常同意。技术新颖度同样采用Likert七点量表，"1"表示国内已有技术的应用，"5"表示全球新技术的应用。竞争强度是反向指标。构念测量及均值和方差如表5-3所示。

表 5-3　　构念测量及结果

变量	变量测量	均值	方差
创新速度	项目完成比通常的时间要早	2.91	1.20
	项目投入比计划时间早	2.89	1.08
	项目比可能完成的速度快	3.29	1.27
领导支持	领导支持这个项目	4.45	0.74
	领导对这个项目投入了很多时间	3.30	1.46
	领导提供了充足资源	4.00	1.05
	领导创造了充满激情的工作氛围	3.70	1.24
任务挑战	目标是清晰的	4.15	1.01
	目标是正式的	3.79	1.21
	目标在项目的执行期是稳定的	3.70	1.28
组织鼓励	存在奖励措施加快新产品开发过程	2.04	1.58
技术新颖度	体现在项目中技术的新度	2.52	1.63
技术波动性	本行业中的技术变化迅速	2.25	1.43
竞争强度	我们行业的竞争非常残酷	2.80	1.46
	我们行业有很多促销战	2.73	1.51
	凡是竞争对手能提供的任何东西，其他厂家很容易参与竞争	2.67	1.39
	价格竞争是我们行业的标志	2.58	1.27
	几乎每天都能听到新的竞争对手离开	2.22	1.63
	我们的竞争对手相对来说比较弱（反向分数）	1.71	1.36
团队规模	项目团队的成员数量	12.36	9.97
新产品开发资源	我们公司具备开发新产品所需的技术技能	4.00	1.02
	我们公司具备开发新产品所需的市场技能	3.51	1.25
	我们公司具备开发新产品所需的管理技能	3.89	1.58
	我们公司具备开发新产品所需的财务资源	4.13	1.05
市场不确定性	在我们这一领域，客户对产品偏好变化很多	2.47	1.41
	我们的客户一直在寻找新产品	2.54	1.36
	新客户的需求不同于现有客户	3.01	1.29

二 信度效度检验

本研究以 Cronbach's α 系数来检验变量的信度，信度计算结果如表 5-4 所示，Cronbach's α 值大于 0.7 表明具有较高的信度。创新速度、领导支持、任务挑战等各项目均大于 0.7，表明问卷的内部具有较好的同质性，问卷具有较好的信度。对该量表的构想效度进行的验证性因素分析结果表明主要拟合指标 χ^2/df 为 1.73，小于标准临界值 5；残差指标 RMSEA 的值小于 0.06；其他重要拟合指标 GFI 和 CFI 的值分别为 0.90 和 0.87。表明模型的构想具有一定的合理性与正确性，可以接受。

表 5-4　模型相关参数

变量	Cronbach's α 或相关系数 r	组合信度	平均萃取变异量
创新速度	α = 0.70	0.74	0.58
领导支持	α = 0.75	0.78	0.50
任务挑战	α = 0.83	0.84	0.63
组织鼓励	α = 0.73	0.76	0.53
技术新颖度	α = 0.78	0.81	0.56
技术波动性	α = 0.80	0.82	0.62
竞争强度	r = 0.46	0.66	0.50
团队规模	r = 0.51	0.68	0.55
新产品开发资源	r = 0.79	0.83	0.84
市场不确定性	r = 0.71	0.74	0.71

要检验整体理论模型，还需要进行模式内在结构拟合度分析。该标准用以评估模式内估计参数的显著程度、各指标及潜在变项的信度等，这可从个别项目的信度（Individual Item Reliability）是否在 0.5 以上、潜在变项的组合信度（Composite Reliability）是否在 0.7 以上以及潜在变项的萃取变异量（Variance Extracted）是否在 0.5 以上来评估。如表 5-4 所示，创新速度、领导支持、任务挑战、组织鼓励的组合信度分别为 0.74、0.78、0.84、0.76，而萃取变异量分别为 0.58、0.50、0.63、0.53，均已超过最低的可接

受水平，故本章所提出的整体理论模型有较好的内在结构拟合度。由此可见，本章所提出的模型是合适的，可以用以检验相应的假设。为了进行假设检验，给每个构念中的测量项目取一个可测量的平均值，表5-5 显示了每个构念的均值、标准差及零阶相关系数。

表 5-5 均值、标准差及零阶相关系数

构念	均值	方差	1.	2.	3.	4.	5.	6.	7.	8.	9.
1. 创新速度	3.05	0.92	1.0								
2. 领导支持	3.86	0.87	0.26**	1.0							
3. 目标清晰	3.90	1.01	0.33**	0.42**	1.0						
4. 组织鼓励	2.04	1.58	0.13*	0.35**	0.29**	1.0					
5. 技术新颖度	2.53	1.63	0.02	0.12	0.12	0.22**	1.0				
6. 技术波动性	2.25	1.43	−0.01	0.11	0.05	0.21**	0.19*	1.0			
7. 竞争强度	2.49	1.34	−0.08	−0.09	−0.08	−0.10	0.10	0.14	1.0		
8. 团队规模	12.36	9.97	−0.11	0.14	0.16*	0.28**	0.01	0.19*	−0.04	1.0	
9. 新产品开发资源	3.89	0.83	0.24**	0.32**	0.56**	0.13	0.09	−0.02	−0.08	0.05	1.0
10. 市场风险	2.55	1.30	0.00	0.15*	−0.11	0.14	0.02	0.42**	−0.05	0.00	−0.01

注：*表示$p<0.05$；**表示$p<0.01$。

第四节 组织情境、技术不确定性与创新速度假设检验

利用调节回归分析进行假设检验，模型1检验控制变量，模型2检验独立变量，模型3检验组织鼓励的平方项，模型4检验调节变量以及技术新颖度的平方项；为了研究技术新颖度及波动性的调节作用，分别建立了领导支持×技术新颖度、领导支持×技术波动性、任务挑战×技术新颖度、任务挑战×技术新颖度^2、任务挑战×技术波动性、组织鼓励×技术新颖度、组织鼓励^2×技术新颖度、组织鼓励×技术波动性、组织鼓励^2×技术波动性的回归模型5，结果如表5-6所示。

表 5-6 调节回归分析

项目	模型 1	模型 2	模型 3	模型 4	模型 5
控制变量					
竞争强度	−0.08	−0.06	−0.07	−0.07	−0.04
新产品开发资源	0.35**	0.05	0.05	0.05	0.09
团队规模	−0.15*	−0.19**	−0.18**	−0.18*	−0.18**
市场不确定性	0.00	0.01	0.01	0.01	0.03
独立变量					
领导支持		0.32*	0.29	0.29	0.34*
任务挑战		0.25**	0.25**	0.25**	0.38**
组织鼓励		0.01	−0.09	−0.08	−0.08
组织鼓励^2			0.18**	0.18**	0.08
调节变量					
技术新颖度				−0.05	−0.14
技术新颖度^2				0.01	0.01
技术波动性				0.01	0.26*
交互作用项					
领导支持 × 技术新颖度					0.30*
领导支持 × 技术波动性					0.39**
任务挑战 × 技术新颖度					−0.02
任务挑战 × 技术新颖度^2					−0.22*
任务挑战 × 技术波动性					−0.16*
组织鼓励 × 技术新颖度					0.05
组织鼓励^2 × 技术新颖度					0.18
组织鼓励 × 技术波动性					−0.02
组织鼓励^2 × 技术波动性					−0.38**
R^2	0.08	0.16	0.19	0.19	0.36
F-value (d.f.)	3.85** (4)	4.63** (7)	4.70* (8)	3.41** (11)	4.29** (20)
ΔR^2		0.08	0.03	0.00	0.17
F-change value (d.f.)		5.28** (3)	4.49* (1164)	0.14 (3)	4.57** (9)

注：①系数为标准化回归系数β值，未列示常数项；②*表示p≤0.05，**表示p≤0.01；③各个回归模型的D.W.值均小于或接近于2，方差膨胀因子（VIF）小于10。

从表 5-4 及模型 2 中可见，领导支持与任务挑战与创新速度是正相关的关系且影响显著，从而假设 H1-1、H1-2 成立；组织鼓励与创新速度之间是正向的关系，假设 H1-3 成立，模型 3 可见附加组织鼓励平方项的增加 R^2 达到 3%（$p < 0.05$）。组织鼓励平方项的系数是正向的及显著的（$\beta = 0.18$, $p > 0.05$），表明组织鼓励与创新速度之间的关系不仅是正向的，而且其斜率还是增加的，即组织鼓励与创新速度之间是一种正向的曲线关系，曲线的斜率要比线性关系的斜率要大。另外，通过模型 2 中自变量的回归系数比较发现，领导支持（$\beta = 0.32$, $p \leq 0.05$）比任务挑战（$\beta = 0.25$, $p \leq 0.01$）对创新速度的边际贡献更大，这一点与西方学者（Carbonell and Rodriguez-Escudero, 2009）的研究结论并不相同，他们研究认为任务挑战对创新速度的影响比领导支持大，本研究结果说明在我国领导支持在企业管理中特别是创新方面发挥着最为重要的作用。

模型 5 中领导支持与技术新颖度的交互作用项是正向、显著的（$\beta = 0.30$, $p < 0.05$），假设 H2-1a 成立。这说明当技术新颖度高时，领导支持与技术新颖度的交互作用项越明显。领导支持与技术波动性的交互作用对创新速度的影响是正向、显著的（$\beta = 0.39$, $p < 0.01$），假设 H2-1b 成立。任务挑战与技术新颖度之间的交互性对创新速度的影响是反向的、显著的（$\beta = -0.22$, $p < 0.05$），结合艾肯和韦斯特（1991）的研究成果，可见当技术新颖度中等时，任务挑战对创新速度的影响比技术新颖度高或低时更大（低时，$\beta = 0.25$, $p < 0.05$；中等时，$\beta = 0.34$, $p < 0.00$；高时，$\beta = 0.25$, $p < 0.05$），如图 5-3 所示，从而假设 H2-2a 成立。

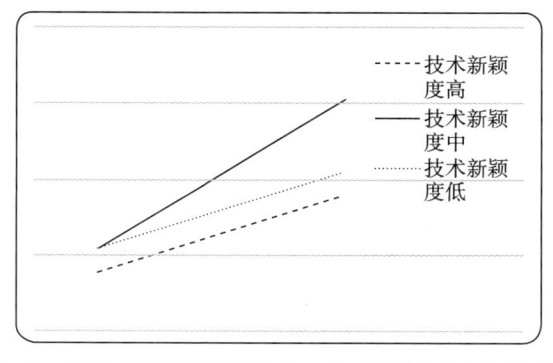

图5-3　任务挑战与创新速度：技术新颖度为调节变量

任务挑战与技术波动性交互作用对创新速度的影响是反向的（$\beta=-0.16$，$p<0.05$，模型5），结合艾肯和韦斯特（1991）的研究成果，可见当技术波动性低比技术波动性高时，任务挑战对创新速度的正向影响更大（低时，$\beta=0.43$；高时，$\beta=0.21$），如图5-4所示，假设H2-2b成立。

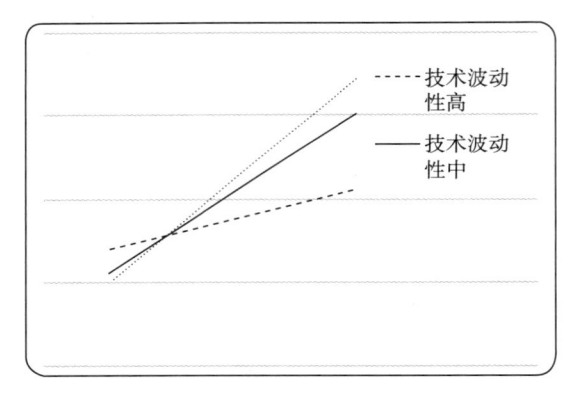

图5-4 任务挑战与创新速度：技术波动性为调节变量

从表5-6可见，组织鼓励与技术新颖度的交互项并不显著，从而假设H2-3a不成立。组织鼓励与技术波动性交互项对创新速度的影响是反向和显著的（$\beta=-0.38$, $p<0.01$），假设H2-3b成立。结合艾肯和韦斯特（1991）的研究成果，可见当技术波动性低时，组织鼓励平方项与对创新速度的影响是正向的和显著的（$\beta=0.35$, $p<0.01$），然而当技术波动性高时，组织鼓励平方项与对创新速度的影响是反向的和显著的（$\beta=-0.19$，$p<0.05$），如图5-5所示。

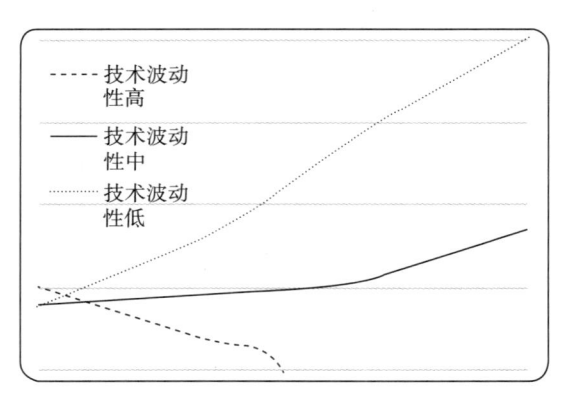

图5-5 组织鼓励与创新速度：技术波动性为调节变量

综上分析，理论假设及其检验结果如表 5-7 所示。

表 5-7　　　　　　　　　　理论假设及其检验结果

序号	理论假设	检验结果
H1-1	领导支持对创新速度具有正向影响	成立
H1-2	任务挑战对创新速度具有正向影响	成立
H1-3	组织鼓励对创新速度具有正向影响	成立
H2-1a	当技术的新颖度较高时，领导支持对创新速度的正向影响也越大	成立
H2-1b	当技术的波动性较大时，领导支持对创新速度的正向影响也越大	成立
H2-2a	当技术的新颖度中等比新颖度低或高时，任务挑战对创新速度的正向影响越大	成立
H2-2b	当技术的波动性较大时，任务挑战对创新速度的正向影响将减少	成立
H2-3a	当技术的新颖度较高时，组织鼓励对创新速度的正向影响将减少	不成立
H2-3b	当技术的波动性较大时，组织鼓励对创新速度的正向影响将减少	成立

第五节　研究小结及进一步研究

一　研究小结

本章从技术不确定的角度分析团队组织情境对创新速度的影响，通过对 162 家企业进行问卷调查并实证研究，得出领导支持、任务挑战及组织鼓励对创新速度都有正向影响作用，以技术新颖性和波动性为代表的技术不确定性对团队组织情境具有明显调节作用。根据分析结果可进一步看出，领导支持对创新速度的影响最大，其次是任务挑战，最后是组织鼓励。这与国外研究结果不同，国外研究中组织鼓励、任务挑战这些具有客观性的内容占据更重要的位置，而在我国领导支持对创新速度的影响最大。这说明，西方企业的创新更依赖科学与规范的管理理念与制度，而在我国领导支持，特别是高层领导支持对于创新速度更为关键，我国企业应进一步加强制度管理及规范管理，以减少企业战略中的人为因素，加强科学决策。同时本书发现技术不确定性对领导支持与创新速度的关系具有正向调节作用，这说明当技术的新颖度和波动性大时，在我国企业领导支持对于创新速度更加重要。当企业需要进行根本性创新以及环境变化较快时，要提高创新速度，最关键的问题是组织应具有创造力的领导，增强领导的创新观念对创新速度尤为重要。

但是，技术不确定性大时，任务挑战与组织鼓励对创新速度的影响并非就越大，虽然两者对创新速度具有正向影响，但技术环境复杂时，两者对创新速度的影响也比较复杂。其中，当技术新颖度中等时，任务挑战对创新速度的影响比技术新颖度高或低时更大；这一结论与产品复杂性对新产品周期的影响类似。"研发项目的复杂程度"与"产品开发周期的缩短"的关系微妙。卡博内尔和罗德里格斯（Carbonell and Rodriguez, 1996）则更进一步得出这样的结论：新产品的复杂性会对其研发周期产生影响，它与创新速度之间呈现一种倒"U"形关系。当产品的复杂程度由低向高演变时，它首先会促进创新速度的提高，而在达到某个顶点之后，随着产品复杂程度的加强，创新速度反而降低。

任务挑战与技术波动性交互作用对创新速度的影响是反向的，当技术波动性低比技术波动性高时，任务挑战对创新速度的正向影响更大。这说明在相对稳定的环境中，确立明确的清晰的目标和任务更有利于提高创新速度。

结果表明组织鼓励与技术新颖度的交互项不显著。这说明当企业进行根本性创新时，组织鼓励措施对提高创新速度结果并不明显。现有研究指出了在快速变化的环境以及突破性创新环境中企业在鼓励员工加速新产品开发的过程中企业面临的挑战。在这些环境中，团队成员的角色和任务必须处理陌生的事件，这往往超出了团队成员的能力。在这种情况下企业建立创新支持系统对提高创新速度非常重要。

结果表明组织鼓励与技术波动性交互项对创新速度的影响是弱反向的。当技术波动性低时，组织鼓励平方项与对创新速度的影响是正向的；然而当技术波动性高时，组织鼓励平方项与对创新速度的影响是反向的。这表明在高度动荡的环境下企业不应采用组织鼓励措施来提高创新速度。本章研究表明：对创新速度的非线性递减回报不会导致企业忽略组织鼓励方面的措施。这些研究结果说明了企业应该理解在此背景下这些鼓励措施效果的重要性。例如，已有研究表明当环境较稳定、目标确定时，物质激励对绩效的影响更大，在这种情况下企业应当设定清晰的目标。然而在很多情况下组织目标并不等同于个人目标，只有当组织目标与员工个人目标一致时，物质激励才有效。

二 创新速度、专用性讨论及进一步研究

本章研究了组织情境变量在特定情况下对创新速度的影响，具体来说在技术新颖性和波动性的情况下，领导支持、任务挑战、组织鼓励对创新速度的影响。然而本章的研究还存在一些局限性。首先，本章调查的数据来源大多为制造业企业，因此本书的结论对于制造业企业更为适用，但对于其他产业的适用性还需要进一步进行验证。其次，本章主要是从企业内部团队组织情境的角度进行研究，没有考虑其他因素，如研发人员的才能、用户参与、供应商合作等因素对创新速度的影响。

创新速度是不是越快越好？创新速度与产品成功之间是怎样的关系？这些都是需要进一步研究的问题。现实中由于技术的复杂性和市场的不确定性，使新产品的快速创新面临极大的风险，一些企业由于新产品开发和推向市场的步伐过快，而惨遭失败的案例也经常出现。1980年，施乐公司（Xemx）为了抢占市场而快速开发出的1045型复印机，其设计上的一个缺陷，造成了公司超过100万美元的损失。通用电气公司（GE）在新开发一款冰箱压缩机时，也是由于开发时间过于仓促，而导致了高达4.5亿美元的损失，其中仅替换有缺陷的压缩机的直接损失就超过了100万美元（Boyle，1990）。克莱斯勒公司（Chrysler），1994年推出的花费近20亿美元开发的新型轿车Neon，在未经过充分的道路测试前就抢先投放市场，使其不得不在新车销售的第一个月内两次紧急召回，极大地挫伤了经销商和用户的热情，造成了巨大的经济损失（Gordon et al.，1995）。这些案例说明，在产品创新中，一味地追求速度并不能带来成功。

另外，关于经理型专用性投资与领导支持及创新也是一个有意义的研究问题。企业型专用性投资为员工在工作中积累的对企业专用性设备、市

场状况、工艺流程等学习的技能与经验、企业文化的适应性等投资；经理型专用性投资为员工与经理为首的所在团队在长期合作中建立起来的关系独特性投资（Relationship-specific Investment），如相互理解、相互信任、能力互补、配合默契等能够提高效率、减少交易成本的投资活动，可见研究所说的经理专用性人力资本投资包括了团队专用性的含义。

本书认为经理型专用性投资一方面能对员工流动产生影响，造成集体跳槽、团队流动现象。葛锐格认为企业型专用性投资只要员工在特定企业工作就具有产出效应（即能为企业带来产出），而经理型专用性投资，只要员工与经理一起在同一个公司工作，就会具有产出效应而不依赖于特定企业。即只要员工留在原企业，企业型专用性投资对企业来说能够增加生产效率，即具有产出效应；而经理型专用性投资则具有两个方面功能：一是当员工与经理在同一企业工作时，经理型专用性投资同样具有产出效应；二是当经理跳槽离开原企业时，经理型专用性投资就为员工创造了一种外部选择权（Outside Option），这一选择权能够改变员工进行专用性人力资本投资活动的动机并可能导致员工与经理一起流动到外部企业。

另一方面，经理型专用性投资能够提高领导支持，从而影响创新。当领导乐于与员工探讨心中的想法，努力为员工提供各种与工作相关的信息，并积极寻找改善工作绩效的有利措施时，员工创造力水平会更高。领导支持行为还体现在领导与员工的互动。早期的领导—部属交换理论（LMX）已表明，上下级的关系与员工创造力密切相关（Scott and Bruce, 1994）。领导与员工的关系处于一个动态发展的过程中，从初期正式的领导与被领导关系逐渐转向一种相互信任、彼此喜欢、互相尊重的关系，此时员工被赋予更多的自主权和更大的决策空间，这对于员工创造力的提升至关重要。员工与领导经过一段时间的相处，逐渐熟悉领导的行为模式和言行风格，心理安全感升高，在如此轻松的环境中工作更具有创造力。工作以外的交流既会使沟通渠道变宽，也有助于增进领导与员工之间的相互了解，当更多的观点可以自由共享时，员工创造力提升的可能性增加，因而对经理型专用性投资、领导支持、创造力与创新速度进行实证研究将是下一步研究的方向。

第六章 专用性投资与合作创新

第一节　专用性投资、知识复杂性及环境不确定性与合作创新决策

技术变革的加快、产品生命周期的缩短以及市场竞争的加剧使大多数企业的生存环境发生了剧烈变化，在此背景下，企业间创新合作行为快速发展，合作创新的重要性受到越来越多的关注。合作创新可以帮助企业有效降低交易费用与运营成本、提高创新效率或与合作伙伴分担研发风险（Hagedoorn, 1993）。然而，企业合作创新的失败率却一直居高不下（陈一君，2004），由于对合作前景的担忧，很多企业在进行合作创新决策时顾虑重重。那么，影响企业形成合作创新决策（Cooperative Innovation, CI）的因素是什么，这些因素又是怎样影响合作创新？目前国内外对合作创新的研究多数集中在信任、合作伙伴的选择以及合作中的知识共享及转移这些主题，对合作创新模式选择或决策，特别是对影响合作创新决策因素的研究尚未引起足够关注，因而对企业合作创新决策进行研究，尤其是实证研究，具有很强的现实意义及理论价值。

交易成本理论认为，合作创新是一种介于企业与市场化组织中间的一种混合性组织形式。传统理论认为影响组织形式的因素包括资产的专用性与不确定性，其中从不确定性的角度研究技术创新组织形式的文献较多（Mukherjee et al., 2013）。从专用性投资（Specific Investment, SP）的视角研究创新模式的文献较少，苑泽明和严鸿雁（2009）指出企业专用性资产因为实施创新战略而日益普遍，企业创新需要不断增加专用性资产投资。专用性投资一方面能够构成进行持续性参与合作的显示信号；另一方面，其

引发的"套牢"问题会影响创新的边界和效率。那么，专用性投资到底是促进合作创新还是阻碍合作创新？本书将深入研究专用性投资对合作创新决策的影响。

知识是创新活动和行为的一个重要变量，是企业最重要的资源。一方面，企业进行合作创新的重要动力在于获取知识，另一方面为预防机会主义，企业必定会防止其知识"外溢"，毫无疑问知识特征能够影响创新模式选择，特别是企业知识复杂性。知识复杂性指与特定资产或知识有关的独立技术、惯例以及资源的数量（Simonin, 1999），它是知识的一种内在性质。知识复杂性会影响转移、吸收及保留该种知识的能力，从而将影响创新模式选择。基于交易成本理论，融入知识复杂性这一影响创新的关键变量，本书将系统探索分析环境不确定性、专用性投资及知识复杂性对企业合作创新决策的影响。

进入权（或"通道""通路"），指使用关键资源的权力和能力（Rajan and Zingales, 2001），这种关键资源可以是某种思想、资产和人等。进入权理论是企业理论研究的最新进展，目前国内外的研究主要集中在企业边界领域，主要研究其对专用性投资的激励，从创新管理或治理的角度研究进入权尚未引起足够关注，相关的实证研究更为少见。过聚荣和茅宁（2005）将进入权理论应用到技术创新的研究中，认为理论发展趋势之一是从进入权角度探讨创新治理。本书在相关研究的基础上认为进入权对合作创新决策具有调节作用，合作双方相互提供的进入权的大小能够增强或减弱合作创新中专用性投资、知识复杂性及环境不确定性对合作创新的影响。本书从实证研究的角度探讨专用性投资、知识复杂性及环境不确定性对合作创新选择决策的影响以及进入权的调节作用具有一定的探索性和创新性，一方面能够丰富现有的合作创新管理理论，进一步拓宽进入权理论的应用领域并为其实证研究奠定基础，同时对我国企业根据自身情境因素及环境因素选择合作创新模式也具有指导作用。

一 研究假设

(一)专用性投资与合作创新

合作创新通常是两个或两个以上的组织为了共同的利益,通过专用性投资,分享企业间互补性资源产生创新成果的过程(王国才等,2011),影响合作创新的变量之一是专用性投资。威廉姆森(2002)认为专用性投资指为了维护特定的交易关系或者改进特定的经营效率而持久投资于专用性资产。如果交易关系延续,专用性投资能够创造价值;反之关系破裂,就没有价值。若专用性投资缺乏,则双方很容易转向其他交易(因为交易破裂的成本较低),可见关系维持的必要条件是专用性投资,从而专用性投资也指关系专用性投资(Relationship Specific Investment)。并且其具有信号传递的功能,斯顿姆和海德(Stump and Heide,1996)认为,组织间合作的信号可以由专用性投资来传递,并且专用性投资可以促使合作双方形成共赢的均衡博弈。企业将自身锁定于合作关系是因为其对合作创新伙伴进行了专用性投资,使企业处于不利地位(提高了企业转换成本),从而进行专用性投资能够表明企业信任合作伙伴;专用性资产的价值会减少甚至为零(当转换合作关系时),这就使合作伙伴能够相信企业对合作关系的承诺。假如合作双方相互都进行专用性投资,就会导致这种合作关系被锁定,即便后来发现更好的合作者,原有的合作关系也不会被双方轻易结束,从而使合作双方相互信任的程度因专用性投资而增强。

与通用性投资相比较,进行专用性投资风险更大,因为进行专用性投资的一方需要承担因合作对方选择机会主义行为而产生的损失,这就使合作双方采取值得信任的行为。可见,通过丧失组织间关系的灵活性或者降低资产在其他用途的使用价值,专用性投资将合作方绑定。企业在合作关系中投入更多的资产,容易导致其与合作者产生锁定效应、形成联盟,从而促进合作成功。资源依赖理论认为,合作双方相互投资依赖程度的高低决定了合作创新成功与否。进行专用资产投资,增加了合作双方相互间的依赖程度,双方依赖程度越高,越有利于产生和维持信任,双方就越容易锁定于这种合作关系。综上所述,合作创新各方相互信任的程度因专用性投资而提高。因而本书假设：

假设1：专用性投资与合作创新正相关（即专用性投资越多，越容易形成合作创新）。

（二）知识复杂性与合作创新

企业合作的目的是为了获取对方以知识为基础的资源，基于知识的合作是企业合作创新的本质，其核心与关键在于知识的共享及转移。尽管企业进行合作创新的动机之一是为了获取知识，从这个角度上看，似乎知识越复杂企业越可能进行合作创新，然而实践中存在两个问题使我们重新考虑两者间的关系。第一，知识复杂性导致知识共享及转移的困难，从而企业在合作创新中难以实现获取知识的初衷。知识复杂性越高意味着合作涉及的知识领域越多，从而很难有员工能够通晓所有这些知识，造成知识流动困难。知识复杂性越高，以半结构化形态存在的知识越多，越不利于对其编码，传播和吸收的难度也越大（Simonin, 1999）。第二，合作中可能发生的机会主义行为，如知识窃取导致企业对进行合作创新的担忧。基于资源的理论认为隐性知识能够导致持续竞争优势，合作创新需要共享隐性知识，然而这增加了知识被侵占及泄露的机会（刁丽琳，2012），从而导致合作失败，调查发现主要有三大风险因素造成联盟失败，其中知识产权风险（如知识窃取）处于首位。合作双方在合作创新中的知识共享及密切交流不仅能为合作方创造学习的机会，而且还可能导致机会主义行为一方窃取另一方的核心知识。从信息不对称的角度，在合作创新中机会主义者可能会实施知识窃取行为（通过利用对方信息劣势：不能完全观测自己的行为），尤其在知识密集型的企业。因而知识复杂性高的企业会谨慎选择合作创新（Kale et al., 2000; Sampson, 2004），更多选择自主创新，从交易成本理论的角度来说，自主创新属企业内部创新，采用内部的层级控制治理方式。从而本书假设：

假设2：知识复杂性与合作创新负相关（即知识越复杂，越不容易形成合作创新）。

（三）环境不确定性与合作创新

环境不确定性是指企业所在行业的技术及市场变化的速度反复无常，

对组织而言，环境不确定性主要体现为由于信息缺乏不足而导致组织无法做出决策。在不确定性的环境下，需求、竞争对手、技术、法规的变化快、不具备连续性，信息也因此往往是不准确的、难获得的或者是滞后的，管理者面临很强的决策模糊性。关于环境不确定性对合作创新的影响，学者们意见不一。侯广辉（2009）认为，技术不确定性促使企业更多地通过合作开发技术，从内部R&D转向从外部获取资源。卡莱和辛格（Kale and Singh, 2009）等认为合作能够通过共担风险、资源共享、创造新市场机会等减少不确定性。然而，卡莱等（Kale et al., 2000）认为，战略性资产侵占问题是企业间合作的中心问题，并且与不可预测的市场需求、竞争以及技术的变化相联系的不确定性越高，战略资产的侵占问题就越严重，从而动态环境会减少企业的合作创新行为。

慕克吉等（Mukherjee et al., 2013）认为，外部环境不可预测的突然变化增加了信息处理的需求，甚至会迫使企业改变其战略定位，面对更多的信息处理要求，管理者不愿承担太大的压力，从而对合作创新决策形成负向激励。不确定性在合作创新中包括不确定的成本及收益、机会主义行为和模糊的管理权限。联盟伙伴的机会主义行为取决于环境的波动性，并随环境的不确定性增加（Luo, 2007）。而且，从交易成本理论的角度来看合作创新程序繁多：伙伴选择、合约谈判、合作模式选择、合作绩效监控及评估等，毫无疑问这些程序会增加事前及事后的交易成本。当环境不确定性增加时，管理者难以评估未来合作绩效，这不仅增加了事前的交易成本，而且导致更多的不确定性。从而本书假设：

假设3：环境不确定性与合作创新负相关（即环境不确定性越大，越不容易形成合作创新）

（四）进入权的调节作用

由于接触和使用关键资源而产生的权力被称为"进入权"，关键资源除物质资产以外，还包括不具有产权属性的人力资本（如员工的知识、天赋、创意、客户关系等）以及具备产权属性的无形资产（如专利技术），这些关键资源具有价值性、不可模仿性、稀缺性和不可替代性（Rajan and Zingales, 2001）。例如，若某台机器设备属于关键资源，则具有操作该机器设备的权利或能力就属于使用权；若某种思想创意属于关键资源，那么知道这一思想创意细节的权利或具有使用它的能力就是使用权。进入权是一种与能力相联系的权力，具有机会性和诱导性两层含义。机会性指进入权赋予合作方参与某种活动权限或使用某种资源的机会；诱导性指由于进入权能够诱导员工及企业的专业化或专用性，作为与"能力"相关联的权力之一，进入权能够引导和限定员工的能力向特定的方向发展，因为只有当员工拥有的能力特长同企业其他关键资源契合时，这种能力才会通过进入权的配置而被引导发展成为企业专用的能力。

使用权理论认为，关键资源也是权力来源之一，从而参与合作创新的企业都因拥有关键资源而拥有某种权力，从某种程度上说掌握了关键资源就具有了市场和企业的控制权。但是，这些关键资源对合作联盟而言其重要性不同，资源相对重要的一方在合作关系中就会具有相对多的权力。合作创新双方通过对进入权配置，即调整对关键资源的使用和接触，产生两个方面影响：第一，激励另一方投资于专用性的关键资源，从而构造投资组合，引导联合收益的产生；第二，防止合作另一方侵蚀自己的关键资源，从而能够防止交易中的道德风险和机会主义（过聚荣、茅宁，2005）。交易成本理论认为，进入权是一种激励专用性投资的有效机制，而且与所有权相比较，进入权对专用性投资的激励机制具有对称性，当进入权高时，专用性投资的信号传递越强，企业进行合作创新的可能性就越大，因而：

假设4：合作伙伴间进入权增强了专用性投资对合作创新的正向影响。

合作创新中合作双方相互提供的进入权越大，从表面上看，增加了知识侵占的机会和风险，然而，企业间资源的进入、发展和整合依赖于企业培育的高水平的组织间信任（Day et al., 2013），只有当合作双方信任水平足够高时，合作双方才可能提供高水平的进入权。基于合作双方的信任、长期合作的关系而相互提供较大的进入权，会减少合作中知识窃取的机会主义和道德风险，减少大量的谈判与伙伴监督的成本（Dyer and Chu, 2003），提高合作创新的成功率。当合作意向方提供较高的进入权时，关键资源的开放度增加不仅有利于知识共享与转移的效率，而且高信任水平也会使合作双方知识共享与转移更有效率（Lee and Cavusgil, 2006），降低知识窃取的风险，从而本书假设：

假设5：合作伙伴间进入权减弱了知识复杂性对合作创新的负向影响。

合作创新中合作双方相互提供的进入权越大，通常表明合作双方的信任水平越高。当环境不确定性增加时，高进入权所表明的信任会增加合作双方灵活性、减少交易成本（Nooteboom et al., 1997），减少合作中的机会主义和道德风险，从而减弱快速信息处理需求的压力。面对外部环境的不确定，高进入权能够激励合作参与方的合作行为以及价值创造行为，合作意向方提供高进入权、关键资源的开放度越高，表明合作意向方进行合作创新的意愿越强，企业越有可能在环境不确定性的情境下进行合作创新，从而本书假设：

假设6：合作伙伴间进入权减弱了环境不确定性对合作创新的负向影响。

综上所述，概念框架模型如图6-1所示。

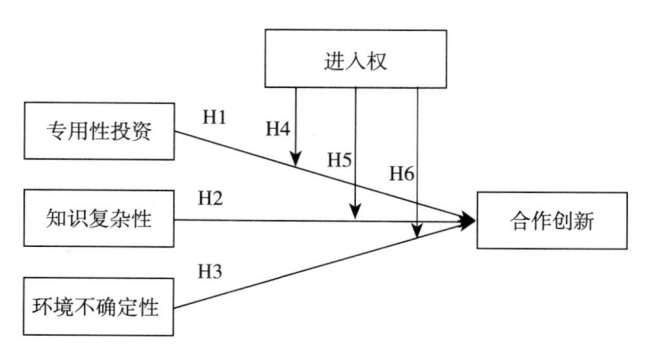

图6-1 专用性投资、知识复杂性及环境不确定性、进入权与合作创新概念模型

二 研究方法

因为高科技企业合作创新较多，因而本研究尽量选取新闻媒体中已报告有过合作创新经历的高科技企业，问卷设计采用封闭式问卷，使用Likert五级量表对变量进行测量。由于研究对象是企业，主要以东部沿海地区的企业为调查对象，这个地区是我国经济比较发达的地区，企业创

新活跃,有利于研究企业合作创新模式选择。以企业的高层管理人员、研发管理人员及产品/产品线经理等作为调研对象,因为其参与或了解企业合作技术创新决策和过程,从而其回答能够很大程度地反映企业合作创新的情况,因而能够得到可信的调研结果。依据部分企业的网站信息、个人关系以及管委会等发放问卷,问卷主要采用现场、邮寄和 E-mail 三种方式发放,共发放 486 份。通过向调查对象说明此次调查仅仅用于科研研究目的、郑重承诺企业信息不会被泄露,以及可以向企业免费提供调查报告等措施提高问卷回收率。实际回收问卷 347 份,其中有效问卷 293 份,其他 54 份因问卷填答不认真,如所有答案相同、缺漏太多等原因作为无效问卷被剔除。样本中,电子及通信设备制造业占 32.7%;生物制药业占 18.2%;机械制造业占 13.5%;新材料业占 11.3%;软件业占 7.8%;其他占 16.5%。

合作创新的模式包括研发联盟、合资和交叉许可协议等方式,如果企业进行了某种模式的合作创新,则合作创新为 1;否则为 0。其他自变量的测量主要采用国内外较为成熟的量表,对这些英文量表进行了双向翻译,并依据研究目的对具体问题进行调整。在预调研中选择了山东省 10 家企业,并且统计分析了预调查中被访者提出的问题和建议,在此基础上修正了量表题项,最终形成正式量表。在数据预处理阶段,对这些题目进行信度和效度检验,在不影响结果的情况下,对每个变量的测量至少保留了 2 个题目(侯杰泰等,2004)。

在相关研究(Suh and Kwon, 2006)的基础上,本书采用四个题项测量专用性投资:"我们专门投资了大规模的机器设备和工具为了与对方进行创新","我们对自己的运营系统或销售系统进行了整合或调整为了与对方进行业务联系","我们的培训和学习花费了很多资金和时间为了与对方进行创新","与合作对方有关的投资的价值将会减少,我们会受到损失一旦合作关系终止"。知识复杂性的测量,参考安特等(Antti et al., 2005)的研究,结合我国企业情境,采用 4 个项目进行测量:"生产经营所需要的专业知识和技术较多""合作伙伴的技术/过程复杂或难以实施""生产经营所需的专业知识分散在组织的不同成员间""合作伙伴的技术/过程全新,非常陌生"。借鉴米利肯（Milliken et al., 1987）的研究，环境的不确定性采用3个项目进行测量："行业进入门槛较低""企业面临较快的市场变化，需求难以预测""行业技术标准变化很快"。

目前进入权的研究主要集中在理论层面，缺少实证研究，分析认为进入权的含义在创新管理领域与创新开放度的内涵相近，作为企业对外开放程度的综合性指标，创新开放度表明了企业与外部资源的融合程度和对企业外部资源的依存程度；组织开放度体现在组织控制外部成员获得参与创新资格的程度。创新开放度的定义包含以下方面：一是企业外部创新源的数量；二是企业对外部创新合作（包括正式与非正式的合作）方的依赖程度；三是企业自我保护（包括正式和非正式机制的保护）程度。可见，开放度从一定程度上反映了进入权的大小，我们在问卷设计之后的预调查阶段，选取了10家企业中的30名被试进行调查，调查结果显示，多数人很难区分进入权和开放度，从而本书参考了劳尔森和萨尔特（2006）的视角，并借鉴韵江等（2012）的研究成果，结合本研究内容进行了筛选与改造，经过修正后最终采用4个项目测量进入权："我们与合作伙伴充分信任""我们与合作伙伴共享知识产权和敏感信息""我们与合作伙伴的交流较为频繁""我们与合作伙伴长期合作"。

参照之前的研究文献，在本书中，控制变量包括企业规模（FS）及企业年限（FA）、资本结构（AS）、R&D 强度（R&D）、广告强度（AI）。企业规模用总销售额的自然对数表示；企业年限是自观测起始年限。有研究表明企业规模与年限能够影响企业合作创新（Wassmer, 2010）。资本结构采用权益债务比，表示企业闲置资源的可利用性。R&D 强度用 R&D 支出占总销售额之比表示，广告强度是销售费用占总销售额之比，合作创新的目标是获得无形资产的进入权、R&D 强度及广告强度表示无形资产（Mukherjee et al., 2013），将它们作为控制变量是合理的。

三 结果分析

（一）测量评估

首先检验测量模型的信度和效度。信度检验采用 Cronbach's α 系数和组合信度（CR）指标。通过 SPSS 对样本数据进行分析，结果表明所有构念的 Cronbach's α 系数和组合信度均大于 0.7（见表6-1），即信度较高。另外，可见该研究量表信度检验通过（其他潜变量内部一致性良好）。采用 AMOS 进行验证性因子分析来确定变量的收敛效度和区分效度。测试的整体模型适合用最大似然，潜变量应该互相联系。运用 AMOS 对测量模型的分析结果显示：$\chi^2(268)=451.24$; RMSEA=0.054; GFI=0.94; AGFI=0.93; NFI=0.92; CFI=0.97，达到 χ^2/df 小于 2、RMSEA 小于 0.05 以及其他拟合指数大于 0.9 的标准（Baron and Kenny, 1986）。表6-1 显示了测量变量的收敛效度。所有的因子载荷都大于两倍标准误差（Anderson and Gerbing, 1988），从而所有因子载荷显著（p=0.01）。而且测量项目解释了因子 50% 以上的方差（所有潜变量的 AVE 值都大于 0.5）。综上所述，调查问卷收敛效度良好，所有测量的收敛效度均得以支持。

表6-1 测量属性

构念	测量项目	标准负荷	标准差	CR	AVE	Cronbach's α
专用性投资（SP）	1	0.87	0.09	0.89	0.68	0.89
	2	0.67	0.10			
	3	0.81	0.17			
	4	0.92	—			
知识复杂性（KC）	1	0.68	0.08	0.77	0.63	0.77
	2	0.82	0.08			
	3	0.79	0.08			
	4	0.84	—			
环境不确定性（EU）	1	0.74	0.05	0.76	0.61	0.74
	2	0.70	0.05			
	3	0.80	—			

续表

构念	测量项目	标准负荷	标准差	CR	AVE	Cronbach's α
进入权（AC）	1	0.83	0.03	0.87	0.59	0.75
	2	0.72	0.02			
	3	0.75	0.09			
	4	0.87	—			

区分效度采用两种方法进行测量。如果测量构念中的项目因子本身的平均萃取变量大于其他任何两个建构的项目因子的共同方差（或相关系数平方值）则表示测量模型具有良好的区别效度。除专用性投资与知识复杂性之间是 0.68，其他所有潜变量的相互系数都小于 0.60（见表 6-2，$p \leqslant 0.05$），相互系数较高表明构念虽然有一定的相关性，但对于区分效度检验，通常采用比较各维度间完全标准化相关系数与所涉及各维度自身AVE 的平方根值大小，当前者小于后者，则表明各维度间存在足够的区分效度；反之，则区分效度不够（Fornell and Larcker, 1981），本书中构念自己的 AVE 根号大于该构念与其他构念的相关系数。当卡方差异检验表明支持原始模型时构念在理论上是不相同的（区分效度），支持测量项目的区分效度（Anderson and Gerbing, 1988）。

表 6-2　　　　　　　AVE 平方根及因子间相关系数

项目	SI	EU	KC	AC
SI	0.83			
EU	−0.50	0.78		
KC	0.68	−0.58	0.80	
AC	0.49	−0.24	−0.36	0.77

（二）假设检验

表 6-3 列出了描述性统计结果及相关系数。平均的合作创新是 0.57，表明进行了 167 次合作创新。使用 VIF 统计法检验共线性，最高值为 2.26，从而不需考虑共线性问题。均值为零、标准偏差为 1 的因子得分比平均分

数更优，因为不同的因子可以是正交，从而降低了多重共线性的问题。

表 6–3　　　　　　　描述性统计及相关系数[a]

变量	均值	方差	1	2	3	4	5	6	7	8	9	10
1. CI（=1）	0.57	0.32	—									
2. FS[b]	4.41	1.04	0.34	—								
3. FA	30.81	16.72	0.14	0.49	—							
4. AS	2.71	0.88	−0.02	0.01	−0.04	—						
5. AI	0.02	0.01	−0.03	0.05	−0.03	−0.07	—					
6. R&D	0.02	0.01	0.02	0.07	0.03	0.15	−0.01	—				
7. SI	0.00	1.00	0.06	0.05	0.09	0.41	−0.08	−0.03	—			
8. KC	0.00	1.00	−0.03	0.16	0.16	0.44	−0.17	0.00	0.03	—		
9. EU	0.00	1.00	−0.10	−0.01	−0.08	−0.39	0.05	0.09	−0.12	0.00	—	
10. AC	0.00	1.00	0.07	0.05	0.19	0.41	−0.08	−0.04	0.05	0.00	0.00	—

注：a 泊松相关系数＞0.090，显著水平为0.05。
　　b 自然对数值。

为确保结果的稳定性，采用面板数据 Logit 估计方法检验理论模型（见表 6–4）。专用性投资越大，企业合作创新越多，即专用性投资显著地正向影响合作创新（Model 2: $\beta=1.78$, $t<0.001$），假设 1 成立。然而知识复杂性对合作创新的影响并不显著，表明知识复杂性可能不负向影响合作创新，假设 2 不成立。环境不确定性显著地负向影响合作创新（Model 2: $\beta=-2.14$, $t<0.001$），假设 3 成立。

如模型 3、模型 4 和模型 5 所示，交互项显著增加了模型的适用性，表明确实存在调节作用。假设 4 认为，进入权增加了专用性投资对合作创新的正向影响，结果发现专用性投资与进入权的交互项对合作创新的影响是正向的并且显著（$\beta=0.53$, $p<0.01$），从而假设 4 成立。假设 5 认为，进入权减少了知识复杂性对合作创新的负向影响，结果发现知识复杂性与进入权的交互项对合作创新的影响是正向的并且显著（$\beta=0.37$, $p<0.01$），从而假设 5 成立。假设 6 认为进入权减少了环境不确定性对合作创新的负向影响，结果发现环境不确定性与进入权的交互项对合作创新的影响是负向的并且显著（$\beta=-0.65$, $p<0.001$），从而假设 6 不成立。

表 6-4　面板数据 Logit 估计结果（因变量：合作创新 =1）

变量	模型 1 Beta	模型 1 S E	模型 2 Beta	模型 2 S E	模型 3 Beta	模型 3 S E	模型 4 Beta	模型 4 S E	模型 5 Beta	模型 5 S E	模型 6 Beta	模型 6 SE
FS[a]	2.33***	0.24	3.01***	0.32	3.00***	0.32	3.01***	0.31	3.13***	0.33	3.20***	0.33
FA	-0.05***	0.01	-0.06***	0.02	-0.06***	0.02	-0.06***	0.02	-0.06***	0.02	-0.07***	0.02
AS	-0.55***	0.14	-0.57***	0.18	-0.57***	0.18	-0.57**	0.18	-0.62***	0.18	-0.59***	0.18
AI	-0.18	0.12	-0.07	0.15	-0.07	0.15	-0.05	0.15	-0.05	0.16	-0.03	0.16
R&D	-0.05	0.13	-0.14	0.16	-0.19	0.16	-0.14	0.16	-0.20	0.16	-0.20	0.16
SI[b]			1.78***	0.21	1.66***	0.22	1.80***	0.22	1.78***	0.22	1.93***	0.22
KC[b]			0.16	0.19	0.12	0.19	0.08	0.19	0.05	0.19	-0.03	0.19
EU[b]			-2.14***	0.25	-2.04***	0.25	-2.019***	0.24	-1.98***	0.26	-1.93***	0.25
AC[b]			0.21	0.20	0.18	0.21	0.23	0.21	0.22	0.21	0.19	0.21
SI×AC					0.53***	0.16					0.62***	0.17
KC×AC							0.37**	0.15			0.45**	0.16
EU×AC									-0.65***	0.18	-0.74***	0.19
对数似然函数	-369.91		-273.91		-262.54		-279.21		-276.01		-268.18	
Waldχ^2	148.52		182.90		182.77		189.36		180.67		184.64	
Wald testχ^2			34.38***		34.25***		40.84***		32.15***		36.12***	

注：a 为自然对数值。b 为从主成分分析法得到的因素值。
***表示 $p<0.001$；**表示 $p<0.01$；*表示 $p<0.05$。

四 本节结论和建议

在交易成本理论的基础上，结合企业理论的最新进展"进入权"理论，本书综合研究了企业情境因素（专用性投资、知识复杂性）及环境因素（不确定性）对合作创新决策的影响，并实证分析了进入权的调节作用，得出如下结论：

第一，在合作创新中专用性投资具有积极作用，而且合作创新的双方互相提供的进入权越大，双方的专用性投资就会越多，从而越有利于形成合作创新的模式。专用性投资则是企业间合作的开始，企业资源增加是合作的本质（王国才等，2011）。合作双方在开发、研究等方面相互帮助，有助于建立起相互依赖以及互惠的合作关系，形成和增强相互间的信任、促进双方正确履行合作合同，由此合作双方进一步扩大开放度，加强物质资本与人力资本的进入权，使合作方充分接触和使用关键资源，实现资源共享、扩大人员的交流与沟通、提高知识共享及转移的效率，不仅有利于选择合作创新模式，而且还能够为合作创新的成功奠定基础。

第二，知识复杂性对合作创新的负向影响并不显著，然而合作伙伴间进入权却能够减弱知识复杂性对合作创新的负向影响。主效应可能会被交互效应掩盖或歪曲，导致开始可能主效应并不显著，但后来调节效应显著（引入调节变量后），可以说在这种调节变量作用下主效应是显著的（董维维等，2012）。尽管知识复杂性对合作创新决策的影响不显著，然而知识复杂性与进入权的显著的交互效应表明只要合作伙伴相互提供足够的进入权，就能够减少知识复杂性对合作创新的负向影响。合作双方提供越大的进入权意味着双方的信任水平越大，会减少知识被窃取的风险，从而会减少知识复杂性对合作创新的负向影响。可见，企业若要促进合作创新，在知识复杂性较高的情况下，赋予合作方较大的进入权表明企业较强的合作意愿，能够减少知识复杂性对合作创新的不利影响。

第三，环境不确定性越大，越不容易形成合作创新，并且进入权并不减少环境不确定性对合作创新的负向影响；相反，进入权与环境不确定性的交互项对合作创新的影响是负向的并且显著，即进入权增加了环境不确定性对合作创新的负向影响。传统的观念认为，环境不确定性越大，出于风险分担等角度考虑越容易形成合作创新；然而如前所述，当环境不确定性增加时，管理者不仅要选择合作伙伴而且难以评估未来合作绩效，出于对合作创新效果不理想的考虑，进行合作创新时管理者往往更加谨慎，在此情况下即使双方能够提供一定的进入权，但在环境不确定性较高的情况下，进入权的加大会进一步增加对合作效果及合作创新绩效的担忧，在此情况下难以减少其对合作创新的负向影响。这一结论能够解释在当前复杂的国际经济环境下，我国强调自主创新及自主知识产权，增强企业的自主创新能力具有一定的合理性。

综上所述，当前世界存在两种流行的创新模式，一方面，开放式创新或合作创新活动在全球范围内越来越多；另一方面，很多国家和地区也在强调企业自主创新、内部创新，增强创新能力。那么，到底应该选择合作创新还是自主创新？哪些因素能够影响企业选择合作创新？这些问题亟待解决。本书基于专用性投资的视角，探索了环境不确定性、知识复杂性及进入权的影响机理，研究发现当企业面临的环境不确定性较大时，企业应谨慎选择合作创新；专用性投资有利于促进企业选择合作创新，并且合作双方相互提供进入权越大，则专用性投资越多，越有利于合作创新的形成，并且进入权还能够减少知识复杂性对合作创新模式的不利影响。

本节研究的不足之处在于：虽然研究尽量扩大样本数据，然而其还不能够代表我国所有地区及行业的企业整体状况，并且没有对合作创新的具体形式的分析和统计，对于相关变量的测量采用调查问卷的形式，能否采用客观数据，如对专用性投资的测量将是下一步的研究问题之一。影响企业选择合作创新模式的因素不仅有专用性投资、知识复杂性及环境的不确定性，还包括自身网络能力、创新能力、合作经验以及企业战略导向等因素，而研究未将这些因素包括在内，缺乏对它们关系的研究，这些内容将是以后研究的方向。另外，合作创新模式与创新能力及合作创新绩效的研究也将是值得关注的研究问题。

第二节 企业间行为与合作创新绩效
——合作伙伴社会责任的调节作用

随着经营环境的变化，企业创新合作实践快速发展，理论上针对创新网络、产学研合作等诸多问题的合作创新研究也逐渐成为创新管理、战略管理和供应链管理等研究领域的重要研究课题之一。尽管合作创新能够帮助企业降低交易费用与运营成本、分摊研发风险及提高创新效率（Hagedoorn, 1993），然而其失败率也很高（陈一君，2004）。基于此，学者们研究了合作创新过程中存在的主要问题及风险因素，如收益分配、技术溢出、机会主义等。那么，影响企业合作创新绩效（Cooperative Innovation Performance, CIP）的因素是什么，这些因素又是怎样影响合作创新绩效？目前国内外对合作创新的研究多数集中在"信任""合作伙伴的选择"以及"合作中的知识共享及转移"等，对影响企业合作创新绩效因素的研究也主要集中于企业自身、合作伙伴、外部环境等。并且当前的研究主要是以发达国家的企业为对象展开的，针对发展中国家，特别是我国企业的合作创新研究比较匮乏（任胜钢等，2010）。从组织学习及资源的视角，以我国企业为调查对象，本书认为企业间行为：包括专用性投资、合作研发及组织间学习是影响合作创新绩效的重要及主要变量，探索其对合作创新绩效的影响。伊内梅克和马蒂森斯（Inemek and Matthyssens, 2013）研究发现专用性投资能够影响创新能力，本书认为企业与合作伙伴间的专用性投资能够影响企业的合作创新绩效。毫无疑问，作为合作创新的一种常见方式，合作研发肯定会影响创新绩效；另外，组织间学习是合作创新必不可少的重要环节，显然也会影响合作创新的绩效，从而本书将综合考虑三因素对合作创新绩效的作用。

另外，企业在从事合作创新活动时，必须考虑自身活动对合作伙伴的影响，自觉承担相应的社会责任。利益相关者理论（Stakeholder Theory）认为企业承担的社会责任除了对股东负责之外，还应该对其他利益相关者，如制造商、供应商、消费者及客户、销售商、内部员工、所在社区、政府及外部环境等承担社会责任。基于利益相关者理论，企业对合作伙伴也应该承担社会责任。那么，对合作伙伴的社会责任对合作创新绩效会产生怎样的影响？本书认为，专用性投资、合作研发及组织间学习对合作创新绩效的影响会随着企业对合作伙伴履行的社会责任的大小不同而不同，即社会责任具有调节作用。本书通过对我国企业合作创新活动的调查分析，将社会责任、专用性投资引入合作创新领域，深入揭示其影响机理具有重要价值。该研究有助于丰富现有合作创新管理理论及社会责任理论，同时对我国企业的合作创新实践具有借鉴意义。

一 理论基础与研究假设

（一）专用性投资与合作创新绩效

合作创新通常指两个或两个以上的组织为了共同的利益，通过专用性投资及分享互补性资源，产生创新成果的过程（王国才等，2011）。合作创新的前提和基础是合作各方投入优势资源，而专用性投资则是优势资源的主要表现形式之一。而且，企业创新过程意味着根据环境随机性变化制定新的战略，在这一过程中专用性投资会不断增加。合作创新中的专用性投资是指企业为了特定的合作创新项目而特别投入的具有特殊用途及目的的资产，一旦改变合作对象或合作关系结束，该资产的价值会大幅度降低甚至消失。专用性投资具有信号传递功能，能够构成进行持续性参与合作的显示信号；然而其引发的负面效应——"套牢"问题则会影响合作创新的边界和效率。那么，专用性投资到底对合作创新绩效具有正向作用还是负向作用？

专用性投资是企业间合作的信号，能够推动合作企业间形成一种共赢的均衡博弈。当企业对合作创新伙伴进行关系专用性资产的投资时，就会将其锁定于这种合作关系，提高企业的转换成本，从而表明企业对合作伙伴的信任；因为如果转换合作关系，关系专用性资产价值会大为降低，从而使企业对现有合作关系的承诺可信。如果合作双方相互都进行专用性资产的投资，就会将各自锁定于特定的合作关系（Stump and Heide, 1996），即使以后双方找到更好的合作者,双方也不会轻易解除合作关系,从而增强了合作双方相互信任的程度。专用性资产的投资者通常比通用性资产的投资者面临更大的风险,因为如果合作方选择机会主义行为,专用性资产的投资者就会蒙受更大的损失,从而促使合作双方以更加信赖的方式行动。当企业将更多的资产投入合作关系中时,就会锁定于特定的合作者并与之结成联盟,致力于现存合作关系成功。资源依赖理论认为,合作创新成功与否取决于合作双方对相互投资的依赖程度。合作双方做出专用资产投资之后,相互之间的依赖性增加,双方的依赖性越强越大,就越能锁定于特定的合作关系,并且越能促进信任的产生和维持(Sako and Helper, 1998)。综上所述,对专用性资产进行投资,提高了合作创新各方相互信任的程度。另外,合作成员间的知识共享惯例、专用性投资以及共享互补形成的资源禀赋都是提升合作创新绩效的重要因素。合作成员间的知识共享惯例,能够有效地促进知识在合作成员间的转移与共享,减少合作成员间的矛盾和冲突,提高合作互动效率和协调性,进而能够提升合作创新绩效(Dyer and Singh, 1998)。专用性投资对于实现联盟的合作价值创造非常重要(Li et al., 2012),从而本书假设:

H1:专用性投资正向影响合作创新绩效。

(二)合作研发对合作创新绩效的影响

合作研发是企业与科研院所、高等院校、政府部门等组织机构,为了分担研发成本、规避创新风险、缩短产品研究开发周期以及节约交易成本而形成的一种合作关系。合作研发的内容包括复杂的服务提供和交换,如产品设计、可行性研究、可用性分析、可制造性分析、原型开发和测试以及产品定制。研究发现合作研发能够有效地提升企业的创新绩效(Lawson et al., 2009),原因如下:第一,合作研发能够弥补和补充单个企业创新技能及创新资源不足的限制和缺陷,促进创新活动顺利进行。互补性的资源和技能能够对创新活动产生有用的思想及方法。企业与供应商之间合作有助于其获取与应用技术,降低及缩短项目开发的成本和周期。第二,合作研发能够分摊研发成本,降低研发风险。例如,麦金尼斯和瓦尔普拉(McGinnis and Vallopra, 1999)研究发现,企业通过与供应商开展合作研发能够缩短产品开发周期、降低开发成本。企业在产品开发过程中采用其供应商提供的信息及技术越多，产品开发的成本就会越低。第三，合作研发能够促进合作伙伴间的知识共享、知识转移和新知识创造（Lawson et al., 2009）。在合作研发活动过程中，合作伙伴的研发人员从产品开发的早期阶段就需要经常一起工作，相互交流和沟通想法及意见和见解，从而促进合作伙伴间的知识转移。在此过程中，合作方除了可以通过契约等明确规定来实现显性知识交流，如技术专利及生产工艺技术共享等，除此之外，还可以学习隐性知识。合作研发关系建立后，合作双方相互派驻技术人员参与到合作伙伴的生产及新产品开发等活动之中，共同解决各种技术性问题，这些活动都会促进合作各方知识，尤其是隐性知识的交流和转移（Lawson et al., 2009）。另外，合作研发有助于加快新产品的市场化进程，提高企业新产品商业化速度及成功率，因此本书假设：

H2：合作研发正向影响企业合作创新绩效。

（三）组织间学习对合作创新绩效的影响

组织学习的概念可以由组织内部学习扩展到组织间关系，通过组织间关系能够获得新知识，从而获得其他公司的资源（Choi and Ko, 2012）。组织间学习就是企业组织等通过组织间正式的合作而相互学习（Doz and Hamel, 1998）。李垣等（2008）认为，组织间学习是指企业通过与供应商、消费者（顾客）或用户，甚至是竞争者以及各种形式的合作者进行的知识收集、转移、应用和再创造等一系列的活动。本书认为组织间学习是组织学习的延伸，通过组织间正式的合作，获取或内化合作伙伴知识和技能诀窍的过程。

合作创新实质是新知识的产生，其结果将增加合作双方的知识库。组织间学习强调学习的过程和行为，关注和强调参与主体之间的联结互动、知识共享及知识创造（刘霞、陈建军，2012）。很多管理或技术上的专业知识以经验形态表现出来，隐藏在组织人力资源及其运作流程中，性质上来说属于隐性知识，难以转移。企业组织之间应有相互学习的主观愿望，这样才有可能有效地促进经验性知识的学习和获得（Simonin, 2004），从而组织间学习可以转移隐性知识，获得合作双方单独学习而无法产生的知识。组织间学习能够提高和加快信息传播的速度，促进企业组织间的知识分享，从而有利于合作联盟对知识的吸收。例如，组织可以通过创造、取得及分享知识，并通过新知识的获得而改变行为，进而能够提升组织的创新绩效。组织学习理论认为，组织间学习的有利条件是信任、承诺与密切的关系，组织间资源的价值就在于通过特定合作关系的嵌入，使资源能够与其他资源协同创造价值，即共同获得合作专有的收益。刘霞及陈建军（2012）总结了组织间学习效应，包括效率改进与成本效应、知识溢出与创新效应。基于以上分析，本书提出如下假设：

H3：组织间学习正向影响企业合作创新绩效。

（四）社会责任的调节作用

企业除了关注自身的市场销售及利润绩效以外，还应该担负应有的社会责任。社会责任是企业管理者的承诺意愿与自愿付出的责任。根据企业承担社会责任的意愿程度，社会责任由低至高可以分为以下四种：经济层面、法律层面、伦理层面和自发层面。利益相关者理论认为企业所担负的社会责任除了对股东的责任之外，对其他利益相关者也要承担相应的社会责任，包括合作伙伴，特别是对合作创新这一特殊合作类型的合作伙伴更应承担社会责任。企业在合作创新中对合作伙伴承担社会责任的内容至少包括：分享利益和风险、做到诚实守信、提供技术支持、及时高效的信息共享。

企业与合作伙伴之间在合作创新中应该共同分享创新过程中的利益和风险。企业与合作伙伴在合作创新过程中应该互相协作共同完成约定的内容，对于合作双方共同创造的利益应当共享、合作的风险也应当共同承担。在合作创新的过程中应遵守诚实守信的原则，企业与合作伙伴之间相互提供的信息应该是真实的、有效的，合作一方不能根据其他权利而侵犯合作伙伴的知识产权。显然，如果合作一方侵犯了另一方的知识产权，那么侵权方就应该承担相应的责任。合作双方之间在合作创新过程中应当提供必要的科学技术支持，包括提供必要的员工交流和必要的研究开发及生产技术和技能。必要的研究开发生产技术包括必要的研究开发平台、流程及管理技术，必要的原材料提取技术、产品加工技术、包装及检验技术。

企业与合作伙伴之间加强科学技术支持，可以增强合作双方之间的信任及凝聚力，形成良好的合作关系。企业与合作伙伴之间在合作创新过程中建立及时高效的信息共享平台，有利于合作双方资源共享，提高合作创新的效率；还可以使一方避免重复信息收集，节约信息收集费用，企业也能够及时高效地了解市场需求、技术发展等信息，节约社会成本，保护社会环境。

企业在履行对合作伙伴上述社会责任的过程中，能够增强合作伙伴间的信任、减少合作中的机会主义行为、促进知识共享和转移，从而能够减少专用性投资的负面效应，促使专用性投资对合作创新绩效的积极影响，这一结果在合作企业更好地履行社会责任时效果更明显。根据利益相关者理论，企业履行对合作伙伴的社会责任还可以提高组织声誉，改善企业与供应商、客户、员工乃至政府部门等利益相关者的关系，增加企业内外部的社会资本，促进企业技术创新所需要的技术、信息、资金、政策、专业人才等各类资源的集聚，从而更有利于促进企业开展合作研发活动，提高合作研发效率、增强企业的技术创新绩效（Tsai et al., 2013）。另外，当组织履行对合作伙伴的社会责任时，需要协调各利益相关者的关系，就会使组织形成更加开放的组织文化，增强组织内外部的沟通交流频率及效果。而且企业对合作伙伴的社会责任不仅会增加知识在合作伙伴间的共享与转移，还会增加企业内部的知识共享。为了真正履行社会责任，企业更倾向于考虑企业的长远发展，有助于形成更加清晰的企业愿景和战略目标，进而促进企业内部的知识分享。企业履行社会责任会强化员工个人、团队与组织层面的知识分享。由此可见，企业履行社会责任能够有效地促进组织间学习，并且能够增加组织间学习对合作创新绩效的促进作用。基于以上分析，本书认为企业对合作伙伴的社会责任具有正向调节作用，即：

H4：社会责任会强化专用性投资对合作创新绩效的促进作用；

H5：社会责任会强化合作研发对合作创新绩效的促进作用；

H6：社会责任会强化组织间学习对合作创新绩效的促进作用。

综上，本书的研究框架模型如图 6-2 所示。

```
           社会责任
              │
              ▼
┌─────────────────┐
│   企业间行为    │
│ ┌─────────────┐ │      ┌──────────────┐
│ │  专用性投资  │ │ ───▶ │ 合作创新绩效 │
│ ├─────────────┤ │      └──────────────┘
│ │   合作研发   │ │
│ ├─────────────┤ │
│ │  组织间学习  │ │
│ └─────────────┘ │
└─────────────────┘
```

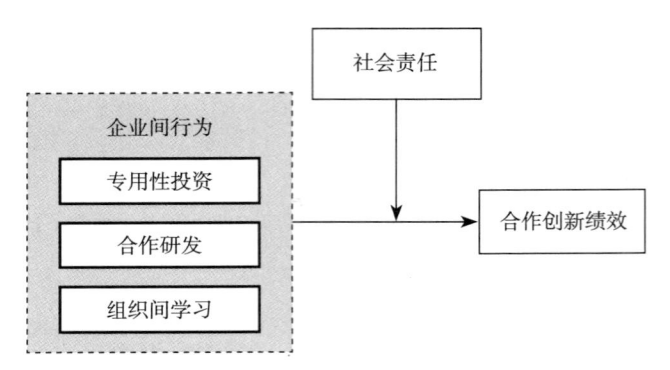

图6-2　企业间行为、社会责任与合作创新绩效理论模型

二　研究方法

因为高新技术企业技术创新活动较多，因而本书尽量选取报纸、杂志、新闻、网络等媒体中已报道有过合作创新经历的高科技企业。调查问卷采用封闭式问卷设计，使用 Likert 五级量表对变量进行测量。调查对象主要以我国东部沿海地区的高新技术企业为主，主要选择企业的高层管理人员、研发管理人员及产品/产品线经理等，因为他/她们对企业合作创新情况比较了解、接触较多甚至参与了合作创新过程，因而其回答在很大程度上能够反映企业的实际情况，调研结果较为可信。根据部分相关企业的网站、个人关系以及工商局、管委会等联系发放问卷，主要采用现场、邮寄和 E-mail 三种方式进行发放，总共发放 472 份。为了提高问卷回收率，向被调查方强调本次调查仅仅是用于学术研究使用、不做其他任何用途，向被调查企业承诺对调查信息绝对保密，同时可以向被调查方提供总体调查报告。问卷实际回收了 356 份，其中因问卷填答明显不合格，如缺漏太多或所有答案选择项都相同等原因剔除了无效问卷 59 份，有效问卷 297 份。样本中，其中主要是电子及通信设备制造行业，占 31.7%；其次是生物制药行业，占 18.6%；再次是机械制造行业，占 12.1%；另外，新材料行业和软件行业分别占总体样本的 11.3% 和 8.8%，其他产业占 17.5%。

自变量的测量主要参考国内外较为成熟的量表，其中对国外英文量表进行了双向翻译,并依据本研究目的对具体项目进行了调整。选择了山东省10家企业进行预调查,并根据预调研中被访者提出的问题和意见进行统计分析,根据大部分被调查者的意见修正量表题项形成最终量表。在数据预处理过程中,进一步对这些题项进行了信度和效度检验,在不影响结果的情况下,最终每个变量都至少保留了2个测量题项(侯杰泰等,2004)。

有关合作创新绩效的评价指标有很多种,借鉴相关学者的研究(Luo, 2007; Day et al., 2013),最终包括四项:"我们共同参与开发的新产品所带来的销售额占总销售额的比重提高""我们共同参与开发的新产品更能满足顾客的需求""在共同开发新产品的过程中,我公司的研发人员掌握了新的技术""与对方公司合作的过程中,本公司获得了新的知识和技能"。

专用性投资的测量主要借鉴相关学者的研究(Suh and Kwon, 2006),包括四个题项:"为了合作创新,我们专门投资了大规模的工具和设备""为了业务联系,我们对自己的销售系统或运营系统进行了调整""为了合作创新,我们投入了大量时间和资金进行了相关的培训""如果合作关系结束,与对方有关的投资将会受到损失"。

合作研发参考劳森等(Lawson, 2009)的量表,由以下三个题项构成:"合作双方相互学习和交流新产品及服务的研究开发技能""我公司积极参与了对方在产品研究开发等方面的决策""合作双方共同致力于研究开发新技术和新市场"。

组织间学习过程包括知识共享、知识转移和吸收以及知识的整合内化,研究参考借鉴了塞尔内斯和萨利斯(Selnes and Sallis, 2003)的量表,结合访谈内容,最终确定了本书所使用的组织间学习量表。修订后的量表包括三个题项:"我们与合作方能够时常交流有关客户的信息以及产品、服务或业务运营等方面的经验""我们与合作方会组织专门的团队共同解决合作创新中遇到的问题""我们与合作方在合作创新过程中会共同激发出很多有创意的、建设性的讨论"。

依据对合作伙伴社会责任的含义分析,并结合访谈内容,最终确定了本书所使用的量表。最终包括四个题项:"我们在合作过程中本着诚实守信的原则,对合作方会信守我们的承诺""我公司在做出重要决定时会关心考虑合作方的利益与风险,做到利益共享、风险共担""当合作伙伴需要支持时,我们总是能提供必要的科学技术支持""我们在合作创新过程中对合作伙伴不隐瞒信息,与合作伙伴信息共享及时而有效"。

参照之前的研究文献,在本书中,将企业规模(FS)、企业年限(FA)以及企业合作经验作为控制变量。使用企业员工数量表示企业规模;企业年限是自观测起始年限。研究表明企业规模与年限能够影响企业合作创新的绩效(Wassmer, 2010)。一般来说,大企业会有更多的资源从事创新活动,年限长的企业积累了更多的从事创新的经验与知识,比成立年限短的企业能够更频繁地参与合作创新活动(Li et al., 2010)。企业合作的经验越多、越丰富,企业则有可能在合作伙伴的选择、合作的治理等方面积累更多的经验,从而能够影响合作创新的绩效。

三 结果分析

(一)测量评估

检验测量模型的信度和效度。使用 Cronbach's α 系数和组合信度(Composite Reliability, CR)两个指标进行信度检验。如表6-5所示,所有构念的 Cronbach's α 系数和组合信度均大于0.7,表明样本数据具有较高的信度。此外,其他潜在变量也有良好的内部一致性,研究量表通过了信度检验。采用 AMOS 进行验证性因子分析确定变量的收敛效度和区分效度。测试的整体模型适合用最大似然,潜变量应该互相联系。测试结果显示:χ^2(268)=451.24; RMSEA=0.048; GFI=0.94; AGFI=0.93; NFI=0.92; CFI=0.97,满足了 GFI、AGFI、NFI 及 CFI 大于0.9、RMSEA 小于0.05、χ^2/df 小于2的标准(Baron and Kenny, 1986)。表6-5显示所有因子载荷都比两倍标准误差大(Anderson and Gerbing, 1988),表明所有因子载荷显著(p=0.01)。而各潜变量的平均提取方差(AVE)值都大于0.5,表明测量项目能够解释因子50%以上的方差。因此,通过上述指标可以看出问卷具有很好的收敛效度。这些结果支持所有测量的收敛效度。卡方差异检验表明支持原始模型,构念具有不同的区分效度,支持测量项目的区分效度。

表 6-5　　　　　　　　　　　测量属性

构念	测量项目	标准负荷	标准差	CR	AVE	Cronbach's α
合作创新绩效（CIP）	1	0.90	0.07	0.90	0.68	0.88
	2	0.88	0.09			
	3	0.80	0.12			
	4	0.74	—			
专用性投资（SI）	1	0.87	0.09	0.89	0.68	0.89
	2	0.67	0.10			
	3	0.81	0.17			
	4	0.92	—			
合作研发（CR&D）	1	0.88	0.08	0.77	0.64	0.72
	2	0.88	0.08			
	3	0.82	0.08			
	4	0.84	—			
组织间学习（IOL）	1	0.72	0.05	0.93	0.69	0.93
	2	0.81	0.05			
	3	0.89	—			
社会责任（SR）	1	0.83	0.03	0.87	0.59	0.85
	2	0.86	0.02			
	3	0.85	0.09			
	4	0.87	—			

按照林德尔和惠特尼（2001）以及波德萨科夫等（Podsakoff, 2003）的建议，采用Harman's单因素检测方法检验共同方法变异量。四个因素总共解释了75.78%的总体差异，其中最大的单因素贡献了21.02%的差异。因而共同方法变异问题在本书中不存在，不需要考虑。

（二）假设检验

表6-6显示了变量描述性统计的结果，包括均值、方差及相关系数。可见，因变量与自变量的相关系数与预期相符。使用VIFs（Variance Inflation Factors）统计法检验共线性，所有的值都在1.24和2.61之间（低于10），从而不需要考虑共线性问题。均值为零、标准偏差为1的因子得

分比平均分数更优，因为不同的因子可以正交，从而降低了多重共线性的问题。

表 6-6　　　　　　　　　　描述性统计及相关系数

变量	均值	方差	1	2	3	4	5	6	7	8
1. CIP	4.17	0.82	—							
2. FS	214.41	391.04	0.24	—						
3. FA	23.89	16.52	−0.04	0.39**	—					
4. CE	11.71	7.81	0.05	0.31**	0.54**	—				
5. SI	2.50	1.24	0.21*	0.25**	0.09	0.41	—			
6. CR&D	3.01	1.02	0.33**	0.16	0.16	0.44	0.50**	—		
7. OL	3.16	1.27	0.35**	0.01	0.08	0.39	0.15**	0.29**	—	
8. SR	2.63	1.14	0.07	0.05	0.49	0.41	0.08	0.04	0.05	—

注：**表示显著性水平0.01（双尾）；*表示显著性水平0.05（双尾）。

假设检验使用多层分级回归分析。为避免潜在的多重共线性，对连续变量进行中心化。在模型 2 中加入社会责任这一交互项，R^2 增加了大约 4.3%（$p < 0.05$）。模型 2 和模型 3 的 F 值显著（$p < 0.001$），说明预测变量与交互变量能够有效地解释合作创新绩效的变化。结果显示，专用性投资与合作创新绩效之间的关系并不显著（$p > 0.05$），从而结果不支持假设 1。合作研发显著地与合作创新绩效正相关（$p < 0.05$），假设 2 成立。组织间学习也显著地与合作创新绩效正相关（$p < 0.001$），支持假设 3。

从表 6-7 中可以看出，社会责任对合作创新绩效的影响并不显著（$p > 0.05$），从而社会责任并不直接影响合作创新绩效。然而，通过模型 3 中的 R^2 和 F 值可以看出社会责任的调节作用。社会责任显著地增加了专用性投资对合作创新绩效的影响（$\beta = 0.25; p < 0.05$），从图 6-3 中的斜率分析可以看出，当企业对合作伙伴的社会责任较大时，专用性投资对合作创新绩效的影响是正向显著的（$\beta = 0.39; p < 0.05$）；当企业对合作伙伴的社会责任较小时，专用性投资对合作创新绩效的影响不显著（$\beta = 0.13; p > 0.05$），这些结果支持假设 4。同样，社会责任也显著地增加了共同开发以及组织间学习对合作创新绩效的影响，这些结果支持假设 5 和假设 6。

表 6-7　　　　　　　　分层回归检验结果（因变量：合作创新绩效）

变量	模型 1	模型 2	模型 3
控制变量			
企业规模	0.12	0.08	0.09
企业年限	−0.13	−0.21	−0.20
合作经验	0.14	0.20*	0.18*
主效应：			
专用性投资		0.10	0.12
合作研发		0.20*	0.26*
组织间学习		0.23***	0.31***
社会责任		0.02	0.01
调节效应：			
社会责任 × 专用性投资			0.25*
社会责任 × 合作研发			0.10*
社会责任 × 组织间学习			0.12*
调整 R^2	0.01	0.22	0.25
F 值	1.12	6.81***	6.19***
ΔR^2		0.22	0.04
F-value for ΔR^2		10.73***	3.66*

注：*表示P＜0.05；**表示P＜0.01；***表示P＜0.001。

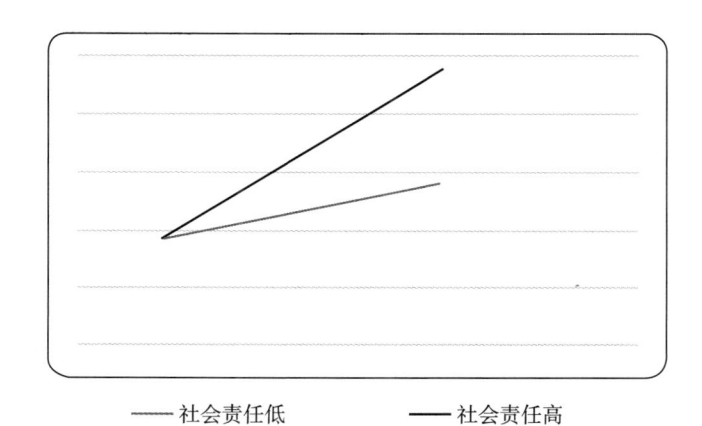

―― 社会责任低　　　―― 社会责任高

图6-3　社会责任及专用性投资对合作创新绩效的交互作用

控制变量中企业规模及企业年限与合作创新绩效并不显著相关（$p > 0.05$）。模型 1 中合作经验对合作创新绩效的影响并不显著，模型 2 和模型 3 其影响显著（$p < 0.05$），说明合作经验对合作创新绩效的重要性。为检验这一效应，基于平均合作经验的年限（11.71 年）将样本分成两组进行检验，结果显著，合作经验较少的企业取得了较小的合作创新绩效（$\mu=4.07$），相反合作经验较多的企业取得了较大的合作创新绩效（$\mu=4.26$），从而合作经验对合作创新绩效具有正向影响。

四　小结和建议

近年来，企业社会责任与开放式创新已经成为理论界和实践界关注的重要主题。然而，现有文献缺乏对企业社会责任与技术创新之间关系的研究。本书以国内高新技术企业为研究对象，探讨了企业间行为：专用性投资、合作研发及组织间学习对合作创新绩效的影响，并实证分析了社会责任的调节作用，深化和拓展了企业社会责任与技术创新的关系研究。得出如下主要结论：

第一，社会责任显著增加了专用性投资对于合作创新绩效的正向作用，但专用性投资对合作创新绩效的积极作用并不显著。专用性投资虽然具有信号显示功能，然而合作创新双方可能会担心专用性投资所导致的机会主义行为，即担心被"套牢"，从而当对专用性投资缺乏有效的治理时，其正面的绩效创造的积极作用并不显著。而对合作伙伴的社会责任，包括诚实守信、利益风险共享共担、必要的科学技术支持以及信息共享，这些社会责任的履行有助于合作双方建立相互依赖和互惠的关系，形成彼此之间的信任以及正确地履行契约，提高资源共享及知识共享及转移的效率，从而社会责任显著增加了专用性投资对合作创新绩效的正向作用。

第二，合作研发会显著促进合作创新绩效，并且社会责任能够增加其正向作用。尽管现实中组织间合作研发实践的失败率较高，并且有研究发现合作研发与创新能力及绩效之间并不存在显著相关关系，然而本书的研究结果表明：合作研发对于提高合作创新绩效仍然有效。因此企业管理者应该重视合作研发的重要作用,并积极利用合作研发提高企业创新绩效。并且企业对合作伙伴的社会责任会显著提高其对合作创新绩效的积极作用。如上所述,企业与合作伙伴之间相互履行社会责任可培养相互的信任,从而能够减少合作研发中的机会主义行为,促进隐性知识的转移,提高合作伙伴的创新能力,增加了合作研发对合作创新绩效的正向作用。

第三,组织间学习对合作创新绩效具有积极作用,并且社会责任能够增加其正向作用。组织间学习正向影响企业合作创新绩效,表明组织间学习是改善合作创新绩效的重要途径之一。企业通过认真履行对合作伙伴的社会责任,正确履行契约中规定的义务,企业与合作伙伴不仅分享关于企业、竞争对手以及行业的信息而且需要分享双方的学习成果,促进双方的共同进步,在合作中增强对合作方的信任感,这样有利于知识在组织边界的转移,从而有助于提高组织竞争优势,进而实现合作创新高绩效。

本节的研究结论对于企业社会责任的履行与技术创新活动的开展都具有启发意义。①企业社会责任可以促进专用性投资、共同研发及组织间学习对合作创新绩效的积极作用。因此,企业不应把履行对合作伙伴社会责任当成一种负担,而应自觉地把社会责任纳入企业的发展战略中,使社会责任成为企业提升企业绩效、增强企业竞争力的重要途径。②共同研发及组织间学习的强弱会增强合作创新绩效。因此,企业在履行社会责任的同时,也需要通过与合作研发及组织间学习,与合作伙伴分享愿景,提高企业合作创新绩效。

本节研究的不足之处及未来研究方向。本书样本量还不足以代表我国企业的整体状况,对于合作创新的具体形式的数据缺乏,相关变量的测量采用调查问卷的形式,能否采用客观数据,如对合作伙伴的社会责任的测量将是下一步的研究问题之一。本书仅考虑了社会责任中与合作创新联系比较紧密的对合作伙伴的社会责任,没有考虑其他利益相关者的社会责任,如企业对员工、对环境的社会责任对合作创新绩效的影响机理,本书未将这些因素包括在内,缺乏对它们关系的研究,这些内容将是未来研究的方向。另外，合作研发是一个动态发展的过程，因此纵向数据可以更为准确地揭示信任和契约治理在合作研发中的调节作用；而本书所采用的横截面数据分析在一定程度上限制了我们准确观察上述影响关系，因此未来的研究可以通过纵向研究来更准确地分析上述关系。

第七章

专用性投资、产业集群与创新体系构建

第一节　产业集群与创新体系

伴随"要素驱动"向"创新驱动"以及"地方空间"向"流动空间"的转变，区域创新在多尺度的空间格局、组织方式等发生了重构（周灿等，2019）。波特（Porter，1998）认为国家竞争优势大多来源于产业集群（Industrial Cluster），产业集群已经成为国内外区域发展中最热门的研究课题之一。在各国研究文献以及有关集群战略的一些会议和政府文件中，对"产业集群"采用了多种称谓，例如，"产业群""地方企业集群"（Local Cluster of Enterprises）、"地方生产系统"（Local Production System）、"区域集群"（Regional Cluster）、"产业区"（Industrial District）、"地方创新环境"（Local Innovation Milieu）、"区域创新系统"（Regional Innovation System）等。

一般而言，产业集群是一组在地理上靠近的相互联系的公司和关联的机构，它们同处于或相关于在一个特定的产业领域，由于具有共性和互补性而联系在一起。产业集群具有专业化的特征，分析和描述这种现象时常常用"产业集群"或"企业集群"。产业集群侧重于观察分析集群中的纵横交织的行业联系，揭示了相关产业联系和合作，从而获得产业竞争优势的现象和机制。产业集群内的相关企业可能共存于某种特定产业（部门）内，又可能不仅如此，而且相邻于相关支撑产业。"企业集群"，侧重于观察分析集群中的企业地理集聚特征，其供应商、制造商、客商之间企业联系和规模结构以及对竞争力的影响。"企业集群"一词揭示了相关企业及其支持性机构在一些地方靠近而集结成群，从而获得企业竞争优势的现象和机制。产业集群是以某一个或几个相关产业为核心，以价值链为基础的地方生产系统，包含最终产品或服务厂商，专业元件、零部件、机器设备以及服务供应商、金融机构及其相关产业的厂商。除了某一个或几个产业为核心外，集群还可能以大学和研发机构为核心，也可能以某类技术为核心等，前者为知识集群，后者为技术集群。认定集群与否的关键是其中的行为主体之间有密切的联系和互动。

创新理论从区域学习过程和创新系统的角度可以发展到"区域系统创新"层次上，认为企业的各种创新和周围的制度、风俗习惯、法律、文化等因素是分不开的，所以企业创新有"路径依赖"的过程，企业必须和区域内其他行为主体在相互作用中结成网络，并和制度、文化等环境进行有效整合，才能持续不断地创新；1984年成立的欧洲创新研究小组通过社会文化环境把产业的空间集聚现象与创新活动联系起来；此外，学习型区域研究的"北欧"学派，强调创新是企业、产业集聚区乃至国家竞争优势的基础，创新被认为是一个复杂的、互动的学习过程，在这个过程中由于地理接近性而引发企业间的合作和相互信任发挥着很大的作用。

国内的产业集群理论研究主要集中在以下几个方面：第一，聚集形成与发展分析，如李晨光和赵继新（2019）研究了产学研合作创新网络连通机制与效果。第二，产业集群和区域竞争力关系及产业集群核心竞争力评价。第三，产业集群价值创造机理研究，特别是关于知识溢出，如庄彩云和陈国宏（2019）研究了产业集群创新网络协同知识创造。第四，产业集群模式与演化路径（周灿等，2019）。这些研究的角度及应用的理论各不相同，如知识管理理论、社会关系网络理论等。与国家经济发展不平衡相似，区域经济发展也表现出高度不平衡，20世纪80年代初，世界上老工业区出现经济衰退，而德国的巴登—符腾堡、意大利的中部和东北部、美国的硅谷等一些原来贫穷的地区却迅速发展起来，从而引发了区域创新方面的研究。国内学者也对区域创新体系进行了多方面的研究。

在产业集群与创新绩效方面，国内外研究发现：①产业集群之间存在持续的绩效差异，即便在同一国家或地区、同一行业中也是这样。②集群的创新绩效会动态变化，即有些集群的绩效在不断改善，而有些集群则在某一发展水平被锁定甚至被淘汰。从而产业集群研究最核心的任务是回答什么是集群创新绩效的决定因素。既有的关于产业集群的研究，多数强调影响集群绩效的某个方面，如一些学者从产业集群的主体构成（Membership Composition）的角度来解释创新绩效的差异，如斯托佩和贝内特（Storper and Bennett, 1991）以及波特（1998）。另一些学者（Saxenian, 1994）则从企业的互动、学习和文化及社会网络等视角解释集群的创新绩效差异。这些研究对于我们认识和了解产业集群具有很大作用，然而研究认为这些研究并未抓住影响产业集群绩效差异的本质原因，各集群主体间的专用性投资的差异是影响产业集群绩效的根本原因。

尽管资产专用性可以提升企业的竞争优势，提高企业的绩效，但是，资产专用性的增加也会增加企业的交易成本，从而威廉姆森认为企业的纵向一体化可以节约交易成本。但是，实证研究发现集群企业获得了高资产专用性与低交易成本的双重优势（Twin Advantages）（Dyer, 1996; Storper and Bennett, 1991）。对于产业集群如何促进创新的研究主要集中于区域环境以及区域内部的学习过程，从专用性投资的角度研究产业集群及创新体系很少，有待于进一步深入。在区域创新体系方面，研究主要集中在创新体系的行为主体及其互动关系、制度环境等方面，遵循知识创造—知识流动—技术创新—技术扩散—产业化发展的思路，这样容易导致区域创新体系研究中的行为主体与制度环境等内涵模糊，从而出现建设思路雷同、战略重点相似等缺点。

第二节 社会资本、专用性及产业集群

一 社会资本与专用性

很多学者注意到了产业集群中的社会资本因素。如王缉慈（2002）认为，产业区内企业家相似的社会文化背景有利于企业之间建立密切的合作关系，区内行为主体的共同行为模式能促使知识的流通与扩散，相互信任和满意成为区内最有价值的资源，专业化的中小企业与当地的公共机构组织形成一种网络，共同支撑经济的发展。李志燕等（2010）通过对胶东半

岛特色产业集群的实证研究认为,"一方面,区域之间受其政治、经济、管理、文化、教育、科技长期发展的影响,形成了具有区域创新环境特点的知识资本和社会资本,直接导致了区域产业集群的形成,决定了区域经济总体格局;另一方面,区域知识资本、社会资本整合有助于区域内知识创新网络的形成,加速区域内创新主体之间知识的流动、共享、转化,共同提高抵御创新风险的能力"。张望和杨永忠(2011)将社会资本分为制度资本与关系资本,通过对"长汀现象"研究发现,长期而言,区域内的社会资本越趋向于制度资本型,越不利于区域内产业集群的发展,越有利于关系资本与制度资本的积累;制度资本的积累不利于产业集群的发展,关系资本的积累有助于产业集群的发展;政府的"优惠利企"措施对于社会资本的积累与产业集群发展的影响存在不确定性。

很多学者认识到社会资本的专用性特征,指出社会资本具有不可转让性,"不可转让性"是社会资本所具有的性质之一(Coleman,1994)。这里的"不可转让性"实际上是指社会资本的专用性。在此基础上本书认为,社会资本的专用性是指在一定群体范围内形成和使用的信任、规范及社会网络,一旦脱离该群体,其使用价值就会大大降低甚至完全消失。社会资本的专用性主要体现为:社会资本的投资和积累都是在特定的群体或社会空间进行的,其投资和受益主体具有特殊性和具体性;作为社会资本主要内容的社会关系网络、规范、信任、文化,往往具有一定的适用范围,或者说社会资本存在一定的作用场域,离开这一场域,特定的社会资本将会贬值;社会资本是在一定群体范围内形成并为这一群体所共有的资源,它具有准公共物品的性质,群外的人们只有加入这一群体内,才能获得该社会资本带来的利益。

社会资本专用性特征产生的原因主要有四个方面(杨黛,2006)。第一,从社会资本的形成途径来看,社会网络不是自然赋予的,必须通过投资于群体关系这种制度化的战略来建构,社会资本的积累和投资依赖于行动者可有效动员的关系网络的规模,依赖于与他有关系的个人拥有的经济、文化和符号资本的数量和质量。所以,社会资本的生产和再生产预设了对社交活动的不间断的努力,这意味着时间和精力的投入、直接和间接的消耗经济资本。而资源的有限性和在社会成员中分配的非均衡性、社会资本的形成需要长期交往和重复博弈的环境以及社会资本有时候是其他行动的副产品等原因，使社会成员所拥有的社会资本状况是有差别的，特定的社会资本只能为一部分社会成员所专有。第二，从社会资本的实质来看，社会资本是一种社会关系网络，而网络具有边界范围。第三，从社会成员的类别来看，由于社会成员的社会经济地位、性格特征、流动的成本等影响，能够进行长期交往的人们以群体方式分类，每一类群体形成一个独特的关系网络。第四，从社会资本的内容来看，血缘、乡缘、地缘、心智模式构成社会资本的重要内容，这些"缘"和心智模式具有专用性。由此看见，专用性是社会资本的内生性特征。产业集群是在一定地域范围内形成、基于专业化分工协作基础上的社会经济网络，社会资本内嵌于产业集群当中并通过产业集群主体（企业、中介服务机构、地方政府等）的互动而发生作用。内嵌于产业集群当中的社会资本具有专用性和独特性。

首先，社会关系网络的专用性。集群内的社会关系网络主要由三部分构成：一是以血缘、乡缘关系为基础而建立的关系网络，其存在具有稳定性、长期性、传承性和专用性，它通过"亲帮亲""邻帮邻"动员本地资源，促进了产业集群的形成；二是在专业化分工协作过程中通过密切的经济交往而发展起来的关系网络，它具有产业和地域特性，集群内企业因地理邻近、同属一个产业甚至共处一个分工链条而获得外部经济和分工经济，集群外企业则无法分享这种好处；三是集群内企业与地方政府及本地中介服务机构所组成的关系网络，该网络也具有专用性，地方政府及本地中介服务机构的管理服务指向集群内企业。在产业集群运行中，上述三种关系网络是相互交织的，共同影响集群的发展。

其次，规范的专用性。产业集群内的规范包括有形的命令式规范和无形的潜规则、默会知识及文化习惯，它们是极其重要的社会资本。由于不同的集群具有不同的特点、可能面临不同的问题，针对特定集群的实际需要而制定的命令式规范往往具有很强的针对性。无形的潜规则、默会知识和文化习惯属于认知维度的社会资本，为不同主体间的共同理解提供表达、解释与意义系统的资源，对于组织智力资本的产生和积累具有非常重要的影响。产业集群内认知维度的社会资本是在长期的重复博弈和面对面交流中形成的群内公共知识，具有很强的文化根植性。

最后，信任的专用性。信任是社会资本的重要内容，也是集群网络形成的前提条件。甘贝塔（Gambetta，1988）认为，"信任……是一个特定的主观概率水平，一个行为人以此概率水平判断另一个行为人或行为人群体将采取某个特别行动……当我们说我们信任某人或某人值得信任时，我们的隐含意思就是，他采取一种对我们有利或至少对我们无害的概率很高，足以使我们考虑与他进行某种形式的合作"。诚信可以在复杂社会中的互惠互利准则和公民特定的网络中产生，长时间反复多次的交换可以鼓励这种互惠准则得以发展。产业集群内人们之间的关系是一种长期的、持续的关系，对彼此的行为有稳定的预期，相互产生信任。而在群外企业之间，这种信任将大大减少。因此，产业集群内的信任很大程度上是一种特殊主义的信任而非普遍信任，具有专用性。

二 基于专用性投资的产业集群形成机理

从产业集群的角度看，专用性资产投资是一种信号显示（Signaling）与信号筛选（Screening）与选择机制，产业集群的区域资产专用性可以降低交易成本，提升企业的竞争优势。产业集群不是企业的空间简单集聚，集群企业在重复博弈中形成的信誉机制是支持集群企业间分工，为产业集群赢得低交易成本与高专用性资产双重优势的制度基础，如图7-1所示。

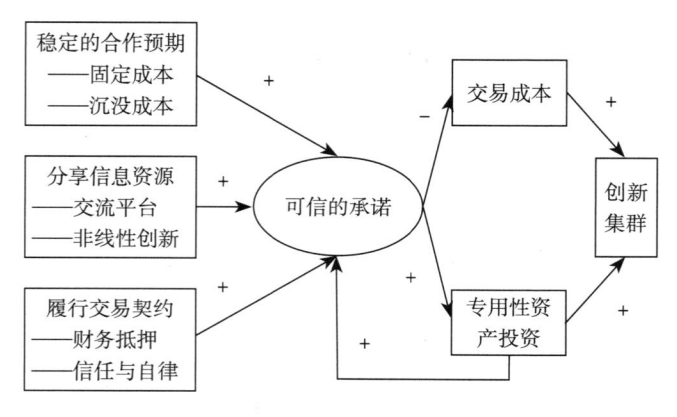

图7-1 作为信号的资产专用性

可以用图 7-1 来说明资产专用性的信号功能以及高资产专用性与低交易成本并存的原因。在信息不对称的条件下，即便合作会使交易各方获利，高额的交易成本会阻止交易的发生，因此，交易各方的信号显示与筛选能力是交易得以进行的前提（郑宏星、马佳，2008）。

1. 稳定合作预期

为完成某项特定交易的专用性资产，投资具有正负两个方面的作用。正面的积极作用在于，专用性资产是高效率地完成某项交易所必需的，专用性资产能够提高交易双方的租金（收益）。负面效应在于给定专用性资产投资已经发生，如果交易因交易某方违约而被迫终止，那么，专用性资产改作其他用途时，其价值与功能就会大大降低，即通常所说的"套牢"。因此，从成本的角度来看，专用性资产投资具有情境依赖的特点：如果交易可以持续进行，专用性资产投资就是一种"固定成本"，可以在长期的合作交易中逐渐分摊回收；如果交易被迫中断，专用性资产投资就是一种"沉没成本"，无法收回或转作他用。进行专用性资产投资的企业更愿意追求合作的长期化，从而在信息不对称的条件下，企业的资产专用性投资可以将追求短期利益的机会主义者与追求长期利益的诚信者区别开来，为交易各方提供稳定的预期。

2. 分享信息资源

专用性资产既然是为某项特定交易而做的投资，那么，为了实现资产的"专用性"要求，更好地发挥专用性资产的"专用"价值，交易各方就要围绕专用性资产的设计、投资、使用、维护等环节进行广泛的沟通与交流，在此过程中信息资源能够共享。因此，专用性资产实际上成为交易各方的一个交流的平台、沟通的载体。

3. 履行交易契约

资产专用性投资使企业真正成为交易的利益相关者，这种投资，从一定程度上来说属于财务抵押（Klein et al., 1978），使企业成为交易的风险承担者。由于专用性资产投资企业主动承担风险，因此，投资专用性资产的企业从动机上看更愿意遵守交易契约，从履约机制上看更多的是基于信任的自我实施的机制。可见，资产专用性投资作为一种信号，可以稳定交易各方的合作预期，便于信息交流解决信息不对称带来的问题与误解，通过第一方实施的治理机制有效降低契约不完备性的风险。在这种情况下，资产专用性投资就在交易各方的博弈中形成一种可信的承诺。这种可信的承诺一方面又进一步促进专用性资产投资，而增加的专用性资产投资又会通过专用性资产的三种信号功能进一步提高承诺的可信度；另一方面，可信的承诺大大降低了交易成本。

以上三种机制有力地形成了可信的承诺，可信的承诺一方面能够减少交易成本，另一方面能够促进专用性投资，从而形成产业集群。

三 基于专用性投资的产业集群竞争优势

图 7-2 显示了在专用性投资基础上形成的产业集群的竞争优势。专用性投资包括地点专用性、物质资产专用性及人力资本专用性投资，在这些专用性投资的基础上形成专用性资产。

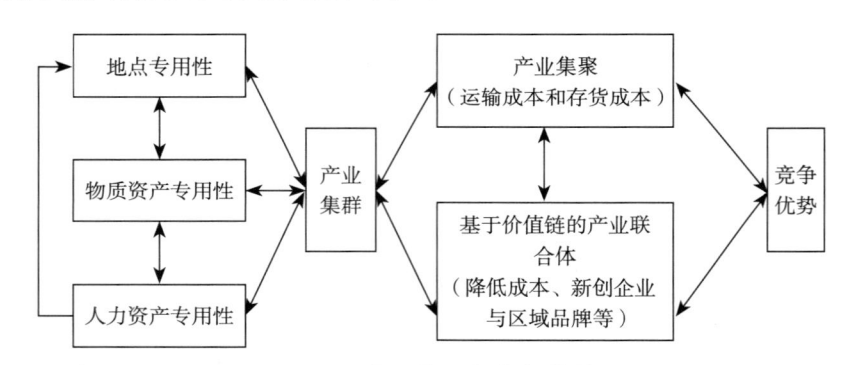

图7-2 产业集群与竞争优势

（一）专用性与产业集群

1. 地点专用性

戴尔等（1996）研究表明，通过地点专用性投资形成的物理临近（Physical Proximity）能够促进企业间的合作与协调。本书认为物理临近就是产业集聚。将地点专用性用于解释产业集群非常合理，产业集群的目的在于节约运输成本，戴尔等（1996）的研究将威廉姆森（1985）的资产专用性理论与产业集聚相联系，将资产专用性的分析范围由企业拓展为产业。这一点对理解产业集群形成机理非常重要。

2. 物质资产专用性

一般来说，战略供应商需要负责总装厂产品部件研发和组装，需要相应的专用技术、设备资产作为支撑。如汽车制造中的微电子、合成材料、复合信号等技术很复杂，供应商为了生产中产品的要求，要开发出专用次级装配线生产专用部件供应给总装厂。

3. 人力资本专用性

一是指技术人员的人力资本专用性。如供应商产品工程师专门致力于向客户（总装厂）提供服务，甚至要常驻，这就要求工程师专门学习总装厂的技术管理知识，进行人力资本投资。二是工人的人力资本专用性。在操作技能上要求工人需掌握多种技术以适应同时操作多台不同类型的设备要求；在知识技能上要求工人能处理正常操作中出现的异常变化问题，如质量问题、设备问题等，以便工人能够直接解决生产现场出现的问题。

综上所述，现有文献对资产专用性的应用研究从分析方法上看，更多地表现为静态分析；从分析对象上看，主要用于解释"敲竹杠"问题以及企业的"一体化"行为。从动态的角度看，企业对专用性资产的投资是为了赢得竞争优势，资产专用性与竞争规则高度相关，三类资产专用性本身也是相互影响的；从适用对象上看，资产专用性已经从企业"个体"的资产专用性演进为产业集群整体的资产专用性。认为竞争规则变迁决定企业资产专用性的选择，竞争规则的复杂性、综合性决定着地点专用性、物资资产专用性与人力资产专用性之间的关系。具体表现在两个方面：一方面，在成本竞争的条件下，企业会选择地点专用性投资；在质量竞争、速度竞争的条件下，企业会选择物资资产专用性投资；在技术竞争的条件下，企业会选择人力资产专用性投资。另一方面，地点专用性、物资资产专用性与人力资产专用性又不是孤立的，而是相互影响的，为了获得成本优势、质量优势与创新优势，企业的资产专用性更多地表现为地点专用性、物资资产专用性与人力资产专用性的综合而不是某一特定的资产专用性。

本书认为，地点专用性资产、物资资产专用性与人力资本专用性之间是相互影响、相互作用的，人力资产专用性是产业集群竞争优势的最重要的来源。人力资本专用性需要从干中学去获得特定的文化、技能、惯例与团队意识；人力资本中的知识与技能，特别是人力资本中的缄默/隐性知识（Tacit Knowledge）与创新能力要求员工之间进行面对面的沟通（Face-to-face Communication）而不是远距离合作，弱关系（Weak Ties）而不是一体化企业的组织形式与之相适应，从而网络化企业替代一体化企业，资产专用性由一体化企业扩大到集群企业之间，至此，产业集群形成与发展。产业集群最直接的表现就是产业集聚，这主要表现为地理位置上的临近性，从而有利于减少运输成本和存货成本。产业集群还有利于形成基于价值链的产业联合体，这对企业获得竞争优势与经济发展非常重要。

（二）产业集群与产业价值链

价值链概念是由哈佛商学院教授波特（Porter）1985年在《竞争优势》（Competitive Advantage）一书中提出的。他认为，"每一个企业都是在设计、生产、销售、发送和辅助其产品的过程中进行种种活动的集合体。所有这些活动可以用一个价值链来表明"。产业链是产业经济学中的一个概念，是各个产业部门之间基于一定的技术经济关联，并依据特定的逻辑关系和时空布局关系客观形成的链条式关联关系形态。按照波特的逻辑，每个企业都处在产业链中的某一环节，一个企业要赢得和维持竞争优势不仅取决于其内部价值链，而且还取决于在一个更大的价值系统（即产业价值链）中，一个企业的价值链同其供应商、销售商以及顾客价值链之间的连接。企业间的这种价值链关系，对应于波特的价值链定义，在产业链中、在企业竞争中所进行的一系列经济活动仅从价值的角度来分析研究，称为产业价值链（Industrial Value Chain）。

在以一个主导产业为核心的领域中，关联度较高的众多企业及其相关支撑机构在地理空间上就产生了企业在某一产业价值链上集聚的现象。这种产业价值链上企业的集聚向上延伸到原材料和零部件及配套服务的供应商；向下延伸到产品的营销网络和顾客；横向扩张到互补产品的生产商及通过技能、技术或由共同投入联系起来的相关企业，同时集群内还包括政府和多功能公共机构的参与。由于集群内企业间是通过长期形成的非契约

"信任与合作"维系的,因此在面对外来竞争时,使其具有独特的竞争优势。这些竞争优势包括:

1. 有利于企业成本的降低

现代产业分工越来越细,专业化生产越来越强,产业链条越来越长。产业链条延伸是一种资源,它体现产业集聚的规模效应。"未来只存在两种企业,一种是规模超大的企业,另一种就是专业化非常强的中小企业"。任何一个企业在当前条件下都不可能在产业链条的任何一个链条环节上都是最优的,只能是在某一个或者几个环节上具有优势。产业关联性越强,产业链条越紧密,资源的配置效率也越高。通过产业价值链的整合不但可以将不同优势环节的企业相联系,实现产业价值链上的各个环节都达到最优,进而实现企业产业价值链整体最优,而且基于产业价值链的资源整合通过诸如实施标准化生产、对内部管理费用进行严格控制等,可以有效地降低产品在产业价值增值环节上的包装、流通、库存、销售与内部部门间协调等成本,获得成本领先优势。

2. 有利于新企业的出现

产业集群非常有利于新企业诞生。新企业易于在既有的集群内部而不是在孤立的地区成长起来。集群内的企业由于相互交流机会的增加,不仅能够及时发现产品和服务的需求,而且还会获得更多有关发展机会的信息。最早进入的厂商积极寻求创造专业化生产要素的方法,并通过吸引新人才进入来加强所属行业的知识和技术深度开发。且由于当地的金融机构和投资者熟悉集群内的产业特性,使集群容易获得所必需的资产、技能和开发团队以及高素质的劳动力,因而降低了新企业进入的门槛并降低了风险。集群内企业的重组障碍较低,更有利于催生新企业的诞生。比如说,一个计算机配件新供应商能够在计算机产业集群内扩大规模是因为在客户集中的基地可以减少风险,同时由于一个发展完善的产业集群包括一些相关产业,这些相关产业通常能够吸引相同或相近的要素投入,使供应商得以获得进一步扩张的机会。除此之外,集群内的进入壁垒很低,在集群内更容易得到所需要的资本、技术、原材料投入和高素质的人力资源,从而加快新企业的衍生过程。

3. 有利于企业创新氛围的形成

在产业链联合体内，企业不仅可以降低投资成本和交易成本，同时还有利于信息资源的交流、汇集，促进技术、产品的联动创新。集群式产业链有利于培育企业学习与创新能力。企业彼此接近，会感受到竞争的隐性压力，迫使企业不断进行技术创新和组织管理创新。技术创新是由市场的需要引起，企业通过组合各种创新资源，运用科学的方法与手段创造出新产品、新工艺，并进行生产，最终进行商业化，当它商业化成功、企业取得利益时，这项技术创新才算成功。由于存在竞争压力和挑战，集群内企业需要在产品设计、开发、包装、技术和管理等方面，不断进行创新和改进，以适应迅速变化的市场需要，争取新的客户。一家企业的知识创新很容易外溢到区内的其他企业，因为通过实地参观访问和经常性的面对面交流，这些企业能够彼此相互较快地学习到新的知识和技术。在产业价值链中，比邻而居的企业之间由于频繁的交往和经常性的合作，产生了面对面的观察与学习的便利性，一项技术创新很容易为其他企业所发现，其他企业通过对此项技术创新的消化、吸收与模仿，在此基础之上进行技术改良，进而又导致渐进性的技术创新不断发生，从而形成强大的挤压效应。集群为企业创新提供了很好的平台，有力地促进了产业的技术创新能力的提高。集群在技术创新方面具有创新所需的组织架构、产业文化基础、知识积累和扩散的内在机制，集群为创新型区域的构建提供了现实的基础。

4. 有利于打造"区位品牌"

产业关联企业及其支撑企业、相应辅助机构，如地方政府、行业协会、金融部门与教育培训机构都会在空间上相应集聚，形成一种柔性生产综合体，进而构成区域的核心竞争力。此外，集群的形成使政府更愿意投资于相关的教育、培训、检测和鉴定等公用设施；另外，这些设施的设立又明显地促进了集群内企业的发展。公共物品共享使资源在产业集群内具有更高的运用效率。一个学习—创新型的区域，能够使区内的各个企业形成相互协作的网络，彼此之间能够共享市场信息、基础设施、区内资源（尤其是流动的人力资源）、生产能力和供应链网络乃至形成区位品牌。

区位品牌即产业区位是品牌的象征，如法国的香水、意大利的时装、瑞士的手表等。单个企业要建立自己的品牌，需要庞大的资金投入，然而企业通过集群的整体力量，利用群体效应，形成区位品牌，会使每个企业都受益。区位品牌与单个企业品牌相比，更形象、直接，是众多企业品牌精华的浓缩和提炼，更具有广泛的、持续的品牌效应，它是一种珍贵的无形资产。这种区域品牌是由企业共同的生产区位产生的，一旦形成，就可以为区内的所有企业所享受。因此，区域品牌同样具有外部效应。这种区域品牌效应，不仅有利于企业对外交往，开拓国内外市场，确定合适的销售价格，也有利于提升整个区域的形象，为招商引资和未来发展创造有利条件，而区域品牌共享又大大地增强了集群内企业的比较竞争优势。

5. 有利于区域经济的发展

产业价值链是产业发展的重要纽带，是区域经济发展中可充分挖掘的有利因素。产业集群是以产业价值链为纽带的地方生产系统，是区域经济发展的重要基础。从现代区域产业形成发展来看，产业是由龙头企业起主导作用，通过产业链的延伸带动一批配套企业发展，产业链中的配套企业发展壮大，既可裂变出新的龙头企业，又促进其他龙头企业发展和聚集，形成产业群体，使产业整体竞争力得以增强，从而壮大了产业经济，给地区经济带来新的增长点。因此，以产业链为纽带，延伸产业加工生产的深度，以企业综合配套，加强产业内部、产业之间联动并做强做大，逐步兴起专业、特色的企业群体，构筑产业集群支撑框架；以产业价值链为中心，以重点产品、主导产业的联动促进中小企业群的配套发展，并努力进入国际分工协作体系和供应链，是区域经济发展的有效途径。一个区域的产业能否形成竞争优势，不仅是依靠一个或几个企业大集团，而且还要视其产业价值链体系如何。在全球（以及区域）经济一体化进程中，无论是对于一个国家，还是一个企业，能否利用全球（或者区域）经济一体化的历史机遇，建造自己的产业（或企业）价值链，或者成功地成为全球产业价值链的重要一环，直接关系着未来的前途，否则就面临着被边缘化的危险。

第三节　基于产业集群的创新过程分析

产业集群创新能力的基础则是探索导向的（Exploration Oriented）、集体性的（Collective）学习活动。这种集体性的学习活动包括主体自身的学习和主体间互动性的学习两个方面内容。如图7-3所示，创新的过程可以分成5个阶段（赵树宽等，2010）。

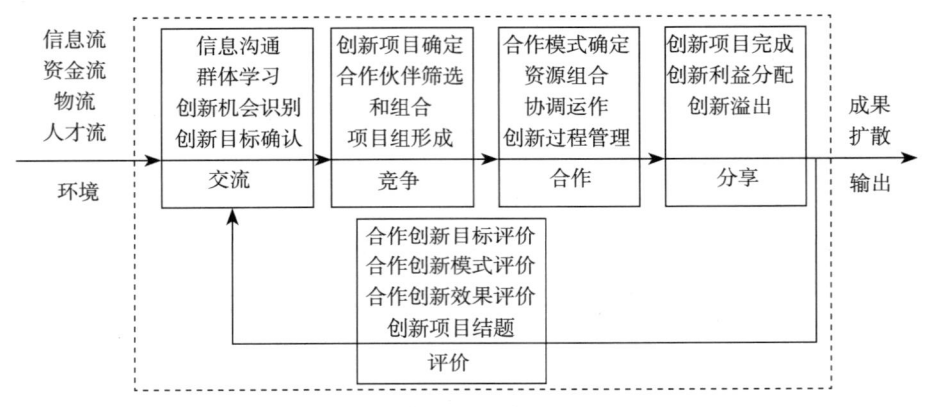

图7-3　产业集群中创新过程

第一个阶段称为交流阶段。在这一阶段，集群内企业通过正式渠道和非正式渠道的信息沟通、人员接触，进行群体学习，从而确认创新目标。第二阶段称为竞争阶段。最先洞察到创新机会并确认了创新目标的企业组织，通过进一步的分析和论证，进行创新决策，并将其具体化为创新项目，然后进行合作伙伴的寻找和筛选，在此基础上建立与能力要求相匹配的网络型创新组织，做好创新工作的前期准备。第三阶段称为合作阶段。合作伙伴选定以后，接下来就是确定合作模式，进行资源整合，从而进入实质性的合作创新阶段。在这一阶段最主要的任务就是有效配置资源以及建立合作者之间的默契关系。第四阶段称为分享阶段。到了这个阶段，创新目标已经按计划完成，参与创新各方通过多种可能的方式分享创新成果。可能的方式有：建厂生产新产品、改进生产工艺、转让技术以及申请知识产权等。第五阶段称为评价阶段。技术创新项目全部完成以后，参与各方对合作创新目标、合作创新模式、合作创新效果进行正式或非正式的评价，总结合作过程中的经验，分析合作过程中存在的问题，指出合作过程中应该改进的地方，最后创新项目组解体，集群内技术创新进入下一轮新的循环。

第四节　基于资产专用性形成的产业集群的创新体系构建

产业集群里企业创新能力的差异性主要体现在基于网络的互动创新。创新的实现不仅仅是科学与技术之间的简单线性活动，而是企业、用户、科研机构等主体间的系统互动活动，如图7-4所示。这些主体间的互动学习是形成产业集群创新能力诸多活动中最本质的内容，学习的效率与效益与主体间的专用性投资关系重大。

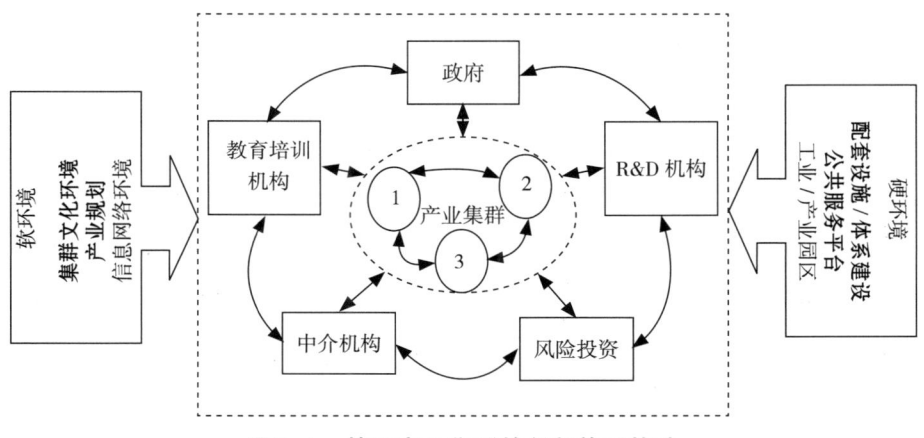

图7-4　基于产业集群的创新体系构建

尽管产业集群对创新具有一定的阻碍作用，其原因是过度竞争、过度嵌入等，这些方面加以适度引导和控制，一般能够得到控制。从而一般认为产业集群是区域创新发展的有效途径，积极培育和推进地方产业集群已成为目前区域创新体系建设的重点和政府制定政策的着眼点，以下基于产业集群视角，提出了区域创新发展战略。

一 基于资产专用性形成的产业集群的创新主体

产业集群由企业和相关机构等主体集聚而成，它们能否发挥各自不同的作用，以及发挥作用的程度并以此作为互动的基础是取得合作创新正面效应的关键。这些创新主体在长期的合作中形成了大量的专用性投资，专用性资产使得集群中的创新主体相互信任、合作共赢。

1. 企业

企业通过技术、流程、管理等方面的创新把科技成果运用到生产中，生产出创新产品，并通过市场销售出去实现增值，是产业集群创新的启动者和实施者。企业应加大研发投入，广泛吸引各种人才，采取多种形式建立研发中心、设计中心和工程技术中心，增强技术实力，提高自主创新能力，从而推动产业集群由低成本型向创新型转变。

2. 大学和科研机构

大学和科研机构人才多，专业性强，在产业集群创新中担负两个重要功能：一是为集群内的企业提供知识和技术的支持；二是向集群输入高素质人才。大学和科研机构应以企业创新需求为导向，促进科研成果推广和转化。同时与地方经济相结合，有针对性地为企业培养各种创新型人才。

3. 金融机构

金融机构的职能主要是融资服务，为企业创新提供充足的资金。金融机构要拓展融资渠道，实现融资方式的多元化和国际化；完善金融担保、风险投资和创业基金，为企业提供配套的金融服务。设立创投机构、投资银行、商业银行等为创业者、新创企业和成长型企业提供资金支持。

4. 中介服务机构

法律、会计、仲裁等中介服务机构具有专业化程度高、活动范围广、组织形式灵活等优点，是创新供求双方的纽带，能为企业提供各种中介服务，促进产业集群内各企业之间的交流和合作，加强与不同社会关系网之间的联系，协调政府与企业之间的关系。中介机构应该扩大服务的种类和范围，深化服务内容，为集群内的企业提供技术咨询、信息收集、资产评估、纠纷仲裁、教育培训等服务，从技术、管理、资源等多方面支持企业；

充分发挥"界面"效用，将集群内的企业同外部合作有机地联系起来，如搜索和选择合作对象，进行相关项目的洽谈等，以减少企业在创新中的交易成本，降低产业集群内技术学习的路径依赖。

5. 政府

由于产业集群自身发展的不成熟以及市场失灵等因素，在产业集群创新进程中，政府的引导、调控和公共服务等作用非常重要。政府作为产业政策的制定者，是区域创新网络的重要组成部分，承担着与外部沟通的桥梁作用。因此政府应该对自身合理定位，做好区域创新发展的支持与引导。政府的作用主要体现在三个方面。一是制订产业集群发展规划，促进产业的合理集聚和布局，引导产业集群走良性发展的轨道。二是制定产业集群和有关企业发展的各种配套政策，通过政策调整产业集群内部结构，完善产业链，整合现有各种资源，通过政策杠杆，激励创新。三是加大投入，在道路、环保、人才培养、信息服务等公共产品或准产品上为产业集群提供有效保障。

二 基于资产专用性形成的产业集群创新环境

产业集群作为开放的群体受内外环境的影响极大，创造良好的环境至为重要，环境包括硬环境与软环境两个方面。

（一）硬环境

1. 建立产业带、工业、产业园区和基地

一方面，政府应促进区域分工协作，形成各具特色的区域产业集群创新体系。现阶段，我国区域间以及城乡间的创新能力分布极不平衡，各地都在探索如何增强创新能力，促进经济和社会发展的问题。区域科技发展要充分体现特色，要发挥各区域的竞争优势，围绕各区域经济与社会发展需求，形成各具特色和具有国际竞争力的区域科技发展格局。要充分利用市场机制来加强企业间、产业间以及区域间的竞争和合作，依靠竞争与合作，形成区域科技特色，在更大范围内促进科技资源的流动和优化配置，推进产业集群、知识集群和创新集群建设，培育各区域的基本科技能力，全面提高各区域的创新能力和竞争力，促进科技与经济社会的协调发展。另一方面，建立产业带，工业、产业园区和基地形成以产业集群为基础的科技创新平台，提升区域创新能力在产业集群中构建有效的科技创新平台，是实施基于产业集群的科技创新战略的切入点。作为产业集群科技创新平台的核心，集群内具有较强创新能力的科技创新中心有着重要的地位，需要重点建设。产业集群中不同行动主体的积极参与而形成有力的科技创新网络，是集群科技创新平台进行有效科技创新的关键。企业及时地应用科技创新成果，是集群科技创新的原动力，直接拉动在创新网络中的流动速度，提高创新网络的功能。

2. 配套基础设施

这是产业集群各企业和相关机构得以就近集聚在一起协作创新的最基本的条件。包括面积宽裕的土地、便于生产和生活的地理位置及其合理的布局；完善的交通、通信、电力、给排水、污染治理等基础设施，充裕的住宅、齐全的店铺和其他生活设施；还要有良好的环境保护措施，以实现经济发展和人口、资源、环境之间的和谐统一，形成投资、科研和居住均适宜的硬件环境。

3. 完备的公共服务平台

这是由政府牵头，各个服务性机构参与，整合各类资源而建成的体系完备、功能齐全的服务平台，能为集群内各主体之间的交流、互补、共享进而协作创新提供多元化的服务，包括以下6个中心的建设。① 产业信息中心：通过信息网络，构建以各类专业数据库为基础的公共服务信息平台，以便发布各类专业信息，提供政策法规咨询、技术交流、产品报价、企业供求协作等服务。② 技术研发及应用中心：承担有关产品制造工艺设计、图形测绘、数控加工等服务。③ 产业培训中心：承担不同层次人员的专业培训、企业知识文化培训、上岗资格鉴定、人才引进及交流、学术研讨等。④ 产品展示及交易中心：承担优质产品展示、原材料及标准件集中交易等。⑤ 企业发展融资担保中心：承担各类贷款的抵押担保，为企业融资提供帮助。⑥ 中介机构服务中心：集中各中介机构的办事处，为产业集群提供各种专业化服务。

4. 健全的市场体系

市场体系促进了企业间的专业化分工而集聚成群，满足了产业集群对原材料、劳动力的巨大需求和产品的集中销售，是产业集群创新的重要条件。健全的市场体系应为满足产业集聚而兴，与集群专业化产业相配套而旺，通过市场的作用加速企业集聚，又反过来以产业集群的发展促进市场的兴旺发达。应遵循市场发展规律，依托产业，因地制宜，建设一批与产业集群密切结合种类齐全的专业化大市场，包括物质市场、资金市场、劳务市场、技术市场、信息市场，推动人流、物流、信息流的大集散，努力实现专业特色市场与产业集聚的有机结合。

（二）软环境

1. 完善的规划及政策法规

产业集群创新作为各不同主体分工协作的群体活动，规划的引导、政策的激励和法规的约束，是其向正确的方向互动共进，走良性发展道路的保证。要科学地制订产业集群规划，根据本地产业发展现状，充分利用现有的条件，高起点地做好集群规划，力求具有良好的前瞻性和可操作性；要用规划指导产业的合理集聚和布局，引导产业集群内部专业化分工和横向配套协作，推动产业集群的科学化、集约化和可持续发展。对一个具体区域而言，很难做到产业发展上的均衡，政府应结合各地的经济和社会发展规划，加强产业发展的统筹规划和协调力度，明确发展目标和重点。一方面加强对优势特色产业扶持，提升其规模和水平；另一方面，针对产业发展滞后区域的资源条件和比较优势，因地制宜制订发展规划和政策措施，促进区域特色产业平衡发展。同时，加强各区域之间的沟通和协调，强调采用差异化的战略，突出各地产业的特色，避免不同地区产业趋同化和同构化，构建合理的产业集群布局。

另外，政府还应制定一系列政策激励创新。实行鼓励对同一产业进行持续的资金投入的政策，培育和发展优势产业；运用财政贴息、地方返税、所得税减免、专项基金等财政和税收政策，激励企业创新，通过提高技术和扩大规模，推动产业升级。要建立健全的信用制度和法律法规体系，加强质量监督和对知识产权、技术创新产权的保护，防止集群内部的产品仿冒和压价竞争；制定行业标准，规范行业秩序，维护集群内良好的诚信环境和合作关系。完善政策制度体系对现有的创新支持政策、人才优惠政策、科技政策进行梳理并落到实处，真正发挥政策支持作用，不断完善区域创新的政策支持体系。

2. 优秀的人才队伍

人才是第一资源，素质优良又能实干的人才队伍是产业集群创新的关键。要根据产业集群的创新需要，培养和引进高层次创新的复合型领军人才、高水平专业技术人才、科研带头人。要创新人才政策，积极拓宽人才引进渠道，探索灵活多样的人才引进方式，通过项目引才，实现以才引才，逐渐形成人才的集聚效应。对高层次、专家型人才要实施柔性引才，通过特殊政策实现人才的"不为我所有，但为我所用"。要创优人才环境，建立完善科技人才资源数据库，制定有效的人才激励和科技创业政策，健全以培养、评价、使用、流动、激励、保障为主要内容的政策体系，不断优化科技人才的事业和服务环境。培育创新人才体系真正以人为本，实现人力资源在数量和质量上的提高，解决教育水平低、人才匮乏的问题。首先，加大教育投入，在培养高端人才的同时，提高全民素质。其次，改善区域创新环境，大力吸引各行业的顶尖人才和学科带头人。再次，加快紧缺急需人才的培养，例如加强技术工人的培训和培养，为区域制造业基地输送源源不断的熟练技术工人；同时，要注意人才的合理配置。

3. 优良的区域文化

优良的区域文化往往经历了历史的长期沉淀，具有内在的传统根植性，是激励和支撑人们创新的巨大精神力量。这种促进创新的区域文化包括：锐意变革、追求创新的创业意识，敢于冒险、不怕失败的创新精神，诚实守信、团结协作的合作创新理念等。要积极培育创新的区域文化，增强企业和个人的变革创新意识，培养企业的合作创新精神，营造鼓励变革、崇尚创新的文化氛围；要通过各种媒体，采取多种形式宣传创新理念，介绍创新经验，弘扬创新精神，形成良好的创新舆论环境。建设有利于培育本地企业家和创新的产业文化氛围，营造创新网络所必需的有利于创新合作的信任环境和有利于区域合作创新的制度环境。在集群内应倡导各经济主体之间的相互学习与交流、同类企业之间的竞争与合作并存，着力打造基于集体学习与竞合的集群文化，营造一个可以持续增加集群创新活力的环境。集群内既竞争又合作的良好氛围，可使内部企业能在短时期迅速组织起人力、财力与技术力量，投入新行业、新产品、新企业的开发与创办中。

4. 完善的集群信息网络环境

充分发挥现代通信工具的作用，完善原有的网络信息资源，构建新的、更加全面、更快速度的网络科技信息平台，及时汇总并向社会发布区域内高校、科研单位、企业开发的科技成果和面临的技术难题、区域名牌产品以及技术创新和产学研动态等信息，推动集群内各界的信息联系及与外界的互动，尽力改善信息不对称的情况，争取实现科研成果向企业顺利转化。

第五节　基于产业集群的创新体系构建建议

政府作为一种非市场力量，在科研机构和企业的创新中起着非常重要的作用，在自主创新战略指导下，国家和各级政府纷纷制定相关政策，为企业创新活动营造良好的政策环境（王新华等，2019）。因为创新在市场经济中，本身具有非独占、高风险、高投入和市场对创新缺乏足够的激励等特征，致使部分企业对创新的动力不足，因此政府有责任构建区域创新保障体系。

（一）将产业集群发展与区域创新体系建设紧密结合起来

区域创新体系是一个经济区内与技术创新产生、扩散和应用直接相关，并具有内在相互关系的创新主体、组织和机构的复合系统，其获得成功的前提是基于本地的创新网络（尹慧君、赵莉，2010）。而产业集群作为一个创造、扩散和应用知识的体系，是区域创新体系的重要模式。因此，区域的创新发展应把产业集群和区域创新体系的建设结合起来，营建创新创业环境，形成活跃的创新创业局面。

1. 明确产业集群战略在区域经济政策中的应有地位

区域产业竞争力的源泉在于区域产业的低成本或差异化，而这种优势的持久性离不开产业整体创新能力与产业价值链的竞争力。因此，发展产业集群，培育区域创新体系，打造产业价值链，是提升区域产业竞争力的重要途径。为此，各地区应重视产业集群战略，将其作为区域经济规划的重要组成部分。

2. 通过制定政策促进产业集群与区域创新体系相结合

目前，各地运用产业优惠政策较多，针对产业集群和产业平台条件建设的政策较少，忽视了产业发展本身对科技和其他要素的需求规律，也割裂了产业集群与区域创新体系的关联。政府在制定政策时，应以集群内企业为对象，支持在专业镇或专业化产业区中建立各种服务组织，鼓励与大学和科研机构密切联系。通过营造适宜的创新环境，促进企业、企业与大学、研究机构、中介机构等创新主体之间的合作关系建立，建立有利于促进共同学习的机制，以此加快知识创造与扩散的速度，从而促使区域经济发展建立在强大的创新能力基础之上。

（二）依托地域优势发展产业集群，构建特色的区域创新体系

发展特色经济是市场经济条件下振兴区域经济的必然选择。只有以特色占领市场，创造市场，才能在区域分工中实现产业联动效应，从而赢得更快的发展速度。区域的发展要充分体现特色，发挥各区域的竞争优势，围绕各区域经济与社会发展需求，形成各具特色具有国际竞争力的发展格局。产业集群是区域创新体系的重要载体，产业集群的多样性和特色正是区域创新体系的活力所在，区域创新体系如果没有本地化的产业体系为依托，就失去了根本的发展动力，培育区域创新体系的关键就是要创造产业集群形成和发展的条件。因此，在区域经济建设上，应立足本地资源比较优势，以市场需求为基础，做好产业定位，制定科学合理的发展目标和规划。通过选取最具优势的发展模式，利用当地特有的专业技术、人文与体制环境及基础条件，扶持其做大做强，真正形成区域特色产业和品牌，走具有竞争力的区域创新发展之路。然而，在培育和构建区域产业集群和创新网络时，应充分注意区域集群创新网络的形成和发展是一个自组织和自依赖的过程，但这种自组织过程并不排斥作为创新网络节点之一的政府作用的发挥，政府应该为企业或产业的创新创造一种有效的区域环境，建设

有利于培育本地企业家和创新的产业文化氛围，营造创新网络所必需的有利于创新合作的信任环境和有利于区域合作创新的制度环境。

（三）培育产业集群创新网络，提升产业创新能力

在产业集群中构建有效的科技创新体系，是实施基于产业集群提升区域创新能力的切入点。企业是创新的主体，只有加快建立以企业为主体的创新体系，不断加快产业化步伐，才能真正走上创新驱动、内生增长发展轨道。

1. 增强创新意识，完善企业的技术创新体系

构建产业集群创新体系可分三层进行：一是鼓励产业集群与相关科研机构、大专院校和国内外大企业的技术研发力量互动与合作，以技术的不断创新推进实现产业层级的提升。二是在产业集群内，以多种方式建立公共技术服务平台。既可依托专门的技术服务机构，也可以利用产业集群内骨干企业的技术力量，主要解决集群内广大中小企业现实的技术需求，提供实用型技术服务。三是鼓励产业集群中规模较大企业加大研发投入，广泛吸纳科技型人才，组建研发机构、成立技术中心，加强自主创新。形成以企业为主体，产、学、研互相结合、补充和渗透的全方位、多层次技术创新网络，不仅把产业集群建成产品加工基地，而且建成科技创新基地。

2. 强化创新投入体系

首先，从政府本身来讲，要想方设法加大科研投入，同时充分发挥政府在区域创新体系建设中的投资引导作用，扶持建设企业高新技术研究开发中心、技术中心、重点实验室、信息服务平台等。其次，鼓励企业加大技术创新和改造的投入，加强对企业技术改造的支持。同时，引导更多的民间资金投入到区域创新体系中来。

3. 加强科技中介机构的能力建设，为中小企业的发展搭建坚实的技术平台

王锦程和方琳（2019）认为我国现有的创新中介服务体系大多是政府为主导，已不能满足企业日益多样化和个性化的创新需要，应大力采用开放式创新的模式，通过网络平台和市场化运作，参与全球创新生态体系。

可采取以下措施：一是有计划地成立或转变部分省市科研机构、事业单位转制为科技中介机构；二是引导社会力量利用现有的技术条件和人才兴办各类科技中介机构，增加科技中介服务门类；三是建立健全科技中介机构管理制度，提高服务水平，不断创新服务方式和服务手段，完善区域创新服务体系。

（四）政府的产业规划应注重企业间分工的产业价值链规划

政府的产业规划不仅是产业区域发展的地理空间规划，更应该是企业间分工的产业价值链规划。王飞（2019）通过对美国生物医药产业研究提出我国生物医药产业亟须构建药物基础研究的研发链、新药临床测试的创新链、新药投放市场的产品链和激励创新的政策链等既保持自身独立运作效率高又长效协同合作的机制。产业需要完整价值链，而一个完整的产业价值链包括原材料加工、中间产品生产、制成品组装、销售、服务等多个环节，实现供给、生产、销售、服务的功能，从而保证该产业价值链中人流、物流、信息流、资金流的畅通，进而实现互补、互动、双赢。如果产业价值链当中的企业供给、生产、销售、服务都处于一种良好的、动态自我调整的平衡状态，那么这个产业价值链就会很平稳地运行。但是一旦该产业价值链中的某一个环节不能及时或不能提供充足的供给，这个良性的循环就会被打破，从而引发上游企业或者下游企业不能正常运转。由于在多个产业价值链中，某些企业既可以是本产业价值链内的一个环节，又可以是其他产业价值链上不可缺少的环节。因此，这种链式效应不但会发生在某一个产业价值链当中，而且不同产业价值链的上下游企业之间也会有这样的链式效应。这种链式效应一方面促进了专业分工协作；另一方面又推动了技术进步。在一个产业环境中，各种产业之间相互关联、相互区别、相互依赖，一种产业的存在成为另一种产业发展的前提或结果，每一个产业只是产业系统中一个环节或一个片段，由各个环节或片段连成一体就变成产业链。在经济活动过程中，各产业之间存在广泛的、复杂的和密切的经济技术联系。一个产业需要其他产业为自己提供各种产出，作为自己的要素供给；同时，又把自己的产出作为一种市场需求提供给其他产业进行消费。如果产业价值链中的某些企业通过技术创新首先取得了优势地位，使产品更新换代，那么它必然会要求上下游的企业能够提供符合它技术要求的原材料或者零部件，制订相应的销售计划，提供更高级的技术支持，获得更好的服务。一般来讲，在产业链没有核心技术的中低端产业存在比较劣势，但占据产业链利润库中的份额较少。在产业链中技术创新能力强、掌握了关键技术或核心技术，控制了关键链条环节的高端产业则具有比较优势，在产业链利润库中的份额占有绝对比例。

因而要提高产业的竞争力，就要进行技术创新，向产业链中高端产业延伸。产业价值链当中的企业不断地进行链式创新，从而使整个产业价值链处于良性循环的状态。首先发展起来的产业技术通常可以凭借占先的优越地位，利用规模巨大的单位成本降低，以及普遍流行导致的学习效应提高许多行为者采取相同技术产生的协同效应。技术创新又进一步引发产业价值链不断延伸。无疑，产业价值链越长，企业的专业化分工往往越发达，衍生企业也就越多，从而产业链中的技术溢出效应和规模效应就更强。产业价值链上的企业通过产业的关联效应相互配合、相互推动，从而建立起一种远远大于单个企业点优势的竞争优势——链优势和群优势。这样，产业价值链中的企业不但能使创新符合需求而且能实现快速创新，并且与上下游环节协同，快速地将技术创新转换为产品，并快速、有效地推向市场，进而转化为企业的竞争优势，使整条产业价值链及其各环节企业处于有利地位，真正实现多赢的局面。

（五）政府的经济干预应注重以信誉为核心的制度建设

政府的经济干预不应该局限在税收等产业政策的安排，更应该注重以信誉为核心的制度建设。信誉机制与法律制度是维护契约的实施性的两种机制，法律机制是由第三方（法院等司法主体）实施的正式制度。法律机制的最大优点是具有强制性，通过事前的可信的威胁与承诺以及事后的惩罚实现对契约各方的激励—约束的功能。信誉机制与法律制度在保障契约的实施性方面有不同的作用机理，信誉机制是由第一方实施的非正式制度，具有自我实施的特点。产业集群由企业内分工到企业间分工的选择本质上是由信"己"到信"人"的转变，集群内各企业与组织的信誉水平是企业集群优势得以发挥的制度前提，信誉是产业集群的制度基础。一方面信誉是集群内企业纵向核心化的基础，另一方面信誉又是集群企业间开展横向良性竞争的前提。构成机会主义的诸如资产专用性、有限理性、"搭便车"等的因素依然存在，产业集群内各成员企业与其他机构之间只有在长期博弈中建立起信誉机制，当产业集群成为信誉载体，才能发挥企业集群的竞争优势。在信誉建设方面，政府可以在以下三个方面有所作为（曹休宁、刘友金，2006）：

1. 制度供给方面

只有在正式制度完备的情况下，非正式制度才能更好地起作用。我国集群企业的不合作行为表明，在集群企业合作的实践中，规范企业合作行为的有效制度安排是稀缺的。因此，产业集群的顺利成长与解决制度的稀缺问题以及持续的制度创新密切相关。比如，政府可以协助集群加强企业自组织建设。在比较成熟的产业集群中，尽快建立基于产业集群的同业协会等民间组织，以促使集群内各企业的行为规范化、自律化，形成诚信的氛围。同业协会具有宣传和监督作用。外部市场和同行业的最新消息将通过同业协会在集群区域内迅速扩散，以便企业及时调整行为。同时对集群内某些企图采取不道德行为的企业给予监督和警告，防止其危害行为的发生和传播。

2. 集群企业产权界定和保护方面

基于集群企业合作的隐性契约生效的第一种情况是，如果集群内企业间的信息是完全的，那么企业间的无限次合作就变得十分重要。因此，在信息完全的情况下，如果集群内的企业都能够理性地对自己的战略做出选择，理性地对待与合作伙伴的分工与合作关系，对企业的经营有长远预期的话，那么集群内的企业就会建立一种长期的互惠合作关系，而这种关系的维系不需要任何外力的强制就可达到自我实施。在这种情况下，企业永续经营理念至关重要。产权经济学揭示了产权能够解决激励问题，而且产权所带来的激励最为持久。因此，产权的界定和保护将有助于集群企业重视自己的声誉。集群企业产权的清晰界定，既是集群企业参与博弈的前提，也是达到博弈均衡的必要条件，相应的隐性契约才会生效。而有效的产权保护可以提高企业的竞争力，强化企业永续经营的理念，使集群企业通过理性进行博弈以达到高效合作的目的。

3. 集群企业信用网络建设方面

行业协会、同乡会、各种中介组织等都是建立集群信用网络的组成部分。这些组织对集群中企业机会主义行为形成一种无形的约束。集群内建立良好信用网络的一个重要障碍是我国经济中的交易还主要是建立在关系型经济基础之上的。这种建立在关系经济网络基础上的运行成本越来越高。构造讲信用的制度环境应该是由政府提供的一种公共物品。形成一种谁讲信用、守合约，谁就处于有利地位的社会氛围，形成讲信用具有正的外部性而不讲信用具有负的外部性，即使在信息不对称和未来存在不确定的条件下，良好的制度安排使个体都会有一个预期，即不管在什么情况下，不讲信用、违约最终会受到惩罚。唯有在讲信用可以得到回报的时候，维持集群企业合作的隐性契约才真正发挥了作用。

（六）社会化服务体系是以产业集群为依托而建立的服务性机构，它集聚了信息、技术、投资、管理等各方面的专家，其专业化程度高、协调能力强，为集群企业提供了专业化质优价廉的服务，有效降低了企业的运营成本和竞争风险，使科技发明尽快进入相关经济领域

社会化服务体系包括技术研发应用、资金、信息服务、人员培训、质量检测、产品交易与物流配送等方面的内容，这些不仅是区域创新体系的重要组成部分，也是投资环境的重要组成部分。要使区域经济发展实现由自然资源依赖型向科技创新型的转变，就要进一步加强区域科技创新服务体系的完善，加快科技创新公共服务体系及相关支撑平台的建设。

1. 依据产业集群的特点，建立与产业的发展相衔接的中介机构

依据行业特点和产业发展现状，确定产业集群的服务重点，引导企业加强与大学、科研机构的联系，建立利益共享、风险共担的经济共同体；建立共享的研发机构、技术质量监测机构、人才机构；建立与区域经济相适应的职业技术教育和培训体系；大力发展现代物流产业，形成与产业集群发展相适应的物流圈和供应链；加强科技中介服务机构建设，为产业集群与科研机构的联合提供媒介，对各机构进行分工与协作，发挥其服务体系的整体功能。

2. 构建多元化的投资机制

在服务机构的建设上，政府要充分发挥在公共服务平台建设方面的培育和引导作用，引导民间资本积极参与公共服务体系建设，形成多元化的投资格局，努力构建功能完善的公共服务平台，形成各具特色的市场化和非市场化的企业联盟、行业协会、商会、创业中心及各种服务中心。

3. 提升服务机构人员的整体素质

要进一步优化区域创新的人才环境，吸引、凝聚优势人才，改善从业人员结构，加速形成广纳群才、才尽其用的用人机制和尊重人才、凝聚人才的激励机制。增强全民创新意识，积极营造鼓励创新的氛围，调动科技人员的积极性和创造性，培育创新型的企业家队伍，建立健全区域创新的人才支撑体系。

总之，创新体系体现了创新相关的各行为主体的互动合作关系。创新集群是建立在知识产权保护等制度和企业互信和联系的基础上的，需要制度创新。创新体系需要产业联系和知识流通的环境。只有形成一种真正的知识流通的环境，能够促使本地的企业创新，需要有利于创新的制度和社会结构。从而政府的产业规划不仅是产业区域发展的地理空间规划，更应该是企业间分工的产业价值链规划；政府的经济干预不应该局限在税收等产业政策的安排，更应该注重以信誉为核心的制度建设。公共服务平台建设是产业集群政策制定的重要支点。产业集群优势的发挥在于"共享"和"互动"。产业集群公共服务平台就是"共享"和"互动"的重要载体，在这个载体上各种要素得到更加有效的配置。

第八章 结论与展望

第一节 主要研究结论

通过前七章的理论和实证分析,本书对创新及专用性投资的关系进行了剖析,对创新模式、创新治理、创新速度、创新能力及创新绩效有了更加深入的认识和理解。本章将对前文的研究内容进行总结,阐述本书的主要结论,并指明未来进一步研究的可能方向。

自 20 世纪 30 年代末技术创新理论提出以来,大量的研究文献都指出企业技术创新过程在获取持续竞争优势中的作用,最近创新理论关注的热点是开放式创新,这与本书所说的外部创新以及合资、战略联盟以及研究外包等具有共同之处。同时,在企业理论研究领域,越来越多的学者注意到专用性投资对企业发展的影响,并一步将其扩展到区域经济—产业集群的研究;与此同时,也有不少学者注意到人力资本的专用性以及对企业组织的影响。然而,将创新与专用性投资相联系的研究却并不多见。本书主要以我国部分高新技术企业为研究对象,针对我国高新技术企业对创新的迫切需求,技术能力不足,企业网络关系欠发达的现状,既深入研究了企业组织内部的专用性投资,典型的代表是专用性人力资本对企业创新模式、创新能力及创新绩效的影响;又深入研究了组织间的专用性投资对创新治理模式的影响。全书在规范理论研究的基础上,以案例研究和问卷调查相结合的方式,以数理统计和结构方程建模为分析工具,注重理论归纳和演绎、模型构建和统计检验等研究方法的应用,通过 SPSS 和 AMOS 等计量工具的使用,考察了专用性投资与技术创新的作用机理,形成以下几个主要结论:

1. 内部创新与外部创新：人力资本专用性视角的分析

这一部分内容着眼于企业内部的人力资本专用性投资对创新活动的影响，主要研究了专用性人力资本（专用性强与弱）、信息结构（纵向与横向）与创新模式（内部创新与外部创新）的关系，以及合作动机的调节作用。本部分的主要结论如下：①企业信息结构与人力资本专用性对企业创新模式的选择影响显著，并且合作动机像研发动机和技术学习动机对它们起着不可忽视的调节效应。②采用二元 Logit 模型分析表明：专用性人力资本强的企业，企业倾向于采用横向信息结构，企业越可能采取内部创新模式；反之，专用性人力资本弱的企业，企业倾向于采用纵向信息结构，企业越可能采取外部创新模式。③研究结果发现：研究开发动机增强信息结构与内部创新模式的正向关系；然而，技术学习动机会减弱人力资本专用性与内部创新模式的正向关系。④研究开发动机会不会增强人力资本专用性与内部创新模式的正向关系；技术学习动机会不会减弱横向信息结构与内部创新模式的正向关系。⑤战略动机会不会减弱横向信息结构与内部创新模式的正向关系，同时也不会减弱人力资本专用性与内部创新模式的正向关系。

2. 基于专用性投资的企业创新组织模式选择

这一部分内容研究了企业组织间的专用性投资对创新活动的影响，从企业边界的角度将企业创新组织模式分为并购、合资、战略联盟及市场化交易合约。研究认为企业不同的创新组织模式区别于两个基本方面：对知识的进入权不同以及使用知识的所有权不同。知识的进入权在并购中最高，合资其次，战略联盟再次，市场交易最低；使用知识的所有权合资与并购类似，战略联盟及市场化交易中一方不拥有另一方的所有权。这一部分研究主要依据不完全契约思想，提出进入权和所有权及知识的可复制性等变量，探索这些变量对专用性投资激励的作用机制，分析这些变量对创新组织模式的影响方式及微观机理。本部分采用数理化的规范研究方法，建立抽象统一的数学模型进行数理分析并将结论用于阐述不同创新治理模式的选择，研究得出以下主要结论。①充分的进入权在物质资产密集型企业总是最优这一结论解释了实践中兼并与并购发生在资本密集型行业，如汽车行业、钢铁行业、石油石化行业等。技术及经济发展使知识资产在物质资产密集型行业中重要性日益呈现，由此一些行业由并购等级制转变为混合制。②对于知识资产来说容易出现两种情况：第一，为适应知识的互补性而投资不足；第二，为侵占知识而过度投资。这一结论则解释了知识资本密集型行业，如高技术行业中的合作与竞争现象（黄玉杰、万迪昉，2007）。③进入权对专用性投资的激励作用是对称的而所有权是非对称的。这一结论说明了进入权激励专用性投资的优势以及实践中以交叉许可协议为代表的非产权形式的合作模式比以合资研究企业为代表的产权形式的合作模式更为流行（方厚政，2006）。

3. 探索专用性程度不同的人力资本对突破性创新能力和渐进性创新能力的影响、两种不同的技术创新能力对新产品开发绩效的影响以及专用性程度不同的人力资本在创新能力与绩效之间的调节作用

以我国企业为样本，以企业规模、R&D 投入、环境的不确定性、需求不确定性和竞争强度作为控制变量，构建理论模型并进行检验。研究结果表明：人力资本的专用性越强，渐进性产品创新能力而非突破性产品创新能力越强。然而人力资本专用性较弱并不负面影响突破性产品创新能力对新产品绩效的效果；相反，对于渐进性产品创新能力来说，弱专用性人力资本有利于新产品绩效而强专用性人力资本不利于新产品绩效。

4. 组织情境、技术不确定性与创新速度

这一部分研究内容是对专用性投资的扩展和延伸，组织情境包括领导支持、任务挑战、组织鼓励，这些均与专用性投资有关；研究考察了两种技术不确定性：技术新颖度和技术波动性，并将其作为调节变量，探索团队组织情境因素对创新速度的影响。研究以我国企业为样本，以竞争强度、团队规模、研发成本和新产品开发资源作为控制变量，构建理论模型并进行检验并得出相关结论。研究结果表明：领导支持比任务挑战更能提高创新速度；当技术新颖度高及波动性大时，即技术不确定性程度高时，领导支持对创新速度正向影响更大；当技术新颖度中等以及技术波动性低时，任务挑战对创新速度影响更大。一般情况下，组织鼓励与创新速度之间是正相关，然而当技术波动性大时，组织鼓励与创新速度之间负相关。

5. 基于专用性投资的企业创新体系构建

这一部分内容研究了企业组织网络间专用性投资与创新体系构建，并与产业集群与区域创新体系构建相结合。从产业集群的角度看，专用性资产投资是一种信号显示与选择机制，产业集群的区域资产专用性可以降低交易成本，提升企业的竞争优势，对集群企业间的信誉机制具有重要作用。形成产业集群绩效差异的主要原因是：由于产业集群的各主体相互间的专用性投资不同，影响了产业集群的竞争优势，影响了产业集群的创新能力，从而影响了产业集群的绩效。研究发展产业集群的条件、内在机理和政府相关的支撑政策，将区域科技和区域创新体系建设与产业集群创新融合起来，从专用性投资方面进行深层次研究，从而揭示基于专用性投资的产业集群形成机理，分析基于专用性投资的产业集群竞争优势，探索基于产业集群的创新过程，构建基于资产专用性形成的产业集群的创新体系。

第二节　未来研究

尽管本书将专用性投资理论与创新理论相结合，对专用性投资与创新模式、创新治理、创新速度及创新能力、创新绩效等关系进行了探索，凸显出了一定的创新性，但是由于笔者时间、经验和精力的客观因素，本书仍然不可避免存在局限，这些局限可通过未来研究加以完善。

1. 样本方面

由于本章研究的是企业层面，所以样本上不易取得，尽管研究花费大量精力进行了问卷调查，获得的有效问卷数量基本满足了研究要求，但研究仍非真正意义的大样本研究。而且由于研究实力和时间问题，采取了便利抽样而非随机抽样方法，虽然样本涉及较多子行业（信息技术与通信、软件和电子业、生物技术与制药、新能源和新材料等）和不同年限、规模的企业，但是未来研究采取随机抽样的方法更能体现出研究的广泛性、普遍性和代表性。另外，由于研究样本以东部沿海的高新技术企业居多，因此收集的数据带有一定的行业特征和区域特征，对于研究结论的普及和推广具有一定的制约作用。未来研究应当兼顾欠发达区域的样本企业，在地域上广泛取样，这样结论会更有说服力和普及性。

2. 变量测量方面

专用性投资的定量研究不多，本书对其特征的测量主要通过整合相关文献后设计多题项进行主观评价进行的。这主要考虑到采用客观评价指标设计题项可能无法获得回答者的真实数据，因此，主观评价法具有一定的局限性。另外，国内学术界对于创新模式、创新速度、突破性创新能力、渐进性创新能力以及新产品绩效等变量的测量研究比较少，主要采用了国外研究设计的成果。虽然根据研究对象特征进行了重新设计，但是仍然存在测度指标不够完善、变量测度指标的推广性不强等局限性。未来的研究应当根据我国企业特征不同着重完善上述变量测度设计。

3. 其他方面

影响技术创新水平和绩效的因素不仅仅只有专用性投资，本书主要从专用性投资的角度分析了其对创新模式、创新治理、创新速度、突破性创新能力、渐进性创新能力以及新产品绩效等影响路径。实际上，影响企业技术创新的因素既包含企业内部因素又包含企业外部环境因素，还包括企业与环境中的其他因素之间的互动关系。因此未来的研究可以将更多的影响因素放入研究模型中来，这样研究设计将会更加完善和完美。专用性投资对创新的影响又十分复杂，需要具体情况具体分析，未来的研究需要针对具体的问题，如创新速度、创新绩效等，引入中介变量，进行更深入的专门研究。另外，一些更具体的研究方向在每章的最后均有讨论，此处不加重复。

参考文献

蔡宁、潘松挺：《网络关系强度与企业技术创新模式的耦合性及其协同演化——以海正药业技术创新网络为例》，《中国工业经济》2008年第4期。

蔡秀玲、林竞君：《基于网络嵌入性的集群生命周期研究》，《经济地理》2005年第2期。

曹鹏、陈迪、李健：《网络能力视角下企业创新网络机理与绩效研究——基于长三角制造业企业实证分析》，《科学学研究》2009年第11期。

曹休宁、刘友金：《非正式制度视角下的集群企业信誉机制》，《财经研究》2006年第11期。

陈和、隋广军：《使用权理论研究前沿探析》，《外国经济与管理》2007年第7期。

陈吉耀、Richard R. R.、Gary S. L.：《不确定性在团队授权与新产品开发业绩关系中的作用》，《管理学报》2006年第5期。

陈一君：《基于战略联盟的相互信任问题探讨》，《科研管理》2004年第5期。

程德俊、赵曙明、唐翌：《企业信息结构、人力资本专用性与人力资本管理模式的选择》，《中国工业经济》2004年第1期。

崔远淼：《基于企业边界视角的技术创新模式选择研究》，博士学位论文，复旦大学，2005年。

党兴华、李莉：《技术创新合作中基于知识位势的知识创造模型研究》，《中国软科学》2005年第11期。

刁丽琳：《合作创新中知识窃取和保护的演化博弈研究》，《科学学研究》2012年第5期。

董维维、庄贵军、王鹏：《调节变量在中国管理学研究中的应用》，《管理学报》2012 年第 12 期。

董维维、庄贵军：《先动性市场导向、资源拼凑对新产品开发绩效的影响机制研究》，《预测》2019 年第 4 期。

杜跃平、王开盛：《创新文化和技术创新》，《中国软科学》2007 年第 2 期。

樊霞、黄妍、朱桂龙：《产学研合作对共性技术创新的影响效用研究》，《科研管理》2018 年第 1 期。

方厚政：《企业合作创新的模式选择和组织设计研究》，博士学位论文，上海交通大学，2006 年。

付玉秀、张洪石：《突破性创新：概念界定与比较》，《数量经济技术经济研究》2004 年第 3 期。

傅家骥：《技术创新学》，清华大学出版社 1998 年版。

盖文启、王缉慈：《论区域创新网络对我国高新技术中小企业发展的作用》，《中国软科学》1999 年第 9 期。

高霞、其格其、曹洁琼：《产学研合作创新网络开放度对企业创新绩效的影响》，《科研管理》2019 年第 9 期。

高良谋、马文甲：《开放式创新：内涵、框架与中国情境》，《管理世界》2014 年第 6 期。

高山行、谢言、王玉玺：《企业 R&D 能力、外部环境不确定性对合作创新模式选择的实证研究》，《科学学研究》2009 年第 6 期。

龚轶、王峥、高菲：《城市群协同创新系统：内涵、框架与模式》，《改革与战略》2019 年第 9 期。

郭尉：《创新开放度对企业创新绩效影响的实证研究》，《科研管理》2016 年第 10 期。

过聚荣、茅宁：《基于进入权理论的技术创新网络治理分析》，《中国软科学》2005 年第 2 期。

何郁冰：《产学研协同创新的理论模式》，《科学学研究》2012 年第 2 期。

洪联英、刘兵权、张在美：《企业进入权、组织控制与跨国公司专用性投资激励》，《中国管理科学》2013年第3期。

侯广辉：《基于技术不确定性视角的企业R&D边界决策分析框架》，《财贸研究》2009年第1期。

侯杰泰、温忠麟、成子娟：《结构方程模型及其应用》，教育科学出版社2004年版。

胡树华：《产品创新管理》，科学出版社2000年版。

黄玉杰、万迪昉：《高技术企业联盟中的治理匹配及其绩效分析》，《研究与发展管理》2007年第4期。

惠青、邹艳：《产学研合作创新网络、知识整合和技术创新的关系研究》，《软科学》2010年第3期。

鞠晓峰、孔凡生：《技术创新与经济竞争力》，《数量经济技术经济研究》2001年第3期。

兰斓：《不同规模企业自主创新速度及影响因素对比研究》，《科技进步与对策》2011年第7期。

李晨光、赵继新：《产学研合作创新网络随机交互连通性研究——角色和地域多网络视角》，《管理评论》2019年第8期。

李瑞茜、陈向东、黄敏：《初始合作基础、后续合作过程对技术学习效应的影响》，《科学学研究》2016年第11期。

李胜兰：《集群的社会关系性嵌入依赖与集群锁定研究》，《暨南学报》（哲学社会科学版）2007年第5期。

李淑燕、孙锐：《国外开放式创新研究学术群探析——基于作者共被引分析》，《科研管理》2016年第5期。

李雯、解佳龙：《创新集聚效应下的网络惯例建立与创业资源获取》，《科学学研究》2017年第12期。

李显君、钟领、王京伦、王巍：《开放式创新与吸收能力对创新绩效影响——基于我国汽车企业的实证》，《科研管理》2018年第1期。

李阳、原长弘、王涛等：《政产学研用协同创新如何有效提升企业竞争力？》，《科学学研究》2016年第11期。

李垣、陈浩然、赵文红:《组织间学习、控制方式与自主创新关系研究——基于两种技术差异情景的比较分析》,《科学学研究》2008年第1期。

李志燕、孙玉忠、肖玲诺:《知识资本、社会资本与区域经济总体格局——胶东半岛特色产业集群形成的实证研究》,《科技管理研究》2010年第8期。

廖飞、茅宁:《进入权理论:能否成为公司治理的理论基础》,《中国工业经济》2006年第2期。

林筠、刘伟、李随成:《企业社会资本对技术创新能力影响的实证研究》,《科研管理》2011年第1期。

刘海兵:《创新情境、开放式创新与创新能力动态演化》,《科学学研究》2019年第9期。

刘京、杜跃平:《技术创新中资产专用性造成的转换成本问题研究》,《科技进步与对策》2005年第8期。

刘兰剑、司春林:《创新网络17年研究文献述评》,《研究与发展管理》2009年第4期。

刘善仕、刘婷婷、刘向阳:《人力资源管理系统、创新能力与组织绩效关系——以高新技术企业为例》,《科学学研究》2007年第4期。

刘霞、陈建军:《产业集群成长的组织间学习效应研究》,《科研管理》2012年第4期。

刘元芳、陈衍泰、余建星:《中国企业技术联盟中创新网络与创新绩效的关系分析——来自江浙沪闽企业的实证研究》,《科学学与科学技术管理》2006年第8期。

刘征驰、赖明勇:《进入权、声誉与服务外包组织治理——一个非对称信息的不完全契约模型》,《当代经济科学》2010年第1期。

刘征驰、张晓换、石庆书:《开放式创新下的专用性知识获取——知识关联与进入权安排》,《软科学》2015年第7期。

吕迪伟、蓝海林、曾萍:《基于类型学视角的开放式创新研究进展评析》,《科学学研究》2017年第1期。

马家喜、仲伟俊、梅姝娥:《企业技术创新组织模式选择范式研究》,

《科学学与科学技术管理》2008年第5期。

缪荣：《企业专用性人力资本投资的激励机制：进入权视角的研究》，《现代管理科学》2005年第2期。

牛德生：《论人力资本的专用性与企业制度》，《学术月刊》2005年第8期。

彭正银、黄晓芬、隋杰：《跨组织联结网络、信息治理能力与创新绩效》，《南开管理评论》2019年第4期。

秦佩恒：《中低技术企业的创新模式与创新绩效研究——基于中国制造业创新调查的实证分析》，《科研管理》2016年第11期。

任胜钢、宋迎春、王龙伟、曹裕：《基于企业内外部网络视角的创新绩效多因素影响模型与实证研究》，《中国工业经济》2010年第4期。

邵冲：《人力资源管理案例》，清华大学出版社2006年版。

宋浩亮：《战略导向、技术创新速度：两者关系的实证研究》，《科学学与科学技术管理》2010年第10期。

苏屹、刘艳雪：《国内外区域创新研究方法综述》，《科研管理》2019年第9期。

孙超、赵树宽、余海晴：《关系专用性投资的"双刃剑"效应——基于高技术企业的实证检验》，《工业技术经济》2018年第9期。

孙英爱、李垣、任峰：《企业文化与组合创新的关系研究》，《科研管理》2006年第2期。

唐衍军：《进入权理论视角的创新型企业共同治理研究》，《北京交通大学学报》（社会科学版）2018年第3期。

汪涛、秦红：《专用性投资对机会主义的影响——以汽车行业4S专营店为例》，《管理科学》2006年第2期。

王飞：《美国生物医药产业创新的升级规律及启示》，《南京社会科学》2019年第8期。

王国才、刘栋、王希凤：《营销渠道中双边专用性投资对合作创新绩效影响的实证研究》，《南开管理评论》2011年第6期。

王缉慈：《地方产业群战略》，《中国工业经济》2002年第3期。

王锦程、方琳：《开放式创新网络中介的内在机制及成功因素》，《科学管理研究》2019年第4期。

王开国、宗兆昌：《论人力资本性质与特征的理论渊源及其发展》，《中国社会科学》1999年第6期。

王雷：《专用性投资、信任与创业企业控制权治理》，《管理科学》2014年第5期。

王新华、车珍、于灏、吴梦梦：《网络嵌入、多途径知识集聚与创新力——知识流耦合的调节作用》，《南开管理评论》2019年第3期。

王玉荣、杨博旭、李兴光：《多重网络嵌入、市场化水平与双元创新》，《科技进步与对策》2018年第16期。

魏江：《基于知识观的企业技术能力研究》，《自然辩证法研究》1998年第11期。

魏旭光、康凯、张志颖等：《生产型企业间信任对合作满意度的影响研究——关系专用性投资的中介作用》，《预测》2013年第2期。

吴贵生：《创新与创业管理》，清华大学出版社2006年版。

吴雷、陈伟：《基于DEA的装备制造业技术创新能力的评价研究》，《科技管理研究》2009年第6期。

武梦超、李随成、王玮：《外部知识获取与新产品开发绩效：资源协奏与信息处理的视角》，《预测》2019年第5期。

武志伟、陈莹：《关系专用性投资、关系质量与合作绩效》，《预测》2008年第5期。

向丽、胡珑瑛：《研发外包中关系专用性投资与服务质量对关系质量的驱动作用研究》，《科技进步与对策》2019年第12期。

谢洪明：《社会资本对组织创新的影响：中国珠三角地区企业的实证研究及其启示》，《科学学研究》2006年第1期。

许景、石岿然：《专用性投资与创新绩效：关系学习的作用》，《科技进步与对策》2012年第21期。

许庆瑞：《研究与发展管理》，高等教育出版社1986年版。

杨博旭、王玉荣、李兴光：《多维邻近与合作创新》，《科学学研究》

2019 年第 1 期。

杨黛：《社会资本专用性对产业集群的影响分析》，《经济问题》2006 年第 8 期。

尹慧君、赵莉：《基于产业集群视角的区域创新发展战略研究》，《河北工程大学学报》（社会科学版）2010 年第 1 期。

余海晴、俞兆渊：《关系专用性投资、机会主义效应与治理机制——基于生命周期视角的适用性研究》，《经济管理》2019 年第 5 期。

苑泽明、严鸿雁：《技术创新专用性投资与治理机制》，《科学学与科学技术管理》2009 年第 5 期。

韵江、马文甲、陈丽：《开放度与网络能力对创新绩效的交互影响研究》，《科研管理》2012 年第 7 期。

张光磊、廖建桥、周和荣：《组织结构、技术能力与自主创新方式——基于中国科技型企业的实证研究》，《研究与发展管理》2010 年第 1 期。

张洪石：《突破式创新和渐进式创新辨析》，《科技进步与对策》2005 年第 2 期。

张剑、岳红：《我国企业创造性组织情境因素研究》，《科学学研究》2007 年第 3 期。

张璐、白璐、苏敬勤等：《国际创新理论研究动态与前沿分析》，《科学学与科学技术管理》2016 年第 9 期。

张望、杨永忠：《社会资本构成与产业集群演化——以"长汀现象"为例》，《科学学与科学技术管理》2011 年第 1 期。

张悦：《网络嵌入性与创新绩效的 Meta 分析》，《科研管理》2016 年第 11 期。

赵树宽、刘战礼、陈丹：《基于产业集群的东北跨行政区域创新系统构建研究》，《科学学与科学技术管理》2010 年第 2 期。

赵玉雷：《产业集群的社会网络嵌入性研究》，《工业技术经济》2008 年第 7 期。

郑宏星、马佳：《资产专用性视角的产业集群竞争优势研究——日本汽车产业集群的分析与启示》，《东北亚论坛》2008 年第 5 期。

郑向杰:《联盟创新网络中的企业嵌入:研究述评与未来展望》,《科技进步与对策》2014年第20期。

周灿、曹贤忠、曾刚:《中国电子信息产业创新的集群网络模式与演化路径》,《地理研究》2019年第9期。

周俊、袁建新:《领域知识专用性投资对接收方机会主义行为的影响与治理》,《管理评论》2015年第11期。

周俊:《领域知识专用性投资对投资方能力构建的作用》,《科研管理》2017年第6期。

周业安:《人力资本、不确定性与高新技术企业的治理》,《中国工业经济》2002年第10期。

朱兵、王文平、王为东、张廷龙:《企业文化、组织学习对创新绩效的影响》,《软科学》2010年第1期。

庄彩云、陈国宏:《考虑知识溢出下产业集群创新网络协同知识创造决策分析》,《控制与决策》2019年第7期。

Aiken L. S., West S. G., *Multiple Regression: Testing and Interpreting Interactions*, Sage Publications Inc., 1991.

Akgün A., Lynn G., "Antecedents and Consequences of Team Stability on New Product Development Performance", *Journal of Engineering and Technology Management*, 2002, 19: 263–286.

Akgün A. E., Keskin H., Byrne J., "Organizational Emotional Capability, Product and Process Innovation, and Firm Performance: An Empirical Analysis", *Journal of Engineering and Technology Management*, 2009, 26(3): 103–130.

Allocca M. A., Kessler E. H., "Innovation Speed in Small and Medium-sized Enterprises", *Creativity and Innovation Management*, 2006, 15(3): 279.

Amabile T. M., Conti R., Coon H., Lazemby J., Herron M., "Asssessing the work environment for creativity", *Academy of Management Journal*, 39(5): 1154–1184.

Anderson J. C., Gerbing D. W., "Structural Equation Modeling in Practice: A Review and Recommended two-step Approach", *Psychological Bulletin*,

1988, 103(3): 411–423.

Antti H., Vivekananda M., Ugur Y., Emin B., "Cooperative Strategy, Knowledge Intensity and Export Performance of Small and Medium Sized Enterprises", *Journal of World Business*, 2005, 40(2): 124–138.

Aoki M., "Horizontal and Vertical Information Structure of the Firm", *American Economic Review*, 1986, 76(5): 971–983.

Aswegen M. V., Retief F. P., "The Role of Innovation and Knowledge Networks as a Policy Mechanism Towards More Resilient Peripheral Regions", *Land Use Policy*, 2020, 90.

Atuahene-Gima, K., "Resolving the Capability-rigidity Paradox in New Product Innovation", *Journal of Marketing*, 2005, 69: 61–83.

Atuahene-Gima, K., Murray, J. Y., "Exploratory and Exploitative Learning in New Product Development: A Social Capital Perspective on New Technology Ventures in China", *Journal of International Marketing*, 2007, 15(2): 1–29.

Bagozzi R. P., Yi Y., "On the Evaluation of Structural Equation Models", *Journal of the Academy of Marketing Science*, 1988, 161: 74–94.

Baron R. M., Kenny D. A., "The Moderator-mediator Variable Distinction in Social Psychological Research: Conceptual, Strategic, Statistical Considerations", *Journal of Personality & Social Psychology*, 1986, 51(6): 1173–1182.

Bouncken R. B., Clauß T., Fredrich V., "Product Innovation Through Coopetition in Alliances: Singular or Plural Governance?", *Industrial Marketing Management*, 2016, 53: 77–90.

Boyle T. F., GE Refrigerator does Illustrate the Hazards in Changing a Product, Wall Street Journal, 1990.

Bruce S. T., Abdelouahid T., "The Organisational-cooperation Mode of Innovation and Its Prominence Amongst European Service Firms", *Research Policy*, 2008, 37(4): 720–739.

Burkert M., Ivens B. S., Shan J., "Governance Mechanisms in Domestic and International Buyer-supplier Relationship: An Empirical Study", *Industrial Marketing Management*, 2012, 43(3): 544-556.

Buvik A., Haugland S. A., "The Allocation of Specific Assets, Relationship Duration, and Contractual Coordination in Buyer-seller Relationship", *Scandinavian Journal of Management*, 2005, 21(1): 41-60.

Cap J. P., Blaich E., Kohl H., Von Raesfeld A., Harms R., Will M., "Multi Level Network Management – A Method for Managing Inter-Organizational Innovation Networks", *Journal of Engineering and Technology Management*, 2019, 51: 21-32.

Carayannis E. G., Meissner D., "Glocal Targeted Open Innovation: Challenges, Opportunities and Implications for Theory, Policy and Practice", *Journal of Technology Transfer*, 2017, 42(2): 236-252.

Carayannopoulos S., Auster E. R., "External Knowledge Sourcing in Biotechnology Through Acquisition Versus Alliance: A KBV Approach", *Research Policy*, 2010, 39(2): 254-267.

Carbonell P., Rodriguez A. I., "Designing Teams for Speedy Product Development: The Moderating Effect of Technological Complexity", *Journal of Business Research*, 2006, (59): 225-232.

Carbonell P., Rodriguez-Escudero A. I., "Relationships Among Team's Organizational Context, Innovation Speed, and Technological Uncertainty: An Empirical Analysis", *Journal of Engineering & Technology Management*, 2009, 26(2): 28-45.

Chandler G. N., Mckelvie A., Davidsson P., "Asset Specificity and Behavioral Uncertainty as Moderators of the Sales Growth — employment Growth Relationship in Emerging Ventures", *Journal of Business Venturing*, 2009, 24(4): 373-387.

Chandy R., Tellis G., "Organizing for Radical Product Innovation: The Overlooked Role of Willingness to Cannibalize", *Journal of Marketing Research*, 1998, 35: 474-487.

Chen J., Reilly R., Lynn G. S., "The Impacts of Speed to Market on New Produce Success: The Moderating Effects of Uncertainty", *IEEE Transactions on Engineering Management*, 2005, 52(2): 199–212.

Choi S., Ko I., "Leveraging Electronic Collaboration to Promote Interorganizational Learning", *International Journal of Information Management*, 2012, 32(6): 550–559.

Clark K. B., Wheelwright S. C., *Managing New Product and Process Development*, The Free Press, New York, NY, 1993.

Clark K., Fujimoto T., "Reducing the Time to Market: The Case of the World Auto Industry", *Managing Innovation*, 1991, 1(1): 106.

Claro D. P., Claro P. B. O., Hagelaar, G., "Coordinating Collaborative Joint Efforts with Suppliers: The Effects of Trust, Transaction Specific Investments and Information Network in the Dutch Flower Industry", *Supply Chain Management: An International Journal*, 2006, 11(3): 216–224.

Coase R. H., "The nature of the firm", *Economica*, 1937, 16(4): 386–405.

Cohen M. A., Eliashberg J., Ho T. H., "New Product Development: The Performance and Time–to–market Tradeoff", *Management Science*, 1996, 42(2): 173–186.

Coleman J. S., *Foundation of Social Theory*, Cambridge: The Belknap Press of Harvard University Press, 1994: 317, 307.

Cooper R. G., Kleinschmidt E. J., "Benchmarking the Firm's Critical Success Factor in New Product Development", *Journal of Product Innovation Management*, 1995, 12: 374–391.

Cote J. A., Buckley M. R., "Estimating Trait, Method, and Error Variance: Generalizing Across 70 Construct Validation Studies", *Journal of Marketing Research*, 1987, 24: 315–318.

Damanpour F., "Organizational Innovation: A Meta–analysis of Effects of Determinants and Moderators", *Academy of Management Journal*, 1991, 34(3): 555–590.

David R J., Han D. S. K., "A Systematic Assessment of the Empirical Support for Transaction Cost Economics", *Strategic Management Journal*, 2004, 25(1): 39–58.

Day G. S., Wensley R., "Assessing Advantage: A Framework for Diagnosing Competitive Superiority", *Journal of Marketing,* 1988, 52: 1–20.

Day M., Fawcett S. E., Fawcett A. M., Magnan G. M., "Trust and Relational Embeddedness: Exploring a Paradox of Trust Pattern Development in Key Supplier Relationships", *Industrial Marketing Management*, 2013, 42(2): 152–165.

De Luca L. M., Atuahene G. K., "Market Knowledge Dimensions and Cross-functional Collaboration: Examining the Different Routes to Product Innovation Performance", *Journal of Marketing*, 2007, 71: 95–112.

Donovan S. S., "It's People Who Get New Products to Market Faster", *Research Technology Management*, 1994(37): 12–13.

Doz Y. L., Hamel G., *Alliance Advantage*, Boston, MA: Harvard Business School press, 1998.

Dyer J. H., Chu W., "The Role of Trustworthiness in Reducing Transaction Costs and Improving Performance: Empirical Evidence From the United States, Japan, and Korea", *Organization Science*, 2003, 14(1): 57–68.

Dyer J. H., Singh H., "The Relational View: Cooperative Strategy and Sources of Interorganizational Competitive Advantage", *Academy of Management Review*, 1998, 23(4): 660–679.

Dyer J. H., "Does Governance Matter? Keiretsu Alliances and Asset Specificity as a Source of Japanese Competitive Advantage", *Organization Science*, 1996, 7(6): 649–666.

Ebers M., Semrau T., "What Drives the Allocation of Specific Investments Between Buyer and Supplier?", *Journal of Business Research*, 2015, 68(2): 415–424.

Eisenhardt K. M., Tabrizi B. N., "Accelerating Adaptive Processes: Product

Innovation in the Global Computer Industry", *Administrative Science Quarterly*, 1995, 40: 84-110.

Emmanuelides A. P., "Determinants of Product Development Time: A Framework for Analysis", *Academy of Management Best Paper Proceedings*, 1991: 342-346.

Engelman R. M., Fracasso E. M., Schmidt S., Zen A. C., "Intellectual Capital, Absorptive Capacity and Product Innovation", *Management Decision*, 2017, 55(3): 474-490.

Fomell C., Larcker D. F., "Evaluating Structural Equation Models with Unobservable Variables and Measurement Error: A Comment", *Journal of Marketing Research*, 1981, 18(3): 375-381.

Freeman C., "Networks of Innovatiors: A Synthesis of Research Issues", *Research Policy*, 1991(20): 499-514.

Gambetta D., Can we trust?, In D. Bambetta(Ed.), Trust: Making and breaking cooperative relations New York: Basil Blackwell, 1988: 213-238.

Gordon G., Ayers D., Hanna N., Ridnour R, "The Product Development Process: Three Misconceptions Which Can Derail Even the Best-laid Plans", *Journal of Product & Brand Management*, 1995, 4(l): 7-17.

Grant R. M., Baden-Fuller C., "A Knowledge Accessing Theory of Strategic Alliances", *Journal of Management Studies*, 2010, 41(1): 61-84.

Grayson K., "Friendship Versus Business in Marketing Relationships", *Journal of Marketing*, 2007, 71: 121-139.

Grossman S., Hart O., "The Costs and Benefits of Ownership: A Theory of Vertical and Lateral Integration", *Journal of Political Economy*, 1986, 94(4): 691-719.

Hagedoorn J., "Understanding the Rationale of Strategic Technology Partnering: Inter-organizational Modes of Cooperation and Sectoral Differences", *Strategic Management Journal*, 1993, 14(5): 371-385.

Hagedoorn J., "Organizational Modes of Inter-firm Cooperation and

Technology Transfer", *Technovation*, 1990, 10(1): 17–31.

Hanna B., John S., Wim V., "The Timing of Openness in a Radical Innovation Project, a Temporal and Loose Coupling Perspective", *Research Policy*, 2018, 47(10): 2066–2076.

Harris S. G., Mossholder K. W., et al., "The Affective Implications of Perceived Congruence with Culture Dimensions During Organizational Transfor Mation", *Journal of Management*, 1996, 22(4): 527–547.

Harrison J. S., Freeman R. E., "Stakeholders, Social Resposibility and Performance: Empirical Evidence and Theoretical Evidence", *Academy of Management Journal*, 1999, 42(5): 479–485.

Hart O., Firms, Contracts, and Financial Structure, Oxford: Clarendon Press. 1995.

Hart O., Moore J., "Property Rights and the Nature of the Firm", *Journal of Political Economy*, 1990, 98(6): 1119–1158.

Heimeriks K. H., Duysters G., "Alliance Capability as a Mediator Between Experience and Alliance Performance: An Empirical Investigation into the Alliance Capability Development Process", *Journal of Management Studies*, 2007, 44(1): 25–49.

Henard D. H., McFadyen A. M., "Making Knowledge Workers More Creative", *Research-Technology Management*, 2008, March–April: 40–46.

Henard D. H., Szymanski D. M., "Why Some New Products are More Successful than Others", *Journal of Marketing Research*, 2001, 38: 362–375.

Henderson R. M., Clark K. B., "Architectural Innovation: The Reconfiguration of Existing Product Technologies and the Failure of Established Firms", *Administrative Science Quarterly*, 1990(35): 9–30.

Hienerth C., Lettl C., "Perspective: Understanding the Nature and Measurement of the Lead User Construct", *Journal of Product Innovation Management*, 2017, 34(1):3–12.

Hofman E., Halman J. I. M., Song M., "When to Use Loose or Tight

Alliance Networks for Innovation? Empirical Evidence", *Journal of Product Innovation Management*, 2017, 34(1):81–100.

Homburg C., Grozdanovic M., Klarmann M., "Responsiveness to Customers and Competitors: The Role of Affective and Cognitive Organizational Systems", *Journal of Marketing*, 2007, 71(3): 18–38.

Hu Y., Mcnamara P., Piaskowska D., "Project Suspensions and Failures in New Product Development: Returns for Entrepreneurial Firms in Co-development Alliances", *Journal of Product Innovation Management*, 2017, 34(1):35–59.

Huang M. C., Huang H. H., "How Transaction-specific Investments Influence Firm Performance in Buyer-supplier Relationships: the Mediating Role of Supply Chain Integration", *Asia Pacific Management Review*, 2017, 24(2): 167–175.

Hurley R. F., Hult G. T. M., "Innovation, Market Orientation, and Organizational Learning: An Integration and Empirical Examination", *Journal of Marketing*, 1998, 62(3): 42–54.

Huy Q. H., "Emotional Capability, Emotional Intelligence, and Radical Change", *Academy of Management Review*, 1999, 24(2): 325–345.

Inemek A., Matthyssens P., "The Impact of Buyer-supplier Relationships on Supplier Innovativeness: An Empirical Study in Cross-border Supply Networks", *Industrial Marketing Management*, 2013, 42(4): 580–594.

Jiang X., Li Y., "An Empirical Investigation of Knowledge Management and Innovative Performance: The Case of Alliances", *Research Policy*, 2009, 38(2): 358–368.

Jiménez-Jiménez D., Sanz-Valle R., "Innovation, Organizational Learning, and Performance", *Journal of Business Research*, 2011, 64(4): 408–417.

Kale P., Singh H., Perlmutter H., "Learning and Protection of Proprietary Assets in Strategic Alliances: Building Relational Capital", *Strategy Management Journal*, 2000, 21(3): 217–237.

Kale P., Singh H., "Building Firm Capabilities Through Learning: The Role of the Alliance Learning Process in Alliance Capability and Firm–level Alliance Success", *Strategic Management Journal*, 2007, 28(10): 981–1000.

Kale P., Singh H., "Managing Strategic Alliances: What Do We Know Now, and Where Do We Fo From Here?", *Academy of Management Perspectives*, 2009, 23(3): 45–62.

Kamuriwo D. S., Baden-Fuller C., Zhang J., "Knowledge Development Approaches and Breakthrough Innovations in Technology–based New Firms: Knowledge Development Approaches", *Journal of Product Innovation Management*, 2017, 34(4):492–508.

Keenan A., Newton T. J., "Frustration in Organizations: Relationships to Role Stress, Climate, and Psychological Strain", *Journal of Occupational Psychology*, 1984, 57(1): 57–65.

Keller R. T., "Technology–information Processing Fit and the Performance of R&D Project Groups: A Test of Contingency Theory", *The Academy of Management Journal*, 1994, 37(1):167–179.

Kessler E. H., Chakrabarti A. K., "Speeding Up the Pace of New Product Development", *Journal of Product Innovation Management*, 1999, 16: 231–247.

Kessler E. H., Chakrabarti A. K., "Innovation speed: A Conceptual Model of Context, Antecedents and Outcomes", *Academy of Management Review*, 1996, 21(4): 1143–1191.

Kim W. C., Mauborgne R., "Creating New Market Space", *Harvard Business Review*, 1999, January–February: 83–93.

Kim Y., Lui S. S., "The Impacts of External Network and Business Group on Innovation: Do the Types of Innovation Matter?", *Journal of Business Research*, 2015, 68(9): 1964–1973.

Kim, Y.J., "Choosing between International Technology Licensing Partners: An Empirical Analysis of U.S. Biotechnology Firms", *Journal of Engineering and Technology Management*, 26(1–2): 57–72.

Klein B., Crawford R. G., Alchian, A. A., "Vertical Integration, Appropriable Rents, and the Competitive Contracting Process", *The Journal of Law and Economics*, 1978, 21(2): 297-326.

Knowles M. S., *The Modern Practice of Adult Education form Pedagogy to Andagagy*, New York: Cambridge Book Company, 1980.

Koch M. J., McGrath R. G., "Improving Labor Productivity: Human Resource Management Policies Do Matter", *Strategic Management Journal*, 1996, 17: 335–354.

Kovacs A., Van Looy B., Cassiman B., "Exploring the Scope of Open Innovation: A Bibliometric Review of a Decade of Research", *Scientometrics*, 2015, 104(3): 951–983.

Lai F., Li X., Lai V. S., "Transaction-specific Investments, Relational Norms, and ERP Customer Satisfaction: A Mediation Analysis", *Decision Sciences*, 2013, 44(4): 679–711.

Laursen K., Salter A., "Open for Innovation: The Role of Openness in Explaining Innovation Performance Among UK Manufacturing Firms", *Strategic Management Journal*, 2006, 27(2): 131–150.

Lawson B., Petersen K. J., Cousins P. D., Handfield R. B, "Knowledge Sharing in Interorganizational Product Development Teams: The Effect of Formal and Informal Socialization Mechanisms", *Journal of Product Innovation Management*, 2009, 26(2): 156–172.

Lee Y., Cavusgil T. S., "Enhancing Alliance Performance: The Effects of Contractual-based Versus Relational-based Governance", *Journal of Business Research*, 2006, 59(8): 896–905.

Leifer R., McDermott C. M., O'Connor G. C., et al., *Radical Innovation: How Mature Companies Can Out Smart Upstarts*, Boston: Harvard Business School Press, 2000.

Lepak D. P, Snell S. A., "Examining the Human Resource Architecture: The Relationships Among Human Capital, Employment, and Human Resource

Configurations", *Journal of Management*, 2002, 28(4): 517-543.

Levinthal D. A., March J. G., "The Myopia of Learning", *Strategic Management Journal*, 1993, 14: 95-112.

Li D., Eden L., Hitt M., Ireland D., Garrett R., "Governance in Multilateral R&D Alliances", *Organization Science*, 2012, 23(4): 1191-1210.

Li D., Yang J. J., "The Effect of Dual Relational Embeddedness and Trust on Alliance Governance", *Corporate Governance International Journal of Business in Society*, 2017, 17,(5): 913-926.

Li J. J., Poppo L., Zhou K. Z., "Relational Mechanisms, Formal Contracts, and Local Knowledge Acquisition by International Subsidiaries", *Strategic Management Journal*, 2010, 31: 349-370.

Liao Z., Long S., "Can Interfirm Trust Improve Firms' Cooperation on Environmental Innovation? The Moderating Role of Environmental Hostility", *Business Strategy and the Environment*, 2019, 28: 198-205.

Lichtenthaler U., "Organizing for External Technology Exploitation in Diversified Firms", *Journal of Business Research*, 2010, 63(11): 1245-1253.

Lindell M. K., Whitney D. J., "Accounting for Common Method Variance in Cross-sectional Research Designs", *Journal of Applied Psychology*, 2001, 86(1): 114-121.

Lope A. P. V. B. V., De Carvalho M. M., "Evolution of the Open Innovation Paradigm: Towards a Contingent Conceptual Model", *Technological Forecasting and Social Change*, 2018, 132:284-298.

Lu P., Yuan S., Wu J., "The Interaction Effect Between Intra-organizational and Inter-organizational Control on the Project Performance of New Product Development in Open Innovation", *International Journal of Project Management*, 2017, 35(8): 1627-1638.

Luo Y., "Are Joint Venture Partners More Opportunistic in a More Volatile Environment?", *Strategy Management Journal*, 2007, 28(1): 39-61.

Lynn G. S., Akgün A. E., "Project Visioning: Its Components and Impact on New Product Success", *Journal of Product Innovation Management*, 2001, 18: 374-387.

Lynn G. S., Reilly R., Akgun A. E., "Knowledge Management in New Product Teams: Practices and Outcomes", *IEEE Transactions on Engineering Management*, 2000, 47(2): 221-231.

Markusen A., "Sticky Places in Slippery Space: A Typology of Industrial Districts", *Economic Geography*, 1996, 72(3): 293-313.

Mcdonough E. F., Barczak G., "Speeding Up New Product Development: The Effects of Leadership Style and Source of Technology", *Journal of Product Innovation Management*, 1991(8): 203-211.

McGinnis M. A., Vallopra R. M, "Purchasing and Supplier Involvement: Issues and Insights Regarding New Product Success", *Journal of Supply Chain Management*, 1999,(Summer): 4-15.

Mellewigt T., Thomas A., Weller I., Zajac E. J., "Alliance or Acquisition? A Mechanisms-Based, Policy-Capturing Analysis", *Strategic Management Journal*, 2017, 38: 2353-2369.

Meyer M. H., Utterback J.M., "The Product Family and the Dynamics of Core Capability", *Sloan Management Review*, 1993, 34(3): 29-47.

Milliken F. J., "Three Types of Perceived Uncertainty About the Environment: State, Effect, and Response Uncertainty", *Academy of Management Review*, 1987, 12(1):133-143.

Millson M., Murray R., Raj S. P., Wilemon D., "A Survey of Major Approaches for Accelerating New Product Development", *Journal of Product Innovation Management*, 1992, 9: 53-69.

Miwa Y., Ramseyer J. M., "Rethinking Relationship-specific Investments: Subcontracting in the Japanese Automobile Industry", *Michigan Law Review*, 2000,98(8): 2636-2667.

Mukherjee D., Gaur A. S., Gaur S. S., Schmid F., "External and Internal Influences on R&D Alliance Formation: Evidence from German SMEs", *Journal of Business Research*, 2013, 66(11): 2178–2185.

Murrell P., Păun R. A., "Caveat Venditor: The Conditional Effect of Relationship-Specific Investment on Contractual Behavior", *Journal of Law, Economics, and Organization*, 2017, 33(1): 105–138.

Neal D., "Industry-specific Human Capital: Evidence from Displaced Workers", *Journal of Labor Economics*, 1995: 653–677.

Nooteboom B., Berger H., Noorderhaven N., "Effects of Trust and Governance on Relational Risk", *Academy of Management Journal*, 1997, 40(2): 308–338.

Obal M., Kannan-Narasimhan R., Ko G., "Whom Should We Talk to? Investigating the Varying Roles of Internal and External Relationship Quality on Radical and Incremental Innovation Performance", *Journal of Product Innovation Management*, 2016, 33(s1): 136–147.

Olson E. M., Walker O. C., Ruekert R. W., "Organizing for Effective New Product Development: The Moderating Role of Product Innovativeness", *Journal of Marketing*, 1995, 59: 48–62.

Peters L., "Rejoinders to Establishing an NPD Best Practices Framework", *Journal of Product Innovation Management*, 2006, 23:117–127.

Podsakoff P. M., MacKenzie S. B., Lee J. Y., Podsakoff N. P., "Common Method Biases in Behavioral Research: A Critical Review of the Literature and Recommended Remedies", *Journal of Applied Psychology*, 2003, 88(5): 879–903.

Poppo L., Zhou K. Z., Zenger T. R., "Examining the Conditional Limits of Relational Governance: Specialized Assets, Performance Ambiguity, and Long-Standing Ties", *Journal of Management Studies*, 2008, 45(7): 1195–1216.

Porter M. E., "Clusters and the New Economics of Competition", *Harvard Business Review*, 1998,(6): 77–90.

Rajan R., Zingales L., "The Firm as a Dedicated Hierarchy: A Theory of the Origins and Growth of Firms", *The Quarterly Journal of Economics*, 2001, 116(3): 805–851.

Rajan R., Zingales L., "Power in a Theory of the Firm", *The Quarterly Journal of Economics*, 1998,113(2): 387–432.

Rajan R., Zingales L., The Governance of the New Enterprise, in Corporate Governance: Theoretical and Empirical Perspectives, Edited by X. Vives, Cambridge: Cambridge University Press, 2000: 201–227.

Randhawa K., Wilden R., Hohberger J., "A Bibliometric Review of Open Innovation: Setting a Research Agenda", *Journal of Product Innovation Management*, 2016,33(6):750–772.

Rao R. S., Chandy R. K., Prabhu J. C., "The Fruits of Legitimacy: Why Some New Ventures Gain More from Innovation than Others Do", *Journal of Marketing*, 2008, 72:58–75.

Rice M., O'Connor G., Peters L., Morone J., "Managing Discontinuous Innovation", *Research Technology Management*, 1998,41(3):52–58.

Rogers C. R., *Freedom to Learn for the 80's*, Merrill Columbus, Ohio, 1983.

Rubera G., Chandrasekaran D., Ordanini A., "Open Innovation, Product Portfolio Innovativeness and Firm Performance: The Dual Role of New Product Development Capabilities", *Journal of the Academy of Marketing Science*, 2016, 44(2):166–184.

Sako M., Helper S., "Determinants of Trust in Supplier Relations: Evidence From the Automotive Industry in Japan and the United States", *Journal of Economic Behavior & Organization*, 1998, 34(3): 387–417.

Sampson R. C., "Organizational Choice in R&D Alliances: Knowledge-based and Transaction Cost Perspectives", *Managerial & Decision Economics*, 2004, 25(6–7): 421–436.

Santoro, M. D., McGill, J. P., "The Effect of Uncertainty and Asset Co-specialization on Governance in Biotechnology Alliances", *Strategic Management Journal*, 2005, 26, 1261–1269.

Sarin S., Majahan V., "The Effect of Reward Structures on the Performance of Cross-functional Product Development Teams", *Journal of Marketing*, 2001, 65(2): 35-53.

Saxenian A. L., *Regional Advantage: Culture and Competition in Silicon Valley and Route* 128, Cambridge: Harvard University Press, 1994: 36-37.

Scott S. G., Bruce R. A., "Determinants of Innovative Behavior: A Path Model of Individual Innovation in the Workplace", *Academy of Management Journal*, 1994, 37(3): 580-607.

Sehumpeter J., *The Theory of Economic Development*, Harvard University Press: Cambridge, MA, 1934.

Selnes F., Sallis J., "Promoting Relationship Learning", *Journal of Marketing*, 2003, 67(3): 80-95.

Shi C. X., Chen Y. Q. and You J. Y. et al, "Asset Specificity and Contractors' Opportunistic Behavior: Moderating Roles of Contract and Trust", *Journal of Management in Engineering*, 2018, 34(5): 1-12.

Shiri G., "Bridge and Redundant Ties in Networks: The Impact on Innovation in Food SMEs", *European Journal of Innovation Management*, 2015,18(3): 355-379.

Simonin B. L., "Ambiguity and the Process of Knowledge Transfer in Strategic Alliances", *Strategic Management Journal*, 1999, 20(7): 595-623.

Simonin B. L., "An Empirical Investigation of the Process of Knowledge Transfer in International Strategic Alliances", *Journal of International Business Studies*, 2004,(35): 321-334.

Smith K. G., Collins C. J., Clark K. D., "Existing Knowledge, Knowledge Creation Capability, and the Rate of New Product Introduction in High-Technology Firms", *Academy of Management Journal*, 2005, 48(2): 346-357.

Souder W. E., "Analyses of U.S. and Japanese Management Processes Associated with New Product Success and Failure in High and Low Familiarity Markets", *Journal of Product Innovation Management*, 1998, 15(3): 208-223.

Stalk G., "Time: The Next Source of Competitive Advantage", *Harvard*

Business Review, 1988, 66(4): 41–51.

Storper M., Bennett H., "Flexibility, Hierarchy and Regional Development: The Changing Structure of Industrial Production Systems and Their Forms of Governance in the 1990s", Research Policy, 1991, 20: 407–422.

Stump R. L., Heide J. B., "Controlling Supplier Opportunism in Industrial Relationships", Journal of Marketing Research, 1996, 33(4): 431–441.

Subramani M. R., Venkatraman N., "Safeguarding Investments in Asymmetric Interorganizational Relationships: Theory and Evidence", Academy of Management Journal, 2003, 46(1): 46–62.

Subramaniam M., Youndt M. A., "The Influence of Intellectual Capital on the Types of Innovative Capabilities", Academy of Management Journal, 2005, 48(3):450–463.

Suh T., Kwon IWG., "Matter over Mind: When Specific Asset Investment Affects Calculative Trust in Supply Chain Partner-ship", Industrial Marketing Management, 2006, 35(2): 191–201.

Swink M., "Product Development-faster, on-time", Research Technology Management, 2002, 45(4): 50–58.

Tashman P., Marano V., Babin J., "Firm-specific Assets and the Internationalization-performance Relationship in the U.S. Movie Studio Industry", International Business Review, 2019, 28: 785-795.

Tolstoy D., Agndal H., "Network Resource Combinations in the International Venturing of Small Biotech Firms", Technovation, 2010, 30(1): 24-36.

Trada S., Goyal V., "The Dual Effects of Perceived Unfairness on Opportunism in Channel Relationships", Industrial Marketing Management, 2017, 64:135-146.

Tsai W., Ghoshal S., "Social Capital and Value Creation: The Role of Intrafirm Networks", Academy of Management Journal, 1998, 41(4): 464–476.

Tsai Y. H., Joe S. W., Ding C. G., Lin C. P., "Modeling Technological Innovation Performance and its Determinants: An Aspect of Buyer–seller Social

Capital", *Technological Forecasting & Social Change*, 2013, 80: 1211-1221.

Tucker, L., Lewis, C., "A Reliability Coefficient for Maximum Likelihood Factor Analysis", *Psychometrika*, 1973, 38:1-10.

Urban G. L., Carter T., Gaskin S., Mucha Z., "Market Share Rewards to Pioneering Brands: An Empirical Analysis and Strategic Implications", *Management Science*, 1986: 645–659.

Vandenbosch M., Clift T. O. M., "Dramatically Reducing Cycle Times Through Flash Development", *Long Range Planning*, 2002(35): 567–589.

Vidmar M., et al., "New Space and Agile Innovation: Understanding Transition to Open Innovation by Examining Innovation Networks and Moments", *Acta Astronautica*, 2020, 167(2): 122–134.

Von Hirschhausen C., Neumann A., "Long-term Contracts and Asset Specificity Revisited: An Empirical Analysis of Producer-importer Relations in the Natural Gas Industry", *Review of Industrial Organization*, 2008, 32(2): 131–143.

Wagner S. M., Bode C., "Supplier Relationship-specific Investments and the Role of Safeguards for Supplier Innovation Sharing", *Journal of Operations Management*, 2014, 32(3): 65–78.

Waldman M., Gibbons R., "Task-specific Human Capital", *American Economic Review*, 2004, 94(2): 203-207.

Wang G., Wang X., Zheng Y., "Investing in Guanxi: An analysis of interpersonal relation-specific investment (RSI) in China", *Industrial Marketing Management*, 2014, 43(4): 659-670.

Wang L., Zhang C., Jiang F., Li J., "Matching Governance Mechanisms with Transaction-specific Investment Types and Supplier Roles: An Empirical Study of Cross-border Outsourcing Arrangements", *International Business Review*, 28(2): 316–327.

Wang C., Rodan S., Fruin M., Xu X., "Knowledge Networks, Collaboration Networks, and Exploratory Innovation", *Academy of Management Journal*, 2014, 57(2): 484–514.

Wang L., Jiang F., Li J., Motohashi K., Zheng X., "The Contingent Effects of Asset Specificity, Contract Specificity, and Trust on Offshore Relationship Performance", *Journal of Business Research*. 99, 338–349.

Wassmer U., "Alliance Portfolio: A Review and Research Agenda", *Journal of Management*, 2010, 36(1): 141–171.

Weck M., "Knowledge Creation and Exploitation in Collaborative R&D Projects: Lessons Learned on Success Factors", *Knowledge and Process Management*, 2006,13(4): 252–263.

West J., Bogers M., "Leveraging External Sources of Innovation: A Review of Research on Open Innovation", *Journal of Product Innovation Management*, 2014,31(4): 814–831.

Wheelwright S. C., Clark K. B., "Competing Through Development: Capability in a Manufacturing-based Organization", *Business Horizons*, 1992, 36(4): 29–43.

Williamson O. E., "Comparative Economic Organization: The Analysis of Discrete Structural Alternatives", *Administrative Science Quarterly*, 1991, 36(2): 269–296.

Williamson O. E., T*he Economic Institutions of Capitalism: Firms, Markets Relational Contracting*, New York: The Free Press, 1985.

Xie X., Wang H., "How Can Open Innovation Ecosystem Modes Push Product Innovation Forward? An fsQCA analysis", *Journal of business research*, 2020,108: 29–41.

Yam R., Lo W., Tang Y., Lau R. W. K., "Analysis of Sources of Innovation, Technological Innovation Capabilities, and Performance: an Empirical Study of Hong Kong Manufacturing Industries", *Research Policy*, 2011, 40(3): 391-402.

Yli-Renko H., Janakiraman R., "How Customer Portfolio Affects New Product Development in Technology-based Entrepreneurial Firms", *Journal of Marketing*, 2008, 72: 131–148.

York K. M., Mire C. E., "Causation or Covariation: An Empirical Reexamination of the Link Between TQM and Financial Performance", *Journal of Operations Management*, 2004, 22(3): 291–311.

Yu C. M. J., Liao T. J., "The Impact of Governance Mechanisms on Transaction-specific Investments in Supplier-manufacturer Relationships: A Comparison of Local and Foreign Manufacturers", *Management International Review*, 2008, 48(1): 95–114.

Yuan Y., Chu Z., Lai F., Wu H., "The Impact of Transaction Attributes on Logistics Outsourcing Success: A Moderated Mediation Model", *International Journal of Production Economics*, 2020, 219: 54–65.

Zajac E. J., Olsen C. P., "From Transaction Cost to Transaction Value Analysis: Implications for the Study of Interorganizational Strategies", *Journal of Management Studies*, 1993, 30(1):131–145.

Zhang S., Yang D., Qiu S., et al., "Open Innovation and Firm Performance: Evidence from the Chinese Mechanical Manufacturing Industry", *Journal of Engineering & Technology Management*, 2018, 48: 76–86.

Zhang J., Baden-Fuller C., Mangematin V., "Technological Knowledge Base, R&D Organization Structure and Alliance Formation: Evidence from the Biopharmaceutical Industry", *Research Policy*, 2007, 36(4), 515-528.

Zhou J., George J. M., "Awakening Employee Creativity: The Role of Leader Emotional Intelligence", *The Leadership Quarterly*, 2003, 14(4–5): 545–568.

Zhou K. Z., Xu D., "How Foreign Firms Curtail Local Supplier Opportunism in China: Detailed Contracts, Centralized Control, and Relational Governance", *Journal of International Business Studies*, 2012, 43(7): 677–692.

Zhou K. Z., Zhang Q., Sheng S., et al., "Are Relational Ties Always Good for Knowledge Acquisition? Buyer–supplier Exchanges in China", *Journal of Operations Management*, 2014, 32(3): 88–98.

Zirger B. J., Hartley J. L., "The Effect of Acceleration Techniques on Product Development Time", *IEEE Transactions on Engineering Management*, 1996(43): 143–152.

Zobel A. K., Lokshin B., Hagedoorn J., "Formal and Informal Appropriation Mechanisms: The Role of Openness and Innovativeness", *Technovation*, 2017, 59(1):44–54.

后记（跋）

我出生在一个普通的农民家庭，贫穷的家境及善良勤劳的父母教我学会的勤奋与拼搏，长年的刻苦努力让来了人生第一个收获，1994年高考喜获大连理工大学录取通知书。四年之后，我开启了大连理工大学技术经济及管理专业的研究生生涯，师从苏敬勤教授，从此对技术创新、创新管理产生浓厚的兴趣，开始对相关问题进行了初步的探索与研究，在《中国科技论坛》等期刊上公开发表学术论文。2001年研究生毕业之后，我就职于某高新技术企业，对于实践有一定的认识和理解与思考。2004年的金秋时节，我在繁华的上海继续我的博士生涯，结合之前的工作与学习经验，我开始关注企业理论，特别是资产专用性、专用性投资、专用性人力资本引起了我浓厚的兴趣，进行了较系统细致的研究，完成了相关的博士学位论文，并在此基础上于2009年出版了人生第一本学术专著《人力资本专用性投资、企业组织及公司治理》。

2007年博士毕业之后，我在思考今后的科研方向时发现，传统的技术创新与创新管理方面的研究已经比较成熟了，取得了很丰富的研究成果，要想继续研究，必须发现新的视角。从而我开始尝试将创新管理与专用性投资及专用性人力资本相结合进行探索。

长期的研究积累，使得我能够在国内创新管理研究的顶级期刊之一的《科学学研究》上发表学术论文。并使我在2012年收获了我第一个国家级项目，成功获得了国家自然科学基金的资助，这也是鲁东大学商学院获得的第一个国家自然科学基金项目，尽管只是青年项目，但对我也是极大的激励。该项目于2015年顺利结题，继续在《科研管理》、《科学学与科学技术管理》等学术期刊上发表多篇学术论文，并在2018年在国家自然科学基金委员会组织的结题项目绩效评估会上，被评为"优"，这也是鲁东大学第一个结题评估"优"的国家级科研项目。

早在 2009 年我开始尝试撰写英文文章并在国外学术期刊上发表论文，继 2014 年开始在国外 SSCI 期刊上发表两篇学术论文。2015 年我以访问学者的身份到美国进行访学交流，对自己的科研进行了深入的思考。于 2016 年、2017 年至今在 International Journal of Project Management、Technological Forecasting & Social Change、Business Strategy and The Environment、Journal of Hospitality & Tourism Research 等期刊发表多篇论文，并于 2019 年喜获国家自然科学基金面上项目的资助，这也是鲁东大学商学院获得的第一个国家自然科学基金面上项目。本书既是我近年来研究工作的一个总结，同时也是有关科研项目结题的需要，希望能对读者们有所启发和收获，学术研究难免有不足之处，同时也欢迎师长、同行及朋友们的批评和指正与交流。

一路走来，得到了家人、师长及朋友们的支持和帮助，感谢你们！祝愿你们健康、快乐与成功！